JN296185

アクセス 地域研究 I

民主化の多様な姿

岸川　毅
岩崎 正洋　編

日本経済評論社

◆アクセス 地域研究 I／目次

| 序　章 | 地域の民主化をどのように分析するのか | … 岸川　　毅 | 1 |

| 第 1 章 | 南アフリカ | 遠藤　　貢 | 27 |

民主化と政治暴力

| 第 2 章 | チ　　リ | 浦部浩之 | 49 |

民軍関係の展開から読み解く民主主義の安定化

| 第 3 章 | ニカラグアとパナマ | 尾尻希和 | 73 |

個人独裁崩壊後の政治体制

| 第 4 章 | ロ　シ　ア | 上野俊彦 | 93 |

「民主化」論と地域研究

| 第 5 章 | ト　ル　コ | 間　　寧 | 117 |

「上からの民主化」の特徴

第6章 台　湾 ……………………………………… 松本充豊　133
　　　　「二重の移行」と「黒金政治」

第7章 中　国 ……………………………………… 菱田雅晴　155
　　　　レジーム変容の可能性

第8章 ベトナム …………………………………… 中野亜里　179
　　　　二元的構造における政治変動・政治発展

終　章 民主化研究における地域研究と
　　　　現代政治学の役割 ……………………… 岩崎正洋　201

あとがき　219

索　引　221

序　章

地域の民主化をどのように分析するのか

岸　川　　毅

1　地域研究と政治学

(1)　2つの接近方法

　例えばロシアの民主化を研究するとしよう．あなたが初めからロシアという地域そのものに第一義的な関心があり，そのうえでとくに現代の政治の動きとしての民主化に興味を持ったとしたら，ロシアの歴史や文化を学び，言葉の訓練を積みながら，ロシア政治の隅々まで深く入り込んで民主化過程を観察しようとするだろう．専門的に研究するとなると留学や現地調査は必須となろう．これに対し，世界各国で進んでいる一連の民主化における政治制度の役割に関心を持ち，新生民主主義国がフランス型の半大統領制を採用した例としてのロシアに興味を持ったとしたら，この場合は必ずしもロシア語の習得や現地での調査は行わず，同国の政党や選挙制度に関して英語や日本語で書かれた資料の検討を通じて制度の有効性を検証し，一定の成果をあげることも可能だろう．どちらもロシア政治を扱うのだが，研究の仕方と期待される結果は大きく異なっている．

　ここに現れる接近方法（approach）の違いは，地域研究（area studies, regional studies）的な政治へのアプローチと政治科学（political science）的な地域へのアプローチとの違いと言える．初めから特定の地域に関心を抱き，その歴史，文化，社会に関する知識を背景として，政治に焦点を絞って研究

を進める地域研究アプローチの場合，地域独自のものとして政治の姿が明らかにされ，地域にとっての意義が問われる．一方，政治という現象そのものに関心を抱き，権力や自由をめぐる種々多様な闘争，決定や参加の制度とルールに関する政治学の知識を背景として，特定地域でそれがどのように現れているのかを研究する政治科学アプローチの場合，地域の事例を通して理論を構築したり修正したりすることに重点が置かれることになる．

どちらのタイプの研究を行うかは個人の選択の問題であり，その人が本来持つ価値観や志向性に加え，教育的背景すなわち所属する学部・学科，指導教員などの要因から決まってくる．もちろん実際には多くの研究者が両方の側面を持ち，統合を試みる．しかし個人の志向性や時間の制約によりそれは容易なことではなく，通常どちらかに重点が置かれる．そして研究者であれ学生であれ，自らを地域研究に位置づける人々と政治科学に位置づける人々との間の対話はあまりうまくいかないことが多い．別の接近方法を取る両者が，相互の批判や討論といった知的緊張を伴いながらも分業・協力関係を築くためには，教育・研究両面においてそれを架橋する努力が必要である．

ところが，政治現象を分析するための枠組みや方法を知るための政治学のテキストが数多く出版されているのに対し，地域研究アプローチからどのように政治を研究するのかを紹介する入門書はあまり見当たらない．確かに近年は地域研究と題した概説書がかなり出版され，歴史，文化，社会，経済，政治など多様な側面を総合的に理解するのは容易になりつつあるが，それらは概ね地域ごとに構成されていて，政治に特化したものはやはり少ない．そこで本書はとくに特定地域への関心から政治を研究しようとする人々のための入門書として編集されている．様々な地域の政治研究に携わってきた執筆者が，自らの研究成果を織り込みつつ，地域研究の視点から民主化を論じる．しかし同時に本書は政治科学アプローチから地域の事例に目を向ける人々が地域研究の意義と役割を理解するためにも役立つであろう．

そこで以下においては，まず政治分野における地域研究の基本的性格と手法を概説したうえで，本書が共通テーマとして設定する民主化について言葉

の一般的定義を行い,それを地域研究の手法によって扱う意義を論じる.そして最後に,本書が取り扱う国々を世界的民主化の流れのなかに位置づけたうえで,各章の内容を紹介する.

(2) 政治学における地域概念

地域研究の「地域」とは一般的には,アジア,ラテンアメリカ,中東イスラム,アフリカなど一定の共通した歴史的・文化的背景を持つ地理的範囲(世界地域とも呼ばれる)を指しており,こうした単位を研究する体制が,学会や学部の構成という形で反映されている.そこは人類学,社会学,歴史学,経済学,政治学など多様な専門学問分野(discipline)の研究者が集まる学際的な空間である.もっともこれは研究群ないしは研究者集団として捉えた場合の地域研究の単位であり,実際に各々の研究者が研究の対象とする範囲つまり「分析単位」は,歴史的に形成された文明圏ないし世界地域のような広いものから,少数民族の共同体のような小さな空間まで多様である.その意味で地域とは多義的・多層的な概念であり,どのような範囲を地域として設定するかは予め決まっているわけではない.

しかし現代政治の研究者にとって,分析の単位は国家であることが多い.例えば「ラテンアメリカの」民主化と言う場合,普通そこで語られるのはラテンアメリカを1つの単位とする民主化ではなく,「ラテンアメリカ諸国の」民主化である.共通の歴史と文化を有するラテンアメリカという地域は国家を超えて存在しても,権力が行使される基本的単位は国家であるという政治的現実がある.もちろん国家も歴史的構築物であり,歴史を遡れば共同体規模の政治が優位であった時代があり,将来は超国家規模で本格的に政治が展開される日が来るかもしれない.近年は世界的な分権化の流れとも呼応して地方を分析単位とする研究も増えている.しかし国家主権の規範を背景に正統性をもって暴力装置を独占し,国際場裏での代表権を手にするこの権力装置は,依然として現実政治の最も強力な単位である.ただそれは国家の強権的な権力行使を常に意味するわけではなく,民主主義という仕組みのも

とでは国家は自由と参加を保障する義務を負うという意味で重要である．本書も基本的に分析単位を国家に置いている．

さてもうひとつ重要な点として指摘しなければいけないのは，地域研究の「地域」が一般には開発途上地域を指す用語として用いられてきた点である．歴史的には西欧で，そしてある程度は日本でも，植民地支配を背景に地域に関する総合的知識が蓄積され，また米国では第2次世界大戦以後の世界戦略を支えるべく「地域研究」[1]が発達した経緯があり，それらは後進地域への「支配に資する学」としての性格が色濃かった．帝国支配の終焉とともに意味付けは諸地域の「開発に資する学」へと転換していくが，依然として開発を遂げた国が未開発の国を助けるという構図があり，そこに支配の契機が隠れているとも指摘されてきた．ただ，今日の日本の地域研究に関して言えば，そのような道具的意味合いは薄く，知的関心に基づく研究という性格が強い．

本書では「地域＝開発途上国」という認識の構図とは異なった角度からの構成を試みた．すなわち，まず本アクセス・シリーズでは欧米諸国も含むすべての地域を地域研究の対象として認識している．そして本書においては，経済社会的な概念である「開発」とは分析的に区別される，政治発展の一形態として「民主化」を捉え，今日それを経験しつつある諸地域の政治を論じるのである．

2 地域研究の手法

(1) 必要な道具立て

では地域研究を行うにあたって何が必要で，またどのような手法で研究を進めるのか，すこし具体的に述べよう．学術論文であれ新聞であれ，言葉ができなければ現地の資料を活用できないし，たとえ読めても歴史や文化，現代の社会状況といった文脈的知識なしには十分な理解は困難である．専門的な文章を読むとなると，その学問分野に習熟していることも必要となる．さらに人々の行動や発言の細かなニュアンスまで理解するには，現地での生活

体験がないと難しい．ここでは主に非欧米地域の現代政治を研究する場合を念頭に，順を追って解説していく．

①言語の習得　研究者が用いる資料は大まかに一次資料と二次資料に分けられる．この区別は実際にはさほど厳密になされていないが，ここでは大まかに研究者の手で解釈・分析がなされていないものを一次資料（公文書，歴史文書，インタビュー記録，フィールドノート，報道，統計等），研究者による解釈・分析がなされたものを二次資料（研究論文，研究ノート，学術的著作等）と呼んでいく．このうち二次資料に関しては，国際的に認知された研究論文や著作は英語のものが圧倒的に多いので，どの地域を扱うにしても英語の読解力は不可欠になる．

ただ地域研究の場合，一次資料を用いるための現地語の習得の度合いこそが研究の質を大きく左右する．研究には一言語で足りる場合も複数言語の習得が必要な場合もあるが，一般に政治分析においては公文書など不可欠の資料を読むためにも公用語の習得がまずは必要となる．話者レベルでは多言語社会であっても政治関連の文書は通常その大部分が公用語で書かれている．公用語が英語の場合はともかく，それ以外の場合は言語習得に労力と時間を投入せざるをえない．公用語以外の必要言語については国によって事情が異なり，研究の焦点の置き方や活用する資料の性格にも左右される．多民族・多言語国家においては，公用語を含め文章語が複数使用されている場合や，文章を持たない生活言語がインタビューに際して必要な場合など様々なケースがあり得る．大学など国内の教育機関で開講されていないような特殊言語であれば，独学か，現地で習得するしかない．

そしてできる限り言語理解のレベルを引き上げることが地域研究者にとって重要な目標となる．現地特有の語彙や言い回しの飛び交う政治情報を理解し，文脈を的確に読み込むレベルにまで達するには，相当な時間と不断の努力を要する．もっとも，こうした能力の獲得は言語だけの訓練で足りるわけではなく，豊富な文脈的知識や現地滞在と組み合わせてはじめて効果的に習得できる．

②歴史的・文化的文脈の理解　歴史の中で形成された地域の文化や社会構造は，政治を含む現代のあらゆる人間活動に影響を与える．地域研究者にとって歴史に関する知識がどこまで必要かという問いに一般的に答えるのは難しいが，当該国の歴史がどのような時代区分をもって認識され，その過程においていかなる民族や言語や階級からなる社会が形作られ，どのような社会思想や文化が生まれ，いかなる国際環境に置かれるに至ったかについて基本的な知識を身につけるとともに，今日まで直接影響を及ぼしているような主要な現代史の政治事件についてはある程度詳しく把握しておく必要がある．

③専門学問分野の習得　現代の政治状況とくに自分の研究テーマに関する詳細な情報を収集する過程で，政治学の基礎的知識は不可欠である．地域研究自体は専門学問分野というよりは，1つの研究戦略であり，政治学や社会学といった専門学問分野の知識を背景にしてこそ有効な成果を生み出し得る．例えば民主化を研究するのであれば，政治学の分析枠組みや概念のうち政府形態，選挙制度，政党組織といった制度に関する基礎知識は必須である．というのも，欧米か非欧米かにかかわらず，事実上これらの制度は，ある程度効果の知られている既存のモデルに沿って導入されることが多く，採用の意味合いは地域独自の知識というよりも政治学の知識に属するからである．

しかし同時に非欧米地域を対象とする研究者は，欧米の経験から導き出された知見が当てはまらないことを発見したり，あるいは従来の政治学があまり取り上げないような政治現象を扱う必要に直面したりする．例えば軍の政治介入，宗教権威の政治介入，ゲリラ活動，弾圧，情報統制，不正選挙などの現象は，歴史書に記述を見出すことはできても，それらを現代の政治現象としてどう扱うのか既存のテキストは十分に答えてくれない．もし利用可能な分析枠組みがないのならば自分で考案するしかない．

すなわち地域の政治を分析するには，既存の政治学を活用する必要があるが，同時にその限界を認識し，地域の事例から得られた新たな知見を加えることが必要なのである．そうすることで，地域研究は逆に政治学の発展にも寄与し得る．

④現地滞在　現地滞在は上記の能力を包括的に高める効果がある．現地の人々が自国の歴史や現代の政治をどのように解釈し，いかなる言葉で語るのかを知ることができるし，言語の運用に熟達すれば，地域独特の政治用語や政治家の行動の細かなニュアンスも次第に読み取れるようになる．その国の政治研究者が自国の政治をどのような方法と枠組みで分析しているかを知ることは，地域研究者の分析枠組み作りに大いに参考になるだろう．

現地滞在には政治に限らずひろく社会のあり方を実体験するという意味もある．家庭や学校など現地社会の様々な人間関係に接して人々の行動や考え方を知ることは，現地理解の重要な要素であり，これも文脈的知識の1つと言い得る．生活には往々にして非効率や不自由，治安の悪さからくる危機管理の必要などが伴うが，これも社会のあり方や人々の感覚を知る重要な経験である．

ただ現地滞在と言っても，準備段階としての留学か，専門的な「現地調査」(fieldwork)[2]の実施か，休暇を利用した短期滞在か，1年以上の長期滞在か，といった目的や期間の違いによって当然期待できる効果は異なる．地域の専門家ともなれば頻繁に現地を訪れることになるが，すべての人にそれが可能というわけではない．自分の滞在の意味合いを十分に考えて計画を立てる必要があるし，その際に経験豊富な地域研究者から調査法を聞くことも重要な情報収集である．

以上みてきたように，地域研究を行うための道具立てを十分に揃えるには相応の労力と時間がかかる．強い関心やこだわりがなければ続かないのは言うまでもない．初めから地域研究の課程を持つ学部に入る場合には段階的に習得していくプログラムが用意されているかもしれないが，そうでなければ自分で計画的に習得するしかない．投入できる時間は限られているかもしれない．もっともどこまで深めるべきであるかは，目的とする成果がゼミ論文か，卒業論文か，修士論文か，あるいは専門的学術論文かによって異なる．ここで重要なことは上記の要素をできるだけ満たす努力が必要だということである．

ところで近年インターネットが地域研究のあり方に大きな影響を与えている．インターネットの普及により今日では公文書や新聞・雑誌といった基本的な政治情報の多くが各種ホームページからダウンロードできるようになった．新聞記事1つにしても現地の図書館に赴いて読むしかなかった時代の膨大な手間と不確定要因（アクセスは容易か，効率的に閲覧できるか，欠番はないか，コピーが可能か，コピー機は動くか，郵便が確実に届くか……）と比べると，この変化には隔世の感がある．どの程度利用可能かは国によって差があるものの，おおむね充実する方向にあり，今後その重要性が増すのは間違いない．しかしそもそも現地の社会や政治世界に対する十分な文脈の理解がないと，インターネットの効用も限られる．それ以外の道具立てと組み合わせて初めて十分に生かせるのである．

(2) 方法論からみた地域研究

このように特定地域への深い理解を背景に分析を進める地域研究は，入手した資料を基に，どのように分析を進めるのだろうか．社会科学の方法論の上ではどのように位置づけられ，どのような利点と欠点を持っているのだろうか．

地域研究はよく「記述的」であると批判される．確かに事実や観察結果を羅列するだけならばそれは研究と呼ぶに値しないが，そのようなものを地域研究だと考えるとすれば著しい誤解である．一見起こったことを淡々と書き綴るような文章でも，長く読み継がれるような専門家の著作は綿密な分析の結果である．地域研究の論文は確かに，定式化された仮説の提示とその検証という形を明示的にはとらないことが多いが，それでも「分析的」であり得る．多くの場合，地域研究者が用いるのは分析的記述とでも呼ぶべきものである．地域研究の分析手法と特徴を，社会科学の言葉を用いながら説明してみよう．

地域研究者は，ものごとの成り行きを左右するような要因すなわち変数 (variable) を数多く取り扱い，それらの総合を試みる．諸々の指導者や集団

がどのような社会的・文化的文脈の下で，いかなる行動をとり，いかなる結果に行き着いたのか，その過程でどの要因がとりわけ重要な影響を及ぼしたのか，これらを膨大で雑多な情報を駆使しながら整理し，全体像を描いていく．ここで行われているのは，重要な変数を選び出し，変数相互間の関係を特定し，複雑な現実をより簡潔な（parsimonious）説明へと転換する，帰納（induction）を基礎とする作業である．

その際，地域研究者は抽象度の高い単純な法則を導き出すよりも，抽象度は低いが現実に近いところで事の成り行きを説明できるような分析的ストーリーを描こうとする．また，人々の行動に文化的な要素が入り込むことを考慮するので，因果関係の説明はいわゆる経済合理的なものと異なることが少なくない．さらに，事実に即した論述になるよう，事細かに根拠や出典を示すことを重視する．これらの作業が全体として矛盾の少ない論述へと総合されたときに生まれる優れた地域研究の論文は，知的緊張を伴う不断の分析作業の結果であり，単に直観的・印象論的な記述では決してない．

単純な仮説検証と異なる方法をとるのは，地域研究者の目的が通常，一般法則の導出よりも，地域そのものの理解にあるからである．抽象的で一般的な法則ほど個々の事例に対する説明力は落ちる．したがって地域研究者は一般的な理論モデルに対しては，これを修正したり，条件をつけたり，否定したりすることの方が多い．理論モデルを作る場合でも適用範囲が限定された中範囲の（middle-range）レベルのものにとどまることが多く，逆に地域の固有性を発見しようとする傾向が強い．もし本当に他に例を見ないような独特の現象を発見したら，それは社会科学的に重要な意味を持ち得る．逸脱事例を検討する事例研究（case study）が，通念を覆すような重要な社会科学上の発見につながることがあるからである（Lijphart 1971）．ただ，地域研究者の分析がそこまで及ぶことはあまりない．

ところで地域研究は1つの事例（case）を扱うため比較の視点が欠けていると考えられがちだが，必ずしもそうではない．一国の政治を扱う場合でも，政治体制の移行のように異なる複数の時期の変化を分析するのであれば，事

実上複数の事例を扱っているのと同じである．この場合，歴史的・文化的・社会的要因など多くの変数が「他の条件は同じ」（ceteris paribus）という状況を作っているので，結果の違いから因果関係を推論する差異法（method of difference）に基づく比較を行っていることになる．同一国内の複数の地方の経験を比較する場合も事情は同じである．さらには，一国を対象とする研究が，共通の歴史・文化的背景を持つ同一地域圏の他国や，経済発展段階や社会状況の似ている他国との比較的視座から書かれている場合も少なくない．つまり一国研究でも比較という戦略を採用し，地域そのものの理解と一般的な現象の理解を架橋し得るのである．

　以上みてきたように地域研究は，社会科学的に正当化しうる一定の方法と利点を持っている．また，地域の専門家のなかには仮説検証型の手法を積極的に取り入れている研究者もいる．ただ一般的に言って地域研究者が，用いる資料の明示には力を注いでも，自らの分析方法の明確化には熱心でなく，閉ざされた「職人技」になりがちであることは否定できない．方法に対する自覚の欠如は他領域の研究者との有効な対話を妨げる．どのように分析し，それによってどのような結論を得たのか，分析の過程を明確化し，明示的な比較を行ってこそ説得力は増す．さらに地域研究者は以下のような点について自覚する必要がある．

　まず地域の専門家は現象を個別的に理解し，安易に独自性（uniqueness）を主張しがちである．確かに安易な一般化は地域の理解を妨げるかもしれないが，一般的法則や他地域の事例にまったく関心がないのでは，研究成果の活用という点で非生産的である．しかしとくに警戒すべきは独自性の主張であろう．独自（unique）とは厳密には他に同様の事例がないことを意味する．全く同じ社会現象はないという意味ですべての事例は独自であるが，それは当たり前のことを言っているに過ぎない．独自性の主張は，本当に他に同様の事例がないのか，しかるべき確認をしたうえで慎重に行わなければならない．

　また地域の専門家は現地経験を過度に重視する傾向がある．現地滞在の重

要さは改めて言うまでもないが,観察力や分析力は滞在すれば得られるものでもなければ,滞在期間や親近感の度合いに比例するわけでもない.専門的知識や分析者としての客観性が備わってはじめて鋭い分析は可能となる.自論の根拠付けや他者への反論に「長く住んだから分かる」「行っていない人には分からない」といった言説で臨むとしたら,社会科学の不可欠の要素としての討論を否定するばかりでなく,自分の分析力をも鈍らせるかもしれない.

　以上のような警告を踏まえたうえで研究を進めるならば,地域研究的手法は,地域の理解にとっても,政治学の発展にとっても,豊かな成果を生み出すことができるはずである.そのような結果を生み出し得る研究テーマとして,我々は「民主化」がひとつの有効な題材であると考える.次はこの点に話題を移そう.

3　なぜ民主化なのか

(1)　民主主義とは何か,民主化とは何か

　民主主義という言葉を使うのは無意味であるとの主張があるほど,この言葉は多義的で,場合によって相対立する意味で用いられる.したがって民主主義や民主化といった用語は明確に定義して使わないと議論の混乱を導くばかりである.しかし今日の政治学において,これらの言葉の使用法について一定の合意があるのも確かである.そこでここではまず基本的な議論を整理したうえで,民主主義および民主化という言葉の一般的な使用法を説明しよう.

　複数の「民」が主人である民主主義は,妥協を不可避な要素とする.すべての民がみな同じ意見ということはまずないため,物事を決定する際に多数決というルールが不可欠になり,その場合は基本的人権を脅かすような決定でないかぎり,意に沿わなくとも甘受しないといけない.こうした決定のルールは「誰が民なのか」つまり明確なメンバーシップがあってはじめて運用

可能であるから，非メンバーは原理的に除外される．すべての人間（正確には成人）がメンバーとなりうるような地球規模の民主主義はまだ運用可能な状況にないから，今日の民主主義は囲い込まれた単位のなかで実現せざるを得ない．それが第一義的には国家を基本単位とし，その下により小さな単位の民主主義が組み込まれる構成になっているのが，民主主義という制度の現代の姿である．

一般に今日，ある国の政治体制が民主主義であるという時，それは「間接民主制に基づく自由民主主義」を意味している．よく知られているように民主主義とは古代ギリシャ以来長らく直接民主制を指し，ルソー（Jean-Jacque Rousseau）にまで受け継がれる思想的伝統を成していたが，それが実現可能なのは比較的小規模の社会においてであり，国民国家のような大規模の人間集団には適用不可能であった．そこで19世紀西欧において，当時ブルジョア層を中心に広がりつつあった自由主義の要素を加えつつ，大規模の政治体に適用可能な現実的モデルとして間接民主制が提唱され，受け入れられていく（Held 1987 ; Dahl 1989）．そこでは国民に政治上の「自由」が保障されるが，政治に直接関わるというよりは，定期的に実施される選挙において政治の実務を担う代理人（＝代議士）を選ぶことで「参加」するのである．すべての人間が平等の権利を持つという原理は，政治的には選挙における「1人1票」へと読み替えられる．したがって自由な環境のもとで国民の支持を求めて競争し，政治的主張を戦わせるのは実際にはこの代理人（候補者）たちである（Schumpeter 1942）．

現代の代表的理論家であるダール（Robert A. Dahl）はこの考え方を受け継ぎ，今日の民主主義体制が「公的異議申し立て」（＝自由競争）と「包括性」（＝参加）の2つの基本的要素からなっていると捉え，これら2つの要素を保障する仕組みを備えている政治体制を「ポリアーキー」（polyarchy）と名付けた（Dahl 1971）．各国の政治体制がポリアーキーであるかは，自由競争と参加を保障する制度手続き（選挙権，被選挙権，指導者が票を求めて競争する権利，自由で公正な選挙，組織を結成し参加する自由，表現の自由，情報

源の複数性）を備えているかを基準として測定されるので，別名「手続き的民主主義」(procedural democracy) とも呼ばれる．このモデルは民主主義体制の基本的な捉え方として政治学の世界で広く受け入れられている．今日では米国の非営利団体フリーダムハウスが毎年発表する「自由の度合い」の測定結果も基準としてよく用いられる．

「自由競争」と「参加」は間接民主制の根幹をなす要素であり，国家の政治体制を民主主義と呼ぶための必要最低限の要件であるので，それらを満たしたとき，その国家の政治体制は「民主化」したと言い得る．ただこの最低限の要件をもって民主主義が完成するとは考えられていない．国民生活の豊かさを保障し（=「実質的民主主義」(substantial democracy) の実現），直接投票など様々な住民参加の手段によって形骸化しがちな間接民主制を活性化する（=「参加民主主義」(participatory democracy) の実現）こともまた重要な目標である．その意味で民主化とは絶えざる改善と充実の不断の過程と捉えることもできる (Diamond 1999)．しかしここでは議論を複雑にしないために，最低限の基準にとどめて話を進めよう．

間接民主制に基づく自由民主主義の採用を民主化と捉えた場合，ハンチントン (Samuel P. Huntington) は歴史的に 3 つの民主化の波があったと論じた (Huntington 1991)．そこで「第一の波」とは 19 世紀初頭から 20 世紀初頭にかけての約 100 年間に起こった欧米諸国の民主化である．これらは女性の参政権が認められていない点で 50％ の民主化に過ぎないが，そのような制度が確立した点で重要な歴史的事件であった．なお，女性の参政権が実現するのは 20 世紀半ば以降になってからである．「第二の波」は第 2 次世界大戦後の 20 年ほどの比較的短期間に生じた若干の後発欧米諸国と新興独立諸国の民主化であるが，日本，ドイツ，イタリアなどを除けば非民主主義国に逆戻りした．そして「第三の波」は 70 年代半ばに南欧で始まる歴史上かつてない規模の民主化潮流である．

1970 年代半ばにポルトガルとスペインで始まったこの第三の民主化の波は，80 年代に中南米のほぼ全域とアジアの一部に達し，80 年代末からは一

気に東欧諸国そしてソ連を巻き込んだ．その間に「冷戦の終焉」というもう1つの歴史的事件が起こって多くの共産主義体制が崩壊したことで，体制モデルとしての自由民主主義の優位性はいっそう高まったと認識されるようになった（Fukuyama 1992）．実際には民主国家はまだ世界の大部分を占めているわけではないし（岸川 1997，2002），この波が21世紀に入った今もまだ続いているかについては議論があるが，正統性を持つ強力な対抗モデルを欠くなか，非民主国家も「民主的であること」の何らかの自己証明や正統化を余儀なくされていることは否定できない．

(2) 地域から民主化を研究する

今日民主化論と呼ばれる研究領域を担ったのは，世界各地の政治を専門とする研究者の一群であった．民主化の第三の波は，同時期に多様な文化的文脈において自由民主主義という制度が採用された点で，複数地域の経験を比較検討し総合するための格好の素材を提供するとともに，そこで得られた知見がさらに各地域の政治研究に反映されて理解を深めるという相乗効果を生んだ．そこで民主化は，権威主義的な諸制度を廃止し，初の自由選挙すなわち「出発選挙」（founding election）を実施するまでの「移行」（transition）と，民主主義が唯一のルールとなって政治家や国民の間に根を下ろす「定着」（consolidation）の2つの段階からなる過程と認識され，それぞれの段階において様々なアクターの果たした役割や相互作用が詳細に分析され，民主化実現に至る原因や過程が明らかにされた（O'Donnell, Schmitter and Whitehead 1986 ; Linz and Stepan 1996）．また，民主化が成功裏に進んだ事例の多くでは，体制側と反体制側が公式・非公式の「協定」（pact）を通して体制移行を実現に導いたことも明らかにされた．欧米諸国以外の実証研究がこれほど大規模に相互参照され，政治学の一分野を作り上げたことはかつてなかった．

そして議論の場を提供したのは米国であった．研究成果のほとんどは地域の政治の細部にまで通じた研究者の手になるものだが，成果の発表や議論の

中核部分は米国において英語で行われている．異なった地域の研究に従事してきた各地の研究者が，権威主義的体制の崩壊や民主化という共通テーマのもと，方法論上の合意を形成しつつ共同研究を行い，議論を戦わせ，成果を発表していった．とりわけジョンズ・ホプキンス大学が果たした役割の大きさは民主化研究の文献リストから容易に見て取ることができる．同大学からは，オドーネル，シュミッター，ホワイトヘッド編『権威主義支配からの移行』(O'Donnell, Schmitter, and Whitehead 1986)，リンスとステパン『民主主義への移行と定着の諸課題』(Linz and Stepan 1996)，ダイアモンド『発展する民主主義』(Diamond 1999) など民主化研究者が議論の基礎として頻繁に用いる代表的文献が数多く出版され，また民主化論者の議論の場として知られる『民主主義ジャーナル』(Journal of Democracy) が刊行されている．民主化に関する議論が地域ごとに個別になされたのであれば，民主化研究に今日ほどの隆盛はなかったであろう．

　しかしだからといって必ずしも民主化研究に米国的歪曲がなされたというわけではない．確かにダール，リプセット (Seymour M. Lipset)，ハンチントンなど米国の政治学者や政治社会学者による民主主義体制の基本モデルや成立に関する基本的仮説は今も重要な議論の基盤を提供し続けているが，民主化過程の綿密な検討から出てきた「移行」や「定着」に関する知識やモデルは地域の専門家の研究から生み出されたものである．そしてむしろ比較研究が進む中で，大統領制と連邦制を基本とし小選挙区制を採用する米国型民主主義は，調整メカニズムが弱く対決型の政治を導きやすいため新興民主主義国には不適切とすら見なされるようになった (Linz and Valenzuela 1994 ; O'Donnell 1994)．大統領制をフィリピンが採用したのは半世紀前，ラテンアメリカは2世紀近くも前であったが，これらの地域の民主主義がいまも安定しない1つの原因は大統領制そのものであると分析する研究者は少なくない．政治家を含め米国人一般に見られる「アメリカが民主主義を広める」という素朴な感情は，人権侵害の阻止や自由選挙の促進といった基底部分に対する対外政策として反映され一定の成果を収めてきたが，米国の民主主義経験自

体は他国がそのまま採用するには適さない「独自の」ものとして認知されるにいたっている．民主化論の副産物と言ってよい．

一方，これまでの民主化研究には一定の偏りや問題点も指摘されている．まず，移行モデルそのものが図式的すぎるという地域研究の側からの苦情は常に聞かれる．この種の批判は個別的理解と抽象的把握との間で苦闘する地域政治の研究者にとって宿命的ともいえるが，しかし常に耳を傾けるべき問いである．理論面では，国内の政治勢力とりわけ政策決定者の行動に焦点が集中しすぎて，社会経済的要因のような構造的側面や国際的要因を問う作業が軽視されてきたこと，主として南欧，中南米，東欧3地域の経験から移行と定着の説明モデルが導出されたため，アジア，中東イスラム，アフリカなど別の地域への適用可能性に限界があること，さらに民主化した地域の分析が主であるため，なぜ民主化しないかという理論上重要な問いが十分に解明されていないこと等が指摘されている．

とくに最後の点に関しては，東・東南アジア地域の経験は重要な貢献をなし得るかもしれない．同地域では韓国，台湾など模範的な民主化を遂げた国がある一方で，それとは別の道を歩んでいる国も多く（中国，ベトナム，ラオス，北朝鮮，シンガポール，マレーシア……），民主主義という言葉自体に自由民主主義とは別の意味を与える立場もある．これはアジア的価値の問題としてよく提起されるが，まだ綿密な検討がなされているとは言いがたい．いずれにせよ自由民主主義を受け入れた国や，一定の政治開放を行って部分的に適応を試みる国，拒否する国など多様な事例を見出すことのできる東・東南アジア地域は，なぜ民主化しないかを地域の経験から問うのに格好の素材が揃っている．本書ではこうした国々の事例も含めて民主化を議論する．

これに関連してもうひとつ指摘すべきは，民主化と価値観の関係である．民主化論には往々にして民主化を肯定的に見る価値観が潜んでいて，それが1つの時代精神と言える状況があることは否定できない．しかし民主化を研究することと，その良し悪しの判断とは別である．しかも良し悪しに関する価値観と，民主化過程に関する理解の仕方をどう組み合わせるかで，何種類

もの考え方があり得る．自由民主体制への移行は「最優先されるべき価値で，直ちに実現すべき」なのか，「望ましいが，不安定化しないように漸進的な制度変革を通して実現すべき」なのか，「長期的には望ましいが，経済発展の達成後に実現すべき」なのか，「根本的に非欧米社会には適さない制度で望ましくない」のか．これらは順に，米国で広く見られる意見，民主化論者の多くの判断，いわゆる「開発独裁」の支持者の見解，リー・クアンユー (Lee Kuan Yew) らアジアの指導者やイスラム世界でよく聞かれる主張である．価値観自体は基本的に個人に属するのでここで是非を論じる性格のものではないが，民主化に対する理解との組み合わせで多様な考え方が生まれることは指摘しておきたい．

4　本書の構成——民主化の多様な姿

以上見てきたように，民主化論は地域の事情に通じた研究者たちが中心となって開拓した領域であり，固有性と普遍性をともに浮かび上がらせる格好のテーマである．地域研究の素材として民主化を取り上げる理由はここにある．そこで本書では，地域研究の道具立てをもって各国の政治を分析してきた日本の専門家が各章を担当し，対象国の政治体制の歴史的経緯や先行研究を紹介した後，民主化に関連する特定のテーマを設定し，執筆者自身の研究成果を織り込みながら議論を展開する形をとっている．

取り上げる国は南アフリカ，チリ，ニカラグア，パナマ，ロシア，トルコ，台湾，中国，ベトナムである．できるだけ多様な地域から事例を選び，国の規模や，移行以前の非民主体制の性格（軍部支配か，一党支配か，個人独裁か，少数民族支配か）なども多様性を持たせるようにしたので，比較しながら読むことで民主化の現実と研究の広がりを知ることができるだろう．またアフリカ，ラテンアメリカ，ユーラシア，アジアと地域ごとにある程度まとまるように章を配置してある．もっとも本書は厳密な意味での比較研究の書でもなければ，扱う国の数も限られており，基本的には各々の章は独立した議論

である．関心のある国やテーマの章から読み進めて構わない．

　これらの国々を，世界的な民主化の流れの中で一応の位置づけをしておこう．本書が扱う国の多くは「第三の波」が認知された後すなわち1990年代に民主化が本格化した国であり，その点で南欧，南米，東欧という民主化研究の「お馴染み」の組み合わせとは若干装いを異にしている．90年代以降，南アフリカでは全人種参加の出発選挙を受けてマンデラ（Nelson Mandela）政権が発足し，台湾では国民党政権下の段階的出発選挙と民進党への政権交代が平和裏に実現した．チリでは連合政権が民政移管後の民主政治を見事に舵取りし，共産党体制崩壊後のロシアの民主政治は移行直後の混乱から徐々に安定化し，トルコでは欧州統合をにらんで民主体制の再整備が図られた．ニカラグアとパナマは90年代後半に多難な移行を終えて政党政治の時代に入った．いずれの国も異なった課題を抱えながら克服への努力が続けられている．一方，中国とベトナムはいまも一党支配体制のもとにあるが，90年代を通して一定の政治的多元化が起こっている．もっとも両国はともに手続き的民主主義とは異なる形の民主を主張していて，民主化の議論へのひとつの根本的な挑戦ともなっている．

　なお民主主義や民主化の概念については本章で現代政治学における一般的使用法を紹介したが，各章での用い方については無理に統一せず，執筆者自身が定義をして使用する形をとった．少なくとも手続き的民主主義（ポリアーキー）への移行のみで民主化の議論が終わるとは考えない点ですべての執筆者の認識は一致しているものの，それぞれの国の分析に際しての定義と用い方は一様ではない．手続き的民主主義を出発点として議論を発展させる章もあれば，分析枠組みとして不十分もしくは不適切として別の基準を採用する章もあり，この種の基準を前提とすること自体に疑問を呈する章もある．このような観点の多元性は，研究対象地域の現実や執筆者自身の研究上の立場の違いを反映したものであるが，地域を研究する際には，自己の観点を持つと同時に，こうした観点の多元性を理解することも重要である．では最後に，各章が扱うテーマと議論の概要を紹介していこう．

第1章「南アフリカ：民主化と政治暴力」（遠藤貢）が扱うのは，概して民主体制への移行が多難な状況にあるアフリカにおいて，例外的に民主化が成功したとされる南アフリカである．同国はアパルトヘイト体制のもとでアフリカ人の政治参加が制限されていた状況から，政治エリート間の協定締結の過程を経て，90年代半ばまでに全人種参加の民主体制へと移行を遂げたが，その過程で政治暴力の蔓延がとりわけ深刻な問題として浮上した．遠藤は，移行期における政治暴力の状況を具体的データとともに示した後，とくに先鋭な形で現れたクワズール―・ナタール州に焦点を当て，暴力が生じる構造を詳しく検討している．遠藤によると，同州ではアパルトヘイト体制の遺産としての政治暴力が，州政治を主導するインカタ自由党（IFP）と国政を握るアフリカ民族会議（ANC）との対立の構図のなかで再生産され続け，警察組織のコントロールをめぐる争いにまで発展して，「免責の文化」や「報復への渇望」を強化する状況に陥っている．国家レベルでは民主化が軌道に乗った南アフリカにあって，政治暴力の問題は「法の支配」という民主主義の根本的価値から逸脱する実践であり，民主化への重大な障害となりうると遠藤は指摘する．

　第2章「チリ：民軍関係の展開から読み解く民主主義の安定化」（浦部浩之）では，長期軍事政権を担ったピノチェト（Augusto Pinochet）将軍率いる軍が，特権と政治力を保持したまま民政移管したために民主体制の定着が悲観視されていたチリにおいて，予想に反して南米大陸で例外的と言えるほどの安定的民主政治が実現した理由が問われる．浦部は，文民政府と軍という2つのアクターの意思，行動，相互作用を時系列に検討し，次のように分析する．民主化後のチリを担った「コンセルタシオン」連合政権は，軍の敷いた法体系を尊重しその範囲内で行動することで政府と軍が共通のルールに服する状態を作り出し，また軍の自律性を許容しながら民軍間の信頼感を醸成していった．一方軍の側も，かつて対立関係にあった左派政治家を含む文民との交流を拡大させることで信頼構築を模索した．その間に軍は「脱ピノチェト化」され，世代交代と専門職業化が進み，「文民優位」の安定した民

軍関係が築かれるに至った．浦部はこうしたアクター分析の結果が，公式文書や報道だけでなく関係者からの聞き取りなどの綿密な検証から導き出された点を強調すると同時に，それを経済社会構造や国際政治経済秩序といった要因とともに総合的に検討することの必要性も指摘する．

　第3章「ニカラグアとパナマ：個人独裁崩壊後の政治体制」（尾尻希和）は，「スルタン支配型体制」と概念化される家産国家的な個人独裁体制が崩壊し，その後に民主化が実現したニカラグアとパナマを扱っている．両国はラテンアメリカ地域にあるが，民主化前の体制が南米諸国の軍事政権とは根本的に異なるために，その民主化の分析には異なった枠組みを必要としている．そこで尾尻は，リンスの定着モデルを援用しつつ「脱スルタン支配型体制」という分析枠組みを考案して両国を比較分析する．両国はともに独裁者の失脚後に民主化が始まったが，革命と内戦を経験したニカラグアと，米国の軍事侵攻を経験したパナマでは，90年代後半にようやく移行が完了して政党政治の時代に入った．そこで形作られた政治社会は重要な点において異なっていた．すなわちニカラグアの政治社会が高い調整能力を持ち，経済社会や市民社会といった自立的な他領域との安定的関係を構築できたのに対し，パナマでは政治社会の調整能力が低く，他領域との協力関係を築けずに統治不能に近い状態に陥った，との結論が導き出される．

　第4章「ロシア：「民主化」論と地域研究」（上野俊彦）は，欧米の経験から生まれた政治モデルとりわけポリアーキーを基準に民主主義を捉えることへの強い疑念を呈したうえで，立憲主義という観点に立ちもどり，ロシアにおける執行権力（大統領・政府）と立法権力（議会）の相互関係を検討している．エリツィン（Борис Николаевич Ельцин）政権期における両者の対立，交渉，妥協の過程が，連邦法の採択における大統領の拒否権行使，政府不信任案の採択，政府議長承認などの具体的事例を通して，法規定の解説とともに詳細に論述されていく．そこに浮かび上がるのは，きまじめと言えるほど法的ルールに従って行動する政治家たちの姿であり，不安定さや大統領の家父長的政治スタイルを強調しがちなロシア報道の与える印象とは大きく異なる

ロシア政治の姿である．一般にはプーチン（Владимир Владимирович Путин）期に入ってロシア政治は安定したと見なされるようになったが，実は立憲主義の基礎はエリツィン期においておおむね確立したと上野は分析する．またこうした観察は，憲法や法制を熟知したうえで丹念に一次資料に当たりながら細部まで正確を期すことを通して生まれるのであり，それが地域研究者にとって重要な姿勢であると上野は強調している．

第5章「トルコ：「上からの民主化」の特徴」（間寧）は，20世紀半ば以来，軍のクーデタによる短期間の中断はあるものの，複数政党制下での普通選挙の長期にわたる経験を有する点で，イスラム世界でも独特の歴史を持つトルコの民主化を扱っている．ただし間によれば，トルコの民主化とは常に「強い国家」の主導のもと「上から」実現されてきたのであり，統制緩和の結果として参加要求が国家の許容範囲を超えた時には，必ず引き締めが行われたのである．そこで間は，この国家による統制の緩和を「民主化」と捉え，20世紀を通じて繰り返し現れた「緩和」と「強化」の波を，社団と労働組合の法的規制の歴史的データを基礎として実証的に再構成している．これまで，概して短い緩和期と長い強化期の波が3回繰り返され，いまは1995年に始まる第4の緩和期にある．今回の緩和期には広範な憲法と法改正が実施されているが，これはEU加盟のためのコペンハーゲン基準を満たす必要から来た，いわば外圧による民主化であり，こうした環境下ではトルコは今後も市民社会に対する規制緩和を続けざるを得ないと指摘する．

第6章「台湾：「二重の移行」と「黒金政治」」（松本充豊）は，民主化が本格化した李登輝時代の国民党政権において「黒金政治」すなわち暴力団との癒着や金権政治の問題が生じた過程を明らかにしている．台湾は経済発展のもたらした高い生活水準を背景に，1990年代に国会の全面改選と総統直接選挙を段階的に実施して民主体制へと移行したが，中国との統一・独立の問題に加え，「黒金政治」が深刻な問題として残された．松本は，経済の自由化と政治の民主化という「二重の移行」の過程を実証研究や報道をもとに検証し，十分な権力基盤を持たなかった李登輝が，党内保守派との権力闘争

を戦う必要から，権威主義体制の遺産である党営事業などを積極的に利用し，国会に進出しつつあった地方派閥やビジネス・グループと連携して支持拡大を図ったことが，黒金政治を促す結果になったと分析する．ここに炙り出されるのは，民主化推進者の推進の仕方そのものが，新生民主主義の質を劣化させるという逆説に満ちた台湾政治の実像である．黒金政治を批判して政権を勝ち取った民進党の陳水扁政権は，その解決に取り組んでいるが，克服は容易ではない．

　第7章「中国：レジーム変容の可能性」（菱田雅晴）は，現代中国の社会各層の党＝国家体制との関係を，現地調査の成果を織り込みつつ検討している．共産党一党支配下の中国は，ポリアーキーを基準とすれば民主化していないとの結論で終わり，党の公式解釈に従えば，実質的民主としての社会主義民主が「4つの基本原則」や「3つの代表」によって中国的特色を持ってすでに実現済みということになり，いずれも民主化の議論の余地はなくなる．そこでこれらの基準に替えて，一元的統治体制からの多元システムへの移行を民主化と規定し，レジーム変容の可能性を検討する．菱田によると，改革・開放後の新興企業家に代表される中国の新中間層は，中間層が政治社会の変革の担い手となるという「リプセット仮説」とは異なり，官僚層との相互依存関係のもとで成功を収め，既得権益の保護のため保守的傾向を示している点で，国家と「対抗」するというより「共棲」する存在である．一方「反リプセット情況」すなわち貧困層の拡大による大衆叛乱は，局地的な現象としては起こっているものの，体制側が個別に対応可能な範囲内にとどまっている．直接村長選挙の実施で注目を浴びる村民委員会や，温州モデル等で知られる業界協会も，事例によって性格が一様ではなく，総体としては下からの利益表出の全きチャネルと言えるところまで至ってはいない．したがってレジーム変容のシナリオは，国家・社会間の「共棲」関係のもとで体制内変革が行われる「漸進的変革型」になる蓋然性が高いと結論する．

　第8章「ベトナム：二元的構造における政治変動・政治発展」（中野亜里）は，中国と同様，政治面では共産党の一党支配を維持し，経済面では対外開

放と市場経済化を進めるベトナムが，冷戦後の世界においてどのように自己の統治体制を再規定し運営しているかを，市民社会の側の動きとの関連から捉えたものである．ベトナムの政治エリート層の間で冷戦後に議論された公式の「社会主義的民主主義」は依然として民主集中原則を堅持したうえでの共産党支配の強化を目指すものであるが，しかし同時に「民が知り，民が議論し，民が行い，民がチェックする」というスローガンのもと「人民の主人権」が改めて強調され，末端行政機関における情報公開や住民側からの意見表明の促進といった動きも出ている．実はこうした路線・政策変更をもたらしたのは，農村住民や少数民族の抗議行動という下からの圧力であった．中野は，内外の報道や現地で収集した情報などから，公式報道の裏にあるこれらの社会の実態を明らかにすることで，社会の実態とそれに対する国家の対応として捉え直していく．そしてこれらの分析結果から，依然として一党体制を維持するベトナムの政治体制の動態的な要素を見出すとすれば，表と裏すなわち政治的な建前を社会の本音が変えてゆく二元的なメカニズムではないかと結んでいる．

　以上，各章の大まかな内容をみてきた．すべての章で民主化に関する議論が展開されるが，一言に民主化といっても多様な研究課題が含まれ，異なった接近方法がある．全体を通して読むことで，様々な地域と研究課題と研究方法に触れ，地域政治とその研究の多様なあり方を知る一助としていただければ幸いである．なお本書は主として地域研究の戸口にいる人々に向けられたものであり，各章の分量は限られている．より詳細な情報や専門的議論に接するには章末の参考文献が1つの道標となるだろう．使用可能な言語も読者によって異なることを想定し，日本語，英語，および現地語の文献を掲載した．

◆註
1) 「地域研究」という用語自体は，アメリカで生まれた極めて国家戦略色の強い研究から使用されるようになったものだが，ここでは植民地研究なども含めて

もっと広く捉えている．地域研究の過去の経緯について詳しくは，矢野 (1987) の序章および第十章を参照．
2) 「現地調査」という言葉は，現代国家を分析単位とする政治研究においては一般的に，人類学に典型的にみられるような参与調査，すなわち共同体のなかで長期間生活をともにするタイプの調査ではなく，現地でしか入手できない文献資料の入手や，現地の政治家，行政官，運動家，住民，研究者など関係者へのインタビュー等を指す．社会科学諸分野の研究者による現地調査の経験をまとめた実践的文献として，佐藤 (1996) がある．

◆参考文献
日本語文献
岩崎育夫編．1994．『開発と政治：ASEAN 諸国の開発体制』アジア経済研究所．
岸川毅．1997．「民主化と国際秩序」納家政嗣・D．ウェッセルズ編『ガバナンスと日本』勁草書房．
岸川毅．2002．「政治体制論」河野勝・岩崎正洋編『アクセス比較政治学』日本経済評論社．
河野勝・岩崎正洋編．2002．『アクセス比較政治学』日本経済評論社．
佐々木毅．1999．『政治学講義』東京大学出版会．
佐藤誠編．1996．『地域研究調査法を学ぶ人のために』世界思想社．
白鳥令・曽根泰教編．1984．『現代世界の民主主義理論』新評論．
高谷好一．2001．『新編「世界単位」から世界を見る：地域研究の視座』京都大学学術出版会．
中嶋嶺雄・チャルマーズ・ジョンソン編．1989．『地域研究の現在：既成の学問への挑戦』大修館書店．
西川知一編．1986．『比較政治の分析枠組』ミネルヴァ書房．
矢野暢編．1987．『講座政治学Ⅳ　地域研究』三嶺書房．
矢野暢編．1993．『講座現代の地域研究①　地域研究の手法』弘文堂．
山口定．1989．『政治体制』東京大学出版会．
英語文献
Dahl, Robert A. 1971. *Polyarchy : Participation and Opposition*. New Haven : Yale University Press (高畠通敏・前田脩訳．1981．『ポリアーキー』三一書房)．
Dahl, Robert A. 1989. *Democracy and Its Critics*. New Haven : Yale University Press.
Dahl, Robert A. 1998. *On Democracy*. New Haven : Yale University Press (中村孝文訳．2001．『デモクラシーとは何か』岩波書店)．
Diamond, Larry. 1999. *Developing Democracy: Toward Consolidation*. Balti-

more : Johns Hopkins University Press.
Freedom House Survey Team. *Freedom in the World*. New York : Freedom House (http://www.freedomhouse.org).
Fukuyama, Francis. 1992. *The End of History and the Last Man*. New York : International Creative Management (渡辺昇一訳. 1992.『歴史の終わり（上）（下）』三笠書房).
Held, David. 1987. *The Models of Democracy*. Stanford : Stanford University Press (中谷義和訳. 1998.『民主政の諸類型』御茶の水書房).
Huntington, Samuel P. 1991. *The Third Wave : Democratization in the Late Twentieth Century*. Oklahoma : University of Oklahoma Press (坪郷實・中道寿一・薮野祐三訳. 1995.『第三の波：20世紀後半の民主化』三嶺書房).
King, Gary, Robert Keohane, and Sidney Verba. 1994. *Designing Social Inquiry*. Princeton : Princeton University Press.
Landman, Todd. 2000. *Issues and Methods in Comparative Politics : An Introduction*. London : Routledge.
Lijphart, Arend. 1971. Comparative Politics and the Comparative Method. *American Political Science Review* 65 : 682-693.
Lijphart, Arend. 1975. The Comparable-Cases Strategy in Comparative Research. *Comparative Political Studies* 8 : 158-177.
Lijphart, Arend. 1999. *Patterns of Democracy*. New Haven : Yale University Press.
Linz, Juan J. 1975. Totalitarian and Authoritarian Regimes. In F. I. Greenstein and N. W. Polsby (eds.). *Handbook of Political Science*. vol. 3. Reading : Addison-Wedsley (高橋進監訳. 1995.『全体主義体制と権威主義体制』法律文化社).
Linz, Juan J., and Alfred Stepan. 1996. *Problems of Democratic Transition and Consolidation : Southern Europe, South America, and Post-Communist Europe*. Baltimore : Johns Hopkins University Press.
Linz, Juan J., and Arturo Valenzuela (eds.). 1994. *The Failure of Presidential Democracy*. Baltimore : Johns Hopkins University Press.
Lipset, Seymour M. 1959. *Political Man*. London : Mercury Books (内山秀夫訳. 1963.『政治のなかの人間』東京創元新社).
O'Donnell, Guillermo, Philippe C. Schmitter, and Laurence Whitehead (eds.). 1986. *Transitions from Authoritarian Rule : Prospects for Democracy*. Baltimore : Johns Hopkins University Press.
O'Donnell, Guillermo. 1994. Delegative Democracy. *Journal of Democracy* 5 : 55-69.

Pateman, Carole. 1970. *Participation and Democratic Theory*. Cambridge : Cambridge University Press（寄本勝美訳．1977．『参加と民主主義理論』早稲田大学出版部）．

Przeworski, Adam. 1995. *Sustainable Democracy*. Cambridge : Cambridge University Press（内山秀夫訳．1999．『サステナブル・デモクラシー』日本経済評論社）．

Sartori, Giovanni. 1987. *The Theory of Democracy Revisited*. Chatham : Chatham House.

Sartori, Giovanni. 1994. *Comparative Constitutional Engineering*. New York : New York University Press（岡沢憲芙監訳，工藤裕子訳．2000．『比較政治学：構造・動機・結果』早稲田大学出版部）．

Schumpeter, Joseph A. 1976. *Capitalism, Socialism and Democracy*. New York : Harper & Row（初版は Harper & Brothers, 1942）（中山伊知朗・東畑精一訳．1962．『資本主義・社会主義・民主主義（上）（中）（下）』東洋経済新報社）．

第 1 章

南アフリカ

民主化と政治暴力

遠 藤　貢

1　アフリカ諸国との比較における「民主化」の特徴

　1980 年代末以降，アフリカにおいても「民主化」[1]を経験することになった．ただし，その政治変動の過程は，たとえば「選択肢なき民主主義体制」(Choiceless Democracies) などとも表現されるように，外からの強い圧力のもとでやむなく実施された側面を強く持つものであり，その多くは，「民主化」の移行局面で頓挫したり，10 年以上の歳月を経た現在でも未だ定着に程遠い状況にあったりと，民主的な政治体制を実質的なものにする段階には至っていない．こうした中で，例外的にアフリカにおける「民主化」の成功例として挙げられるのが南アフリカである．南アフリカでは，1980 年代末までには白人による支配体制としてのアパルトヘイトが政治・経済的に行き詰まりをみせ，全人種参加の政治体制を模索する動きが加速することになった．1990 年からの長い交渉過程を経て，1994 年 4 月に全人種参加の初めての選挙が実施され，長い投獄生活を送ったマンデラ (Nelson Mandela) を大統領とする新生南アフリカが誕生したことを記憶されている読者もいるかもしれない．本章では，南アフリカの民主化の特徴を示した後で，「民主化」をめぐる様々なテーマについての従来の研究を紹介する．そしてそのひとつの現象として，民主化に付随して生じることになっている政治暴力[2]の問題を，南アフリカにおける近年の研究を参照しつつ分析し，南アフリカにおけ

図1-1 アフリカにおける政治体制の類型と民主化
への経路

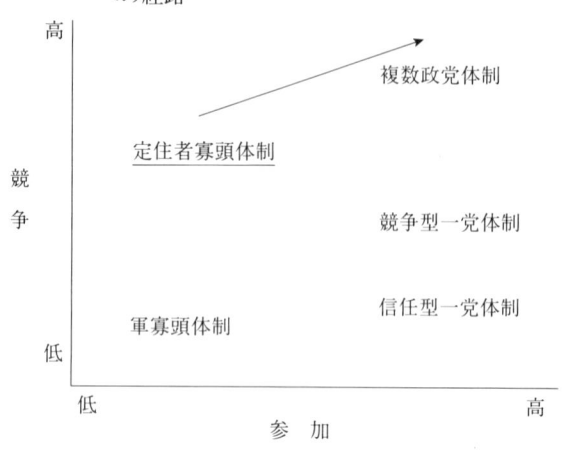

```
高
          │
          │                    ↗
          │                  複数政党体制
競         │      定住者寡頭体制
争         │
          │                 競争型一党体制
          │
          │                 信任型一党体制
          │      軍寡頭体制
低         │
          └────────────────────────────
          低         参　加          高
```

出典：Bratton and van de Walle（1997：78）より．

る民主化の現在について検証する作業を行いたい．

　1990年代初頭のアフリカにおける「民主化」の移行に関する比較研究を行ったブラットンとファン・デ・ワール（Michael Bratton and Nicolas van de Walle）は，アフリカにおける1980年代の政治体制を，ダール（Robert A. Dahl）のポリアーキーのモデルにならって，図1-1に示したような類型に分類した（Bratton and van de Walle 1997）．ここで南アフリカは，参加が大きく制限されながらも，一定の競争が確保されている政治体制に位置づけられ，その実態を踏まえて「定住者寡頭体制」（Settler Oligarchy）という名称を与えられている．これは，国民党（National Party）政権下で構築されてきた法体系としてのアパルトヘイト体制のもとで，アフリカ人の参政権が認められていなかった点を参加の制限ととらえ，白人の間では政党形成が認められ，そこでの複数政党制の下での選挙が定期的に実施されていた点が，一定の競争があると評価されていることを反映したものといえる．その意味において，南アフリカにおける「民主化」は，他のアフリカ諸国においては，競争を拡大する，言い換えれば，それまで一党体制であった国が複数政党制

を採用する形での変革を推進する必要があったのとは大きく異なる特徴を持っていた．つまり，南アフリカでは，アパルトヘイト体制を撤廃するという，新憲法の制定を含む法体系の大幅な改編のもとで，アフリカ人への参政権の容認という大幅な政治参加の拡大，さらに，従来禁止されていた政党活動をアフリカ人にも認め，政治的競争を拡大した点に民主化の大きな特徴を見出すことができるのである．また，南アフリカの民主化の移行期の特徴は，他の多くのアフリカ諸国とは異なり，またラテンアメリカ諸国でもみられた政治エリート間の協定締結の過程としてとらえることができる点である．1994年4月の比例代表制による全人種参加の選挙と，それを受け，全主要政党参加でつくられた国民統合政府（Government of National Unity）の設立，その後1996年12月10日に最終的に正式の法律となった憲法制定に至る過程は，紆余曲折を経たものの，最終的には，多様な南ア社会の要求を調整しながら展開した，長期の合意形成の過程としてとらえることができる．ブラットンとファン・デ・ワールの研究では，他のアフリカ諸国で特徴的な新家産主義体制（neopatrimonialism）[3]の下では，国家内のエリートと国家の外にいるエリートの間にはパトロネージへの接近において分裂があるため，政治がゼロサムゲーム的権力抗争（winner-take-all power struggle）に陥り，エリート間の妥協が成立しにくいとする仮説が提示されているが（Bratton and van de Walle 1997），南アの事例は，他のアフリカ諸国の移行と明らかに異なる特徴を有している．

　また，アパルトヘイト体制のもとでは「人間性に対する犯罪」とも認識される多くの残虐行為が行われたことから（Coleman 1998），新生南アフリカにおける「共生」を実現するため，過去の事実解明を行う歴史的な試みとして行われた「真実和解委員会」（Truth and Reconciliation Commission：TRC）の取り組みなど，南アフリカに特徴的なトピックスが存在する．そこで，次節では，南アフリカの民主化の移行過程の問題として関連する従来の研究を，基本的にはトピックごとに示してみることにしたい．

2 南アフリカの「民主化」をめぐる先行研究

　本節では，南アフリカの民主化にかかわる諸研究を検討する．ただし，その研究領域，蓄積は他のアフリカ諸国をはるかに凌駕する量があることもあり，そのすべてを取り扱うことは不可能である．従って，ここで提示される研究は，あくまでもそれぞれのトピックを包括的に検討する上での導入として十分に意味を持つと判断されるものであり，読者の更なる文献調査の一助となることを主な意図とするものであることを予め断っておく．

　まず，南アフリカの民主化の移行期に関する比較的初期の研究として，オッタウエイ（Marina Ottaway）のもの（Ottaway 1993）が挙げられるほか，シスク（Timothy Sisk）の研究（Sisk 1995）も，アフリカでは例外的であったエリート間の協定締結という形での民主化過程を詳細に分析した比較的初期の研究として挙げられる．また，こうした研究に続き，1990年代以降の政治史を包括的に扱った比較的最近の研究として，ディーガン（Heather Deegan）とロッジ（Tom Lodge）を挙げることができる（Deegan 2001; Lodge 2002）．ディーガンの著作は，アパルトヘイト期と新生南アフリカの時期にわたる政治史を手際よくまとめたものであり，近年の南アフリカ史をテキストとして概観する上でも有用である．また，南アフリカ政治分析の碩学であるロッジの著作も，1994年以降の与党アフリカ民族会議（ANC）の経済政策，土地改革，地方政治や地方議会選挙，政治腐敗といった新生南アにおける主要課題を含む多くのテーマが扱われている．

　民主化を考える上でのひとつの重要なステップとなる南アの選挙については，1994年に行われた史上初の全人種参加の総選挙と，1999年に行われた2回目の総選挙についてそれぞれ複数の分析が行われている．94年選挙については，たとえば，ジョンソン（R. W. Johnson）らの研究において，選挙に至る過程，選挙当日の投票と開票，さらに選挙後の課題などについて包括的な検討が行われている（Johnson and Schlemmer 1996）．また，レイノルズ

(Andrew Reynolds) が，他の南部アフリカ諸国の民主化過程で導入された選挙制度と比較するなかで南アフリカの比例代表制度と，その94年選挙における意味を分析している（Reynolds 1999）．1999年選挙に関しては，ロッジがいち早く，民主主義の定着との関連で第2回目の選挙の意義を議論している（Lodge 1999）．ここでは，その選挙制度，政党活動，投票行動などを広範に検証分析し，南アにおける民主主義制度の確立と民主的価値の進展のあり方に対する一定の評価を与える作業を行っている．この選挙に関してもレイノルズが共同研究の中で分析を加えており（Reynolds ed. 1999），ここでは，94年から5年間の国政・地方レベルでの政府，政党，メディアなどの動向をも踏まえた選挙分析を行っている．2004年に予定されている第3回目の選挙についても，今後注目していく必要があろう．

　また，選挙と関連する政治体制，あるいは野党・反体制勢力についての研究がある．ANC政権に関しては，一党優位政党制として特徴づける議論が多く見られるが，この点については邦訳されているロッジの論文（ロッジ1998）のほかに，他の地域との比較研究の形で編集されているヒリオメ（Herman Giliomee）らの論文集が出ている（Giliomee and Simikins 2000）．また，こうした政治体制の下における反体制勢力の問題に関しては，サウゾール（Roger Southall）編の論文集において，単に野党という切り口だけでなく，人種，ジェンダーといった多角的な角度からの論考も含む，南アにおける社会の亀裂をめぐる多様な論点が扱われている（Southall 2001）．

　また，南アフリカの「民主化」の移行局面の問題を，政治経済学的な観点からとらえようとする研究も出ている．その中で特記すべき研究として，ANC政権における権力関係にも目配りをしながら，アパルトヘイト後の経済・社会政策について批判的な立場から議論した著作としてマレーズ（Hein Marais）のものがある（Marais 2001）．ここでは，アパルトヘイト期における様々な社会運動の歴史と現在にも目を向けており，新生南アフリカを考える重要な論考として位置づけることができる．

　こうした研究分野と連関して，南アにおけるリベラリズムの問題も非常に

重要な位置を占める問題として取り上げておく必要があろう．歴史的な南アのリベラルと呼ばれるグループの思想と政治実践について，1980年代の変容をブラック・サッシュという運動を事例に検討した研究としてウェンツェル（Jill Wentzel）のものがある（Wentzel 1995）．また，1990年代に入ってからの南アにおけるリベラルの議論，あるいはリベラリズムの思想変容を解き明かすためのテクストとして，ヒューセメイヤー（Libby Husemeyer）が90年代の新聞・雑誌に掲載された議論を編集している（Husemeyer 1997）．そして，アパルトヘイト後のリベラリズムの諸問題を多角的に扱った論文集がジョンソンとウェルシュ（David Welsh）によって編集されており，南アフリカにおけるリベラリズムの現在を知る上で重要な論点を提示している（Johnson and Welsh 1998）．上で挙げた政治経済学のアプローチとも重なり，特に経済・社会政策にかかわるネオ・リベラリズムの問題を，南アの民主化との関係で議論したものとしてボンド（Patrick Bond）の著作（Bond 2000）を挙げることができる．

　民主化の問題と常に連動して問われてきた重要な論点として，「市民社会」の問題がある．南アフリカにおいても，1980年代末から民主化と「市民社会」に関する様々な論考が論文の形で出ている．しかし，この「市民社会」をめぐる議論は，非常に文脈依存的な色彩を有するものとなっており，その傾向は南アフリカの場合にもみられる．なお，この問題に関しては，単独の研究書，論文集というよりも，雑誌，ジャーナルに掲載された論文が中心となり，これについてはすでに他で論じたのでそちらを参照してほしい（遠藤1999）．

　南アフリカについては，新憲法制定が非常に大きな意味を持つ過程であった．それは，単に最終的に採択された憲法が世界で最もリベラルな憲法と呼ばれる内容を持ったということに限らない．その制定過程と民主化という政治変動過程の連関に光を当て，法，さらに立憲主義の南アにおける意味を見出そうとした研究が，クルッグ（Heinz Klug）によるものである（Klug 2000）．南アの憲法については，ほかにも様々な研究があるが，民主化との

関連でその政治過程，そこで創出された政治制度についてかなり包括的に扱った共同研究がある（Andrews and Ellmann 2001）．

そして，すでに指摘した TRC に関してである．これについては，大部の報告書が5巻本として刊行されている（TRC 1999）ほか，多くの著作が出されており，そのすべてを系統立てて紹介するのは困難であるので，ここではそのいくつかを紹介するにとどめたい．また，TRC に直接関与した人物が，TRC の内側からその活動を明らかにしたものとして，アパルトヘイト時代に進歩党選出の国会議員の経験を持ち，1986 年に辞職した後に南アの民主化の活動を支援し，研究機関としても機能している IDASA（Institute for a Democratic Alternative for South Africa）の設立に関与し，TRC の副委員長として活動したボレーン（Alex Boraine）の著作を挙げることができる（Boraine 2000）．TRC の活動が進行している過程で明らかになってきたアパルトヘイト体制の下での抑圧の実態について，その過程で示す著作として，マンデラ政権下で閣僚を務めたアズマル（Kedar Asmal）らによる報告（Asmal, et al. 1996）がある．TRC の活動が終了し，報告書が出されてからは，TRC で明らかになった「真実」だけではなく，TRC という試みそのものを評価しようとする研究が次々に著されてきた．キリスト教神学の立場からは複数の論文集（Cochrane, et al. 1999 ; Van Vugt and Cloete 2000）が刊行されている．TRC に関して，その方法論などを含め批判的に検証しているものとしては，ジェフリー（Anthea Jeffery）によるもの，あるいはジェームズ（Wilmot James）らの編集した論文集がある（Jeffery 1999 ; James and van de Vijver 2000）．ヴィラ・ヴィセンシオ（Charles Villa-Vicencio）ら編の論文集は，TRC の起源といった歴史的文脈，TRC の思想的な枠組み，目標と実態，TRC 後の課題といった包括的な論考が収められている（Villa-Vicencio and Verwoerd 2000）．ウィルソン（Richard Wilson）の著作は，人類学のフィールド・リサーチに基づき，TRC の現実的な影響を都市部において検証し，新生南アフリカにおける人権の現状を明らかにしようとした斬新な研究である（Wilson 2001）．また，グレイビル（Lyn S. Graybill）の研究

は，TRC が「和解」を実現する上で，南アにおける奇跡であったのか，何らかの他の地域での「モデル」となりうるのかという問題意識のもと，紛争後社会における和解を論じている (Graybill 2002). ポーゼル (Deborah Posel) ら編の論文集は，TRC の活動とその活動が行われていた複雑な環境などを組み入れながら，TRC に関して重要な問いかけがなされ，ここで明らかにされた真実の問題に光を当てようとするものである (Posel and Simpson 2002).

こうした，新たな政治の枠組みを積極的に作ろうとする動きとは別に，ある意味ではこの動きと連動し，またアパルトヘイト期の政治対立を継承しながら発現してきた問題が政治暴力，さらには犯罪の問題である．こうした問題は南アの民主化における競争の拡大と変容，さらに南ア国家，特に治安機構の役割の再構築の過程と深く連動する形で生じてきた動きとして注目される．この問題領域に関しても多くの研究が現れてきている．コールマン (Max Coleman) が中心となった研究では，アパルトヘイト末期から移行期にかけての政治暴力の様態とその変容過程が検証されている (Coleman 1998). その後，アパルトヘイト体制からの「移行」期の問題として生じてきた国際犯罪組織の流入などについては，エリス (Stepehn Ellis) の論考 (Ellis 1999)，あるいはガストロウ (Peter Gastrow) の分析 (Gastrow 1998) などが重要な視角を提示している．さらに，国家の治安維持機能の不全とそれに伴う自警活動の展開については南アで刊行されている論文集 (Steinberg 2001) の他，こうした調査を手がける南アフリカの安全保障研究所 (Institute for Security Studies) のモノグラフ (Sekhonyane and Louw 2002) を例として挙げることができるほか，ショー (Mark Shaw) の著作が，この分野では包括的な研究と位置づけられる (Shaw 2002).

3 民主化と政治暴力

以下では，既出の文献に加え，主に南アフリカの研究者の既存研究を参照

しながら,南アフリカにおける民主化過程において生じてきた政治暴力の問題について,地域的にはその発現形態が最も先鋭な形で現れてきたと考えられるクワズールー・ナタール州(以下,KZN)を中心に考えてみることにしたい.

(1) 民主化の移行期における政治暴力の発現

1989年9月のデクラーク(F. W. de Klerk)の大統領就任後,南アにおける民主化プロセスが始まることになったが,その移行期においては,多様な政治主体間の駆け引きの中で,アパルトヘイト体制末期以上の政治暴力が現れる結果となった.この時期の大きな特徴は,1990年2月に南アフリカ国内での活動が合法化されたアフリカ民族会議(African National Congress:ANC)と,同年に(当時の)ナタール州を基盤にした運動体であったブテレジ(Mangosuthu Buthelezi)の率いるインカタ[4]が政党に組織変更して設立されたインカタ自由党(Inkatha Freedom Party: IFP)の2つの政治勢力の支持者の間での対立が顕著に見られた点である.特に,南アの政治経済における中心として機能してきたトランスヴァールの中心地域であるPWV (Pretoria/Witwatersrand/Vereeniging) のアフリカ人居住区(タウンシップ)において,空前の規模で暴力を伴う対立が発生し,1990年8月には1カ月間に政治暴力に関わる死者の数が700人を超え,1994年の選挙までの間に,1カ月あたり少ない時で150人,多い時には600人を超える死者が出ている.この対立では,IFPは南ア警察と共謀しており(インカタゲート事件で発覚)[5],こうした政治暴力により民主化に関わる交渉がしばしば中断するなど,交渉の行方を左右する一定の影響力を持った.

この過程で,最も多くの死者を出す政治暴力に関与したのがインカタと結びついた「自警団」であった.政治暴力に関わる範疇を,治安部隊の活動,「自警団」に関わる活動,「攻撃部隊」(hit squads)[6]の攻撃,白人右翼の攻撃という4つに分類してデータを集計している南アフリカの人権委員会(Human Rights Committee: HRC)のデータによると(Coleman 1998: 179),

1990年7月から1992年6月までの2年間 (year 1 から year 2)[7] では, 「自警団」の関わる活動による死亡者数の割合が全体の81.2% (5,060人) を占めている. 「自警団」に関連する事件の3分の2がPWV, 残り3分の1がナタール州で起こったほか, その前後の交渉過程での重要な協定形成との関連性が指摘されている.

また, PWV地域に進出したインカタ関連の「自警団」の拠点になったのが, ホステル (単身居住者用の宿泊施設) であった. 特に, 1992年6月17日のボイパトン大虐殺の際には, ボイパトンのクワマダラ・ホステル (KwaMadala Hostel) がインカタの「自警団」の拠点となるなど, PWV地域にはこうした拠点が多数存在した (Coleman 1998: 198).

この時期, 交渉に影響を与える目的で警察・軍関係者によって暴力活動を行うために組織された秘密部隊[8]が, 上記の「自警団」の活動にも深く関与したことが明らかになっている. この秘密部隊は, これ以降, 政党, 政党と密接に関係した「自警団」, 犯罪組織, 警察の間の複雑な関係を醸成する契機を提供した (Ellis 1999: 62).

1992年7月から1993年6月まで (year 3) は, 政治暴力のひとつのピークを示すが, この時期の傾向は, 地域的には変化する. 政治暴力に伴う死者数の比率においてナタール州の占める割合が, 53% (1,645人) に達し, PWV地域に代わり, ナタール州が政治暴力の中心という傾向を強めたのである. 特にこの地域での政治暴力には, ホームランドの1つであったクワズールーの警察組織 (Kwazulu Police: KZP) の関与が明らかになっている (Coleman 1998: 199-200). 1993年7月に1994年の選挙が発表されたことを受け, 7月には政治暴力に関わる使者の数が605名と6月の267名[9]から急増した. その後, 選挙まで約10ヵ月の間に4,608名の死者が報告されている (Coleman 1998: 223).

(2) クワズールー・ナタール州での展開

KZN は, 州都にダーバンを持つ, 南アフリカ東部の州である. 政治的に

は，IFPが強い政治基盤を有してきた州である．1994年の議会選挙では，51％の得票率で，州に割り当てられた81議席中ANCの26議席をしのぐ41議席をIFPが獲得し過半数を占めた（なお，他の州ではIFPは1議席も獲得していない）．また，1999年の議会選挙では，IFPは41.9％の票を獲得して，80議席中34議席を獲得し，39.4％の得票率で32議席を得たANCをかろうじて上回ったものの，過半数を占めることができず，ANCがその支持を拡大している傾向をみることができる．ただし，ここには国政レベルにおけるANC政権と州レベルのIFP主導の政権という，南アの他の州とは異なる政治対立の構図が背景にあることを指摘しておく必要がある．こうした「二元的」な権力関係の存在が，KZNにおける政治暴力と特徴づけていくことになるからである．

KZNでは，アパルトヘイト体制下の1984年からTRCが調査した時期までの約15年間に約2万人の犠牲者が出ている．特に，アパルトヘイト体制末期，インカタと反アパルトヘイト体制の連帯組織であった統一民主戦線（United Democratic Front：UDF）の間の，「ブラック・オン・ブラック」とも呼ばれたアフリカ人間の対立が激化した1987年9月以降，その犠牲者の数は増加してきた．この対立には，インカタは南アの治安組織からの支援を受け，UDFは当時非合法化されていたANCとその軍事部門であったウムコント・ウェ・シズウェ（MK）と連携しているという政治的対立が反映されていた．しかも，ここでは武器が用いられるとともに[10]，それぞれを支持する民兵組織も関与を強めていった[11]．既述したように，移行期にも，この対立は継続して交渉を左右し，また，1994年4月の総選挙までの約3カ月の間には，約1,000名が犠牲になったほか，選挙後も2,000人を超える犠牲者が出ている（*South Africa Survey* 2000/2001：89）．

南アの他の地域では，選挙終了後おおむね政治暴力による死者の数は急速に減少していることを考えると，KZNは，民主化の「移行」が完了した後においても，政治暴力が大きな問題として残った例外的な州であると考えられる．実態としてそういう現実があるというだけでなく，この地域における

政治暴力は，潜在的に南アにおける「民主化」そのものへの脅威になりうるのではないかという，観察者の認識にも依存している．そこで，以下において，KZN における「移行」期以降の政治暴力の様態を，個別の事件にも触れながら検証し，その連続性と変容について考察を加え，こうした現象が「民主化」の定着においてもたらすと考えられる問題点を指摘することにしたい．

(3) クワズールー・ナタール州における政治暴力の事例と背景要因

すでに指摘したように，KZN における政治暴力は，遡ればアパルトヘイト体制のもとでの国民党政権の政策的遺制の側面を強く有するものである．しかし，1994 年以降その内実は，KZN における政治状況の変化にも伴い，微妙な変化を遂げることになった．ここでは KZN における 1994 年以降の政治暴力についてその様態を検証している研究（Johnston 1997），あるいは，政治暴力の事例を詳細に検証したうえで，その類似性の中に，近年の政治暴力の意味を検討している研究（Taylor 2002）などを参照しつつ検討していこう．

まず，1995 年のクリスマスに 19 名の ANC 支持者がインカタ支持者によって急襲され，虐殺されたショバショバネ大虐殺（Shobashobane massacre）[12] の事例をみておきたい．当時副大統領であったムベキ（Thabo Mbeki）は，虐殺された犠牲者の葬儀に出席した後，エンゲルブレヒト（Bushie Engelbrecht）率いる特別調査団を任命して，この虐殺事件の解明に当たらせた．しかし，当初からその活動は大きな問題に直面した．つまり，KZN では，ANC が任命し，支援する調査に対してインカタ支持者が協力姿勢をとらなかったことから，その調査活動が暗礁に乗り上げたのである．IFP の事務局長であったジヤネ（Ziba Jiyane）も，KZN における警察活動は主に州政府の管轄事項であることを指摘し，中央政府の関与について一定の牽制をしている（Taylor 2002: 480-481）．これは，ジョンストン（Alexander Johnston）も指摘するように，KZN における警察活動のやり方を「誰

が」コントロールするかをめぐる中央政府と州政府という，中央と地方の対立の問題を示すものである．そして，こうした本来政治的な対立を背景とした問題が，警察機能，ひいては司法機能を損ない，政治的な秩序を維持する装置の機能不全をもたらす結果にもなっている．

また，KZN のミッドランズ地域の小さな市リッチモンド（Richmond）における一連の殺人事件にも，警察機能の不全とアパルトヘイト体制の遺制としての政治暴力が変質する形で展開してきたことが示されている．この地域は 1993 年ころまでに ANC 支配下の民兵組織であるリッチモンド・セルフディフェンス・ユニット（SDU）を指揮してきた地元の有力者であり，ANC の青年同盟のリーダーでもあったンカビンデ（Sifiso Nkabinde）の勢力圏としてその政治的磁場が固められてきた（Taylor 2002: 484-486）．ンカビンデは 1995 年にリッチモンドの市長となり，翌 1996 年 6 月までその地位にいて，KZN における ANC の支配地域の 1 つを確立した．しかし，ンカビンデはこの地域における武器の密輸などを通じた資源の獲得ルートをSDU の活動を用いて確立するという，「影の」活動にも関与した．こうした「影の」活動は，リッチモンドにおけるマホダ地区（Magoda）におけるSDU の構成メンバーの支持を獲得する上でも有効な手段となった．しかし，1994 年選挙以降，ANC によるンカビンデの活動への実質的なコントロールが失われたうえに，ANC の指導者の命令を無視した行動が目に余るようになったため，1997 年 4 月にンカビンデは ANC から党籍を剥奪された．これ以降，ンカビンデはリッチモンド地域における ANC の有力者をターゲットとした暗殺事件を含む 120 名の犠牲者を出した幾多の事件に関与し，この地域は約 2 年にわたる「恐怖の時代」を経験した．

この地域では従来から警察の治安維持機能は不十分であったうえに，警察の違法な活動や捜査にあたってのバイアスがあったため，新政権の法務大臣であったムフマディ（Sidney Mufumadi）は，1995 年にこの地域における政治的な動機に基づいた殺人事件や SDU の活動を調査するための調査作業ユニット（Investigative Task Unit: ITU）の設立を指示した．しかし，ITU も

十分な成果を上げられず，翌1996年にはITUに代わり全国調査作業ユニット（National Investigative Task Unit：NITU）が設立されたものの，結局成果を上げることはできなかった．その理由として，この2つの調査チームの活動中に目撃者の家族全員が殺害されたケースを含め，証人となるべき目撃者が7名殺害され，裁判で有罪に持ち込むための十分な証拠を集めることが不可能となった点などが指摘されている．こうした事態を受け，ショバショバネ大虐殺を担当したエンゲルブレヒトを中心とする別の調査チームが1997年半ばに結成され，ンカビンデが関与したと考えられる事件の調査に当たった．そして，同年9月にンカビンデの逮捕に踏み切り，公判を維持するための証拠集めを行ったものの，証人が（家族が殺害されることを恐れて）ンカビンデに有利な方向に証言を覆すなどの事態が続いたため，結局有罪に持ち込むことができなかった．

　ンカビンデは7カ月の勾留後，翌1998年4月30日に釈放され，数週間後に新政党統一民主運動（United Democratic Front：UDM）の全国事務局長に就任した．この新党は，ホームランドであったトランスカイの軍事指導者であり，マンデラ政権のもとで環境副大臣に就任していたホロミサ（Bantu Holomisa）が，TRCでの発言を発端として生じた「ホロミサ問題」（ロッジ1998）でANCから追放されたことを受けて設立した政党である．ンカビンデは，以前ホロミサから武器やSDUメンバーへの教練を受けていた経緯があり，これがンカビンデの登用につながったものと考えられる．この結果，これ以降ンカビンデが強い影響力を有していたマホダ地区は，UDMの支持基盤となり，従来の政治的対立図式とは異なる政治暴力が生み出された．結果的には，ンカビンデの釈放後わずか3カ月間で，50名を超えるANCとUDMのメンバーが犠牲となったのである．こうした事態を受け，この地域を「管轄」していたリッチモンド警察署は閉鎖され，58名の署員全員がリッチモンドの外に転任になり，軍に支援も受けた新たな治安体制が敷かれることになった．その後，ンカビンデは1999年1月23日に銃撃を受けて殺害され，これに対する報復とみられる措置で，11名のANC支持者が殺害さ

れるといった形で,政治暴力は収束の気配をみせていない.

以上の事例に共通する点として,第1に政治暴力がアパルトヘイト体制の遺制であることが挙げられる.また第2に,「二元的」な権力関係のもとにあるKZNでは,警察機能もその政治力学に強く影響を受ける形で機能し,結果的に公正／正義(justice)を実現する制度として確立されるにいたっていないという問題点があることを指摘できる.

(4) 民主化への意味

KZNにおける政治暴力に関しては,主にアパルトヘイト期における問題をTRCの報告書でもその第3巻第3章において取り扱われている(TRC 1999).しかしながら,これは分析的というよりは記述的であり,その包括的,構造的な原因に関しては十分に踏み込んでいないとする評価が散見され(たとえば,Wilson 2001),これ自体TRCのひとつの限界を示すことにもなっている(Taylor 2002:504-508).実際,IFPは,TRCのプロセスにほとんど協力しなかったこともあり,KZNにおける政治暴力の問題は,過去から現在に至るまで依然として深い「闇」の中にある部分が多く,民主化の移行期を経た南アフリカにおける大きな不安定要素を構成している.しかも,KZNの政治リーダーの多くはこれまで関与してきたと考えられる政治暴力への現実の関与を強く否定する姿勢を崩していないことも,真相究明の大きな障害になっている[13].そして,こうした対応は,KZNの文脈に「免責の文化」(culture of impunity)を生成し,多数の殺戮に関与した,たとえば,ンカビンデに対しても司法の手続きを通じて有罪に持ち込むことを妨げるのを支持する精神構造を作り出すという問題にもつながっていく.その結果,正規の警察・司法制度によらない報復を求める「報復への渇望」(lust for revenge)が強化され,「法の支配」に代わって,政治暴力が再生産される論理がKZNを支配する状況が持続する構造が生み出されることにつながっている.

南アフリカ全体としての民主化の移行は,先にも述べたように成功裏に行

われたといえる．したがって，南アフリカを国家としてみれば，民主主義体制が今後定着，ないし持続していく軌道に乗ったことは否定できない．しかし，KZN にみられる政治暴力は，少なくとも KZN における民主的な政治制度が機能し，民主的な価値を定着させていくという観点からは，明らかに逸脱する政治実践となっており，今後の民主化における大きな障害となる可能性を持つものとして注視していくべき問題であると考えられる．

4　まとめと今後の研究展望

　以上，南アフリカにおける民主化の特徴を示し，その内実にかかわる領域の問題についての先行研究を紹介したうえで，南アにおける民主化の直面する課題としての政治暴力の問題について特に歴史的な政治対立の構図を有する KZN を事例に分析し，民主化の過程におけるひとつの問題点として提示した．ここには，「グローバル化」ともいわれる国際環境変化にも伴う歴史的時間のもとでは，南アの場合の参加の大幅な拡大，競争の拡大という形で新たな政治機会を開くことにより，アパルトヘイト下で創造された要因も絡み合って，非常に複雑な政治現象として民主化が現れていることが示されているともいえる．

　本章では，アフリカにおける一事例として，南アフリカを取り上げたが，他のアフリカ諸国において「民主化」と呼ばれ，多くの失敗を経験してきた 1990 年代以降の政治変動の意味を改めて問うことが大きな課題として残されている．それぞれの国の事例には，その国の「民主化」以前の政治体制の中で醸成されてきた様々な要因が深く関わっている．それゆえに，それぞれの事例が非常に重要なものとなりうるのである．したがって，地域研究の観点から，個別の事例を検討し，既存の理論に新たな知見を加える作業を行ううえで，アフリカは大きな可能性を有していることは疑い得ない．その意味でも，今後のアフリカ諸国に関する「民主化」の研究の進展が期待されるところである．

◆註
1) ここでかぎ括弧をつけるのは，アフリカにおけるこの時期の政治変動が，その内実において民主化と呼びうるものかについて大きな疑問がある点を考慮してのことである．サハラ以南アフリカのいくつかの国では，こうした政治変動がひとつの契機となり紛争にいたるなどの事例があるためでもあり，一定の留保が必要と考えている．
2) 政治暴力に明確な定義を与えることは必ずしも容易ではない．暴力という概念を，たとえば，他者を肉体的，精神的に傷つけることを意図して採られる，非常に極端な形態の行動，という形で定義するとすれば，こうした行動が政治目的で，あるいは政治的動機に基づいて行われる場合，そうした一連の行動を政治暴力という概念で表現することはできる．
3) これは以下のような点に制度面での特徴を持つ．第1に，大統領一極主義（presidentialism）である．一個人の手に政治権力が体系的に集中している点を指しており，この結果，その他の国家機構が弱体化することになったとみている．第2の非公式の制度的特徴として挙げられているのは，体系化されたクライエンティリズム（systemic clientelism）である．よく知られているように，これは政治的な支持を動員するクライエントとそれに対する物質的な報酬を提供するパトロンとの間に成立している互酬的関係であるが，この結果，パトロンたる政治的指導者は公的な資源を私物化したり，レント（rent）を得るために経済への介入を強めたりすることになる．第3の制度的特徴としては，第2の特徴と関連するが，国家資源の私的流用（use of state resources）であり，これによって体制の正統性の確保を試みる．
4) 1975年に，ブテレジにより1920年代のソロモン王のもとで活動した「インカタ」の文化復興運動的側面を持つ解放運動組織として設立され，国民党政権と近い保守勢力として位置づけられてきた．1990年7月14日の臨時大会により，同年2月に黒人の政党活動が認められたことを受け，インカタ自由党（IFP）という政党に組織のありかたを変えた．
5) この問題を含め，暴力への様々な関与の問題に関しては，ゴールドストン委員会が調査を実施し，いくつかの報告書が出された．1994年3月の報告書において，南アフリカの警察ネットワークがインカタと共謀して民間人の案雑，虐殺，不法な銃の横流しに関与していたことが公表されている．
6) 一般にはデス・スクォッズ（Death squads）という概念が用いられるが，暗殺だけではなく，様々な施設の破壊や嫌がらせ（harassment）をも行うことから，ヒット・スクォッズという概念がより現実を反映している（Coleman 1998）．
7) 1990年から1993年までの時期を，1990年7月から1991年6月までをyear 1，1991年7月から1992年6月までをyear 2，1992年7月から1993年6月までを

year 3 に分ける (Coleman 1998).
8) これを構成するものとして一般的に合意されているのは,軍(情報部,特殊部隊,偵察部隊),警察(治安警察,別働隊,暴徒対応部隊,Koevoet [南アフリカ警察の中でナミビアでの活動をする部隊]),そして「自警団」である.
9) 1990 年から 1993 年までの月平均の死亡者数 259 名に近い数値であった (Coleman 1998: 223).
10) ANC 支援者には AK-47(カラシニコフ)が,IFP 支援者(特にズールーの首長)には G 3 ライフルが提供されてきたことが指摘されている (Taylor 2002: 477).
11) インカタに関してはこの民兵組織は,セルフ・プロテクション・ユニット (Self-protection Units: SPUs) と呼ばれ,1990 年代以降主に設立された ANC 側の組織はセルフ・ディフェンス・ユニット (Self-defense Units: SDUs) と呼ばれた.
12) ショバショバネは,東ケープ州との境にある,約 7 km² の農村地域である.
13) テイラーはこの状況を指して「否定の政治」(the politics of denial) という表現を用いている (Taylor 2002: 504).

◆参考文献
日本語文献
阿部利洋.2000.「展開する秩序:南アフリカ・真実和解委員会をめぐる和解の試み」『現代思想』28 (13):181-191.
遠藤貢.1993.「南アフリカ共和国の政治変動:南部アフリカ地域の視点から」『国際関係論研究』8:1-56.
遠藤貢.1999.「新生南アフリカと『市民社会』」平野克己編『新生国家南アフリカの衝撃』アジア経済研究所.
遠藤貢.2003.「新生南アフリカにおける『紛争』の様式:再生産される『暴力の文化』」武内進一編『国家・暴力・政治:アジア・アフリカの紛争をめぐって』アジア経済研究所:263-296.
岡倉登志編.2002.『ハンドブック現代アフリカ』明石書店.
小田英郎編.1996.『アフリカ[国際情勢ベーシックシリーズ]』自由国民社.
川端正久・佐藤誠編.1994.『新生南アフリカと日本』勁草書房.
川端正久・佐藤誠編.1996.『南アフリカと民主化:マンデラ政権とアフリカ新時代』勁草書房.
佐藤誠編.1998.『南アフリカの政治経済学』明石書店.
白戸圭一.1995.「ポスト・アパルトヘイトの南アフリカ共和国における開発 NGO の役割・課題」『立命館国際地域研究』7:83-120.
永原陽子.1998.「もう一つの『過去の克服』:南アフリカにおける真実と和解」

『歴史学研究』707：41-52.
林晃史編．1993.『南部アフリカ諸国の民主化』アジア経済研究所．
林晃史．1997.『南部アフリカ民主化後の課題』アジア経済研究所．
峯陽一．1996.『南アフリカ：「虹の国」への歩み』岩波新書．
峯陽一．2000.「紛争処理における多極共存モデルの可能性」峯陽一・畑中幸子編『憎悪から和解へ：地域紛争を考える』京都大学学術出版会．
宮本正興・松田素二編．1997.『新書アフリカ史』講談社現代新書．
平野克己編．1999.『新生国家南アフリカの衝撃』アジア経済研究所．
トム・ロッジ．1998.「一党優位政党制と民主政治」佐藤誠編『南アフリカの政治経済学』61-82.

英語文献

Andrews, Penelope, and Stephen Ellmann. 2001. *The Post-Apartheid Constitutions: Perspectives on South Africa's Basic Law.* Johannesburg: Witwatersrand University Press.

Asmal, Kader, Louise Asmal, and Ronald Suresh Roberts. 1996. *Reconciliation through Truth: A Reckoning of South Africa's Criminal Government.* Cape Town: David Philip.

Bond, Patrick. 2000. *Elite Transition: Globalization and the Rise of Economic Fundamental.* London: Pluto.

Boraine, Alex. 2000. *A Country Unmasked: Inside South Africa's Truth and Reconciliation Commission.* Cape Town: Oxford University Press.

Bratton, Michael, and Nicolas van de Walle. 1997. *Democratic Experiments in Africa: Regime Transitions in Comparative Perspective.* Cambridge: Cambridge University Press.

Cochrane, James, John de Grucy, and Stephen Martin. 1999. *Facing the Truth: South African Faith Communities and the Truth and Reconciliation Commission.* Cape Town: David Philip

Coleman, Max (ed.). 1998. *A Crime Against Humanity: Analysing the Repression of the Apartheid State.* Johannesburg: Human Rights Comission.

Deegan, Heather. 2001. *The Politics of the New South Africa: Apartheid and After.* London: Longman.

Ellis, Stephen. 1999. The New Frontiers of Crime in South Africa. In J-F. Bayart, et al., *the Criminalization of the State in Africa.* London: James Currey.

Gastrow, Peter. 1998. *Organised Crime in South Africa: An Assessment of Its Nature and Origins.* ISS Monograph 28, Pretoria: Institute for Security Studies.

Giliomee, Herman, and Charles Simikins (eds.). 2000. *The Awkward Embrace : One-Party Domination and Democracy*. Cape Town : Tafelbeug.
Graybill, Lyn S. 2002. *Truth and Reconciliation in South Africa : Miracle or Model ?* Boulder : Lynne Rienner.
Husemeyer, Libby. 1997. *Watchdogs or Hypocrites : The Amazing Debate on South African Liberals and Liberalism*. Johannesburg : Freidrich-Naumann-Stiftung.
James, Wilmot, and Moira Levy (eds.). 1998. *Pulse : Passages in Democracy-building : Assessing South Africa's Transition*. Cape Town : IDASA.
James, Wilmot, and Linda van de Vijver (eds.). 2000. *After the TRC : Reflection on Truth and Reconciliation Commission in South Africa*. Cape Town : David Philip.
Jeffery, Anthea. 1999. *The Truth about Truth and Reconciliation Commission*. Johannesburg : South African Institute of Race Relations.
Johnson, R. W., and Lawrence Schlemmer. 1996. *Launching Democracy in South Africa : The First Open Election*. New Haven : Yale University Press.
Johnson, R. W., and David Welsh. 1998. *Ironic Victory : Liberalism in Post-Partheid South Africa*. Cape Town : Oxford University Press.
Johnston, Alexander. 1997. Politics and Violence in KwaZulu-Natal. In William Gutteridge and J. E. Spence (eds.). *Violence in Southern Africa*. London : Frank Cass.
Klug, Heinz. 2000. *Constituting Democracy : Law, Globalism and South Africa's Political Reconstruction*. Cambridge : Cambridge University Press.
Lodge, Tom. 1999. *Cosolidating Democracy : South Africa's Second Popular Election*. Johannesburg : Witwartersrand University.
Lodge, Tom. 2002. *Politics in South Africa : From Mandela to Mbeki*. Cape Town : David Philip.
Marais, Hein. 2001. *South Africa : Limits to Change : The Political Economy of Transition*. London : Zed Press.
Ottaway, Marina. 1993. *South Africa : The Struggle for a New Order*. Washington, D.C. : The Brookings Institution.
Posel, Deborah, and Graeme Simpson. 2002. *Commissioning The Past : Understanding South Africa's Truth and Reconciliation Commission*. Johannesburg : Witwartersrand University.
Reynolds, Andrew. 1999. *Electoral Systems and Democratization in Southern Africa*. New York : Oxford University Press.
Reynolds, Andrew (ed.). 1999. *Election '99 South Africa : From Mandela to*

Mbeki. Cape Town : David Philip.
Schonteich, Martin. 1999. *Unshackling the Crime Fighters : Increasing Private Sector Involvement in South African Criminal Justice System*. Johannesburg : South African Institute for Race Relations.
Sekhonyane, Makubetse, and Antoinette Louw. 2002. *Violent Justice, Vigilantism and the State's Response*, Monograph No. 72. Pretoria : Institute for Security Studies.
Shaw, Mark. 2002. *Crime and Policing in Post-Apartheid South Africa : Transfroming under Fire*. London : Hurst.
Sisk, Timothy. 1995. *Democratization in South Africa : The Elusive Social Contract*. Princeton : Princeton University Press.
Steinberg, Jonny (ed.). 2001. *Crime Wave : The South African Underworld and Its Foes*. Johannesburg : Witwatersrand University Press.
Southall, Roger. 2001. *Opposition and Democracy in South Africa*. London : Frank Cass.
TRC. 1999. *TRC of South Africa Report, Vol. 1-5*. London : Macmillan.
Taylor, Rupert. 2002. Justice Denied : Political Violence in Kwazulu-Natal After 1994. *African Affairs* 101 : 473-508.
Villa-Vicencio, Charles, and Wihhelm Verwoerd (eds.). 2000. *Looking Back, Reaching Forward : Reflections on the Truth and Reconciliation Commission of South Africa*. Cape Town : University of Cape Town Press.
Van Vugt, Wiliam E., and Daan Cloete (eds.). 2000. *Race and Reconciliation in South Africa : A Multicultural Dialogue in Comparative Perspective*. Lanham : Lexington Books.
Wentzel, Jill. 1995. *The Liberal Sideaway*. Johannesburg : South African Institute for Race Relations.
Wilson, Richard. 2001. *The Politics of the Truth and Reconciliation Commission in South Africa*. Cambridge : Cambridge University Press.

定期刊行物
South African Institute of Race Relations, *South African Survey*. Johannesburg : South African Institute of Race Relations.

第2章

チ　リ

民軍関係の展開から読み解く民主主義の安定化

浦 部 浩 之

1　ラテンアメリカ政治理論の変遷

　本章では，民政移管後のチリが当初の悲観的予測に反して政治的安定に到達した理由を，民軍関係（civil military relations）の展開を分析することにより考えてみる．本論に入る前に，まず本節ではラテンアメリカ政治研究の理論的系譜を概観することに若干の紙幅を割いておきたい．「地域研究」の全体像を示し，そこにおける本章のテーマと研究手法の相対的位置を確認しておくことは，「地域研究（法）」の例示を目的とする本書の趣旨に照らしても重要であろうと思われるからである．

(1)　近代化論と地域研究：地域をいかにみつめるか

　ある国の政治現象を説明するためにはその国の歴史，言語，文化，社会組織に対する総合的理解に立つ分析がなされなければならないとする「地域研究」と，あらゆる政治現象は経験的一般化によって説明が可能であるとする「比較政治」との対立は，ハンチントン（Samuel P. Huntington）の回顧によれば，1950年代に生じていたという（Huntington 1987）．

　この両者の間に科学的方法としての優劣があるのかというと，その決着は簡単につけられそうにない．ただ，ラテンアメリカ政治の理論史を振り返ると，どちらの方法が「主流」を占めていたかは，時代によってかなりの振幅

があったことが認められる．

　最初に優勢だったのは「比較政治」のほうであった．周知のとおり，政治学の分野で途上国についての研究が盛んに行われるようになるのは，アメリカ政府が反共産主義の立場から途上国支援を強化し始めた1950年代のことである．そして当時，アメリカの政治学界では，人間の政治行動には発見可能な斉一性があると信じ，その普遍論的な法則性を方法論的な厳密性によって追求しようとする動き（いわゆる「行動論革命」）が強まっていた．この潮流は途上国政治の研究にも大きく反映され，政治学者たちは「経済が発展すれば，教育の普及や世俗化，都市化などを通じ，やがて政治も民主主義にいたるであろう」との，欧米の経験を下敷きとした線形的な発展論（いわゆる「近代化論」）を疑いもなく信じていた．

　ところがその後，途上国政治は近代化論の予測を大きく裏切るかたちで展開していった．1960年代，第三世界全体の経済成長率は年平均5％に達したが，多くの国で政治秩序は一向に安定しなかったのである．ラテンアメリカでは，域内でもっとも経済発展が進行していたはずのブラジル，アルゼンチン，ウルグアイ，チリで1964年から1973年にかけて軍事クーデタが相次ぐといった逆現象すら生じた．

　近代化論の行き詰まりを打開したのは，途上国を現地で緻密に観察し，地域の歴史的・文化的固有性についての洞察を深めてきた地域研究者たちだった．たとえばオドーネル（Guillermo O'Donnell）は，後発国が工業の高度化を図るときそれに必要な資本や技術を先進国から誘致する必要が生まれ，それを可能とするような健全財政や社会秩序の確保を目的に抑圧的な権威主義体制が誕生してくるとし，社会経済的な視角から民主主義の退行現象を説明した（O'Donnell 1973）．一方ウィーアルダ（Howard J. Wiarda）は，ラテンアメリカには権威を受容・尊重する中世イベリア・ラテン的な社会秩序観が根づいており，新興勢力（新興企業家，都市中間層，労働者など）は西欧のように社会変革の担い手とはならずにいつも忠誠と恩寵の交換を通じて既存のシステムに編入されてきたとし，政治文化的な視角から地域固有の発展パタ

ンが存在していることを示した (Wiarda 1973). アンダーソン (Charles W. Anderson) も, ラテンアメリカは神の絶対性, 軍の権威, 封建勢力, 立憲民主主義といった西欧社会のあらゆる発展段階が共存している「生ける博物館」であるとの議論を展開した (Anderson 1974).

こうした地域の固有性を強調する中範囲理論は, 近代化論の信頼が著しく失墜するなか, おおいに注目されることとなった.

(2) 民主化の進展と既存理論の再検討

ところがその後, こんどはこうした中範囲理論が政治の現実と齟齬をきたすようになった. 1979年から1990年にかけてラテンアメリカ各国で民政移管 (軍から文民への政権の移譲) が相次ぎ, 権威主義政権はキューバを除くすべての国から消滅したのである. ウィーアルダは, 1970年代以降の中範囲理論は, 自分自身のものを含め, ラテンアメリカ政治の特徴を部分的に説明していたにすぎなかったと言い切った (Wiarda 1992).

結局「近代化論」は長期的には妥当だったのではないかとの見方も生まれた. ただ多くの研究者は, これを再評価することには慎重な態度をとった (たとえば Remmer 1991 の議論). もし近代化に一時的な後退局面と再民主化の局面があるとするなら, それがどの段階でいかに生じるのかが経済社会論的な視角から説明されるべきであるが, それはできていなかった. またラテンアメリカの民主化が「失われた10年」とも称される1980年代の経済悪化の時期に同時進行したことも, 近代化論の仮定とは逆の相関を示していた.

政治学者たちは, なぜ, いかにして「民主化」, すなわち「非民主主義から民主主義への移行」が実現されるのかを, その主役となったアクターを分析することで読み解こうとした. ラテンアメリカの「移行」は, 民主化勢力が権威主義政権を「打倒」することによって達せられたのではなく, 政権側と民主化勢力とが「交渉」を重ね, 政権側が選挙の実施に道筋をつけることで実現されていった点に顕著な特徴がある. それゆえこのプロセスを理解するには, オドーネルとシュミッター (Philippe C. Schmitter) を中心とする共

同研究（O'Donnell and Schmitter 1986）に代表されるとおり，権力堅持の是非をめぐる権威主義政権内部でのタカ派とハト派との論争，あるいは政権側と民主化勢力との妥協や取引など，アクターの意思と行動を分析してみることが不可欠だったのである．

こうした「移行」プロセスの特徴ゆえ，新たに誕生した民主主義には制度的な不完全性，あるいは旧体制勢力の政治的影響力や特権が，国により濃淡の差はあるものの，数多く残存していた．政治学者たちはこうした点についても様々な角度から切り込み，たとえば，公式の民主主義制度の裏で軍はいぜんとして政治介入能力を保持しているとする「後見民主主義」（tutelary democracy）（Przeworski 1988），選挙と選挙の間の時期に利益表出の機会や政治競合が欠落しているとする「選挙至上主義」（electoralism）（Schmitter and Karl 1991），立法府への水平的責任を軽視して大統領令を乱発する統治が行われているとする「委任型民主主義」（delegative democracy）（O'Donnell 1994）といったさまざまな「括弧つきの民主主義」概念が提出されていった．要するに「民主主義がいま存在していること」と「民主主義を維持運用する能力が備わっていること」とはまったく異なるとの認識が強まっていったのである．

したがって，「民主化研究」の関心も「移行」の分析では完結せず，その射程は「定着」プロセス，すなわち，新生民主主義国が民主主義の脆弱性や不完全性を改良し，民主主義をあらゆる政治アクターの承認する唯一のルールとして「定着」させていくプロセスについての分析へと広がっていった．

そして，いかにすれば「定着」を成し遂げられるかをめぐる政策論的な議論も活発に展開された．たとえばプシェボルスキ（Adam Przeworski）らは，「持続可能な民主主義」（sustainable democracy）との概念のもと，「新生民主主義諸国につきつけられている主要な政治的・経済的な選択を確認し（……）そうした選択肢の長所と実行可能性を評価する」ことを試みた（Przeworski 1995）．なお，「移行」研究の段階ですでにハンチントンは，政治リーダーはいかにすれば権威主義体制から民主主義体制への改革・変革・

転換を成し遂げられるかを,「民主化推進者へのガイドライン」と題して提言していた (Huntington 1991). アクターの選択と行動に焦点を当てるこうした政策論が,「移行」の議論から「定着」の議論へと継承されているのである.

このように, 1980年代以降のラテンアメリカ政治に対する視座は, 事例の緻密な観察・描写・分析に軸足をおいているという意味において,「地域研究」的アプローチが主要な柱となっている. ただそれは目的論的には, 地域の個性を理解するというよりも,「民主主義」を世界に拡大すべき価値規範と見立て, その枠組みでラテンアメリカ政治をとらえ直していこうとする普遍主義的な態度が強まっているといえそうである.

(3) 政治アクターとしての軍

ところで, ラテンアメリカの政治史においてきわめて重要な役割を果たしてきたアクターのひとつは軍である. ルキエ (Alain Rouquié) によれば, 1930年から1976年までのこの地域の政権交替の51%は軍事クーデタによるものであった (Rouquié 1982). ファイナー (Samuel E. Finer) は, 1958年から1973年までの間に世界でもっともクーデタの発生率が高かった地域がラテンアメリカであることを指摘している (Finer 1988). 民主化交渉における重要争点のひとつも, 政権移譲後の軍の特権や処遇をどうするかにあった. 今日の「民主主義の維持」について説明することは, とりもなおさず「軍の政治不介入」について説明することである.

ラテンアメリカの軍の政治介入性向について説明した代表的な理論は, ステパン (Alfred Stepan) の「新専門職業主義」(new professionalism) 論 (Stepan 1973) である. 軍と政治の関係については, ハンチントンが「近代化とともに軍は専門職業化し非政治化する」(Huntington 1957) との有名な命題を打ち立てていた. ところが近代化論の全盛期に出された, 欧米の経験を下敷きとするこの命題は, 途上国の現実とは大きく乖離していた.

ステパンはこの問題を, ラテンアメリカの軍には国家発展と安全保障の増

進とを高度に相関させる,地域固有の安全保障ドクトリンが培われていることから説明した.すなわち,軍が国防という任務を遂行できるかどうかは,国家の経済力に依存している.また国家が低開発の状態にあると,左翼の革命思想の浸透を許しかねない.それゆえ,軍は国家の発展を安全保障上の枢要課題と認識し,発展を促すための社会改革や秩序維持を自己の任務と位置づけ,文民政治の統治能力に疑念を抱いたときには自ら政権を奪取していったのである.

この地域固有の専門職業主義や安全保障ドクトリンは今日いかなる状況にあり,それをもとに軍はいかなる行動をとろうとしているのであろうか.それを確認することは,民主主義の行方を展望するうえでの重要なカギともなってくる.

2 チリの民主化と民軍関係

それでは,これまでの議論をふまえ,次にチリの民主化の事例研究に入っていきたい.

(1) 民主化にいたるまでの政治史

チリでピノチェト (Augusto Pinochet) 陸軍総司令官の率いるクーデタが成功し,16年半におよぶ軍事政権の幕が切って落とされたのは1973年9月11日のことである.クーデタの大義は,当時のアジェンデ (Salvador Allende) 政権 (1970年11月発足) の進めていた社会主義的政策が引き起こした経済的・社会的混乱から「国家を救う」こと,とされた.軍は権力を掌握するや,政治や言論の自由を著しく制限し,経済政策の舵を保守派や企業家寄りの自由主義的政策に大きく切っていった.そして社会党や共産党をはじめとする旧政権の支持者を苛酷に弾圧し,おびただしい数の犠牲者(民政移管後の調査で公式確認された死者・行方不明者だけでも3,000人以上)を発生させることとなった.

こうした抑圧政策は当然，国内外から大きな批判を浴びた．ただ，ドグマ的ともいえる徹底した自由化政策はチリにラテンアメリカ随一の経済成長をもたらし，これが軍に対する根強い支持につながった．これにより，ピノチェト政権は「1980年憲法」を制定してクーデタ後の体制を制度化し，政権の基盤を固めることに成功した．

　反軍政勢力は「1980年憲法」体制に強く反発した．しかし，磐石な体制を前に効果的な対決戦術を生み出すことができず，やがて，政権を「打倒」することよりも「1980年憲法」を容認したうえでそのルールのもとで政治的な勝利をめざすことに実現可能性を見出していった．この路線転換は結局，国際世論の圧力，冷戦の緩和，周辺諸国の民主化といった流れにも支えられて徐々に実り，反軍政勢力は1988年の大統領信任投票でピノチェトに僅差で「ノー」を突きつけることに成功した．そして1989年12月の大統領選挙では，中道から左派までの広範な政治勢力が結集した政党連合「コンセルタシオン」(Concertación de Partidos por la Democracia) の擁立したエイルウィン (Patricio Aylwin) が勝利を収め，1990年3月，ついに民政移管が達成されることとなった．ただ，穏健化した現実路線の代償として，反軍政勢力は「民主化交渉」において軍に多くの譲歩や妥協を強いられた．

(2)　軍の特権：民軍関係の規定要因

　こうした経緯からも容易に推察できるとおり，民政移管の前，チリ政治の行方はけっして楽観視されていなかった（たとえばConstable and Valenzuela 1989）．軍には次に列記するとおり，ラテンアメリカで最高水準の「特権」や「行動の自律性」が留保されていたからである．

　第1に，軍に対する「文民統制」(civilian control) はきわめて弱体であった．すなわち，1980年憲法の規定によってピノチェト将軍は政権移譲後も8年間，陸軍総司令官に留まり，政治に睨みを利かせた．また彼の身分は，大統領は陸・海・空・警察の各軍の総司令官を罷免することはできないとする規定によって保障されていた．そしてこれら4人の総司令官には，総数8名

からなる国家安全保障会議のメンバーとして内政外交の重要事項を審議する権能が付与されていた．

第2に，軍は人権侵害事件の刑事責任から逃れるための仕組みを周到に準備していた．すなわち，まずは1978年の「恩赦法」により，それ以前に発生した刑事事件はすべて免責されることになっていた（なお人権侵害事件の8割以上はクーデタからこの時までに集中）．かりにこれらの事件が提訴されたとしても，軍人の関与する事件を管轄（第1審と控訴審）するのは身内の軍事法廷であった．そして最終審を担当する最高裁の判事も，民政移管直前の特別措置で16人中9人が軍事政権寄りの若手に入れ替えられていた．さらに議会法でも，軍事政権の行為は議会の国政調査権の対象から除外されることになっていた．

第3に，軍は予算上の特権も確保していた．すなわち，軍事予算はインフレ修正したうえで民政移管前年の予算額を下回ってはならないこと，基幹産業である銅の売上の10％が自動的に軍の予算に編入されることなどが関連法によって定められていた．

コンセルタシオン政権はしたがって，軍政時代に闇に葬られていた人権侵害事件の真相の究明と責任の追及，そして民主主義強化のための制度改革といった諸課題を，軍の出方を慎重に見極め，民軍関係の安定化，さらには新生民主主義体制じたいの安定化を図りながら推し進めていかなければならなかったのである．

(3) 民軍関係のアクター分析：民主化「成功」の謎への接近

民政移管後，新生文民政権が多くの政策課題を首尾よくこなすのは，一般的にたいへん困難である．実際，チリに先立って民政移管を遂げたラテンアメリカの国々では，初代文民政権の与党は，次の選挙ではすべて敗北して下野している．またこの地域では民主主義時代の到来がそのまま政治の安定化を意味しているわけでもない．1990年から今日（2003年10月）までの間，南米大陸の9カ国のうち6カ国で大統領が最低1回，任期途中での辞職や罷

免に追い込まれているし,これに含まれないコロンビアでも政府と麻薬組織とが激しく戦闘しているという状況にある.

それに比べると,民政移管後のチリの状況には目を見張るものがある.コンセルタシオン政権は,その連合の枠組みを基本的には維持したまま,今日まで3期連続で与党の座を維持しており(現政権の任期は2006年3月まで),南米大陸では例外的な安定政権となっているのである.

この政治の安定を「民主化」の成功事例とみなすとするなら,その要因を探ることには大きな意義があろう.ところが,ここで大きな謎解きをしなければならない.先述した軍のさまざまな制度的特権は,今日にいたるまで何ひとつ改廃されていないのである.にもかかわらず,コンセルタシオン政権は民軍関係を安定化させたばかりか,後述するとおり,軍が文民政権に服従する「文民優位」(civilian supremacy)の状態を作り出すことにも成功した.これはなぜか.

この謎を読み解いていくことが次節の課題であるが,本章ではその手法として,アクター分析を用いる.軍に「特権」と「自律性」を保障する法制度的な枠組みにまったく手が加えられていない以上,民主化後の「民軍関係」の変化とそれによる民主主義の安定化を読み解くには,軍と文民政府の双方の意思と行動,そしてその相互作用を綿密に検証してみなければならないのである.

なお,1998年10月にピノチェト将軍が滞在先のイギリスで逮捕されたという事実を知る人は,これが民軍関係に大きく影響したと考えるかもしれない.もちろん,この事件は考察の対象とすべき重要な問題である.ただ,外圧ひとつで民主主義を他国に簡単に定着させられるほど民主化問題が単純なはずはないし,そもそもこの事件は民政移管から8年以上が過ぎてから起きたことである.チリの民主化の「成功」を理解するにはやはり,民政移管後の「民軍関係」の展開を丹念に跡づけていく作業が不可欠なのである.

3 コンセルタシオン政権下の民軍関係

(1) コンセルタシオン政権の基本方針：法治主義の尊重

 チリの軍が移行プロセスにおいて多くの特権を確保しえたのは，すでにふれたとおり，政策の成果によって軍政が国民の一定層からの根強い支持を調達していたからである．1989年12月の大統領選挙でも，軍政継承派の候補はコンセルタシオンのエイルウィン候補（53.8%）に次ぐ28.7%の票を獲得した．

 コンセルタシオン政権が，文民統制強化のための制度改革を試みてこなかったわけではない．エイルウィン政権（1990～1994年），フレイ（Eduardo Frei Ruiz-Tagle）政権（1994～2000年）とも，憲法改正案を議会に上程したものの，1993年と1995年，いずれも上院で否決された経緯がある．

 この直接的な理由は，特殊な議員選出制度に求められる．つまり，チリでは上下両院議員選挙における各選挙区の定数は2となっているが，それをひとつの政党（ないし政党連合）が独占するには，第2位の政党（ないし政党連合）の2倍以上を得票することが要件とされている．この要件をコンセルタシオンが満たすのは容易ではなく，多くの選挙区では，平均的な支持率では3割程度にすぎない保守政党連合とコンセルタシオンとが1議席ずつを分け合うこととなった[1]．これに加え上院では，4軍の退役将軍各1名などで構成される「任命議員」計9名分の議席があった．このためコンセルタシオンは上院では少数与党となり（第1次政権期に獲得した議席は47のうち22），あらゆる法律の制定や改廃には保守派の同意が不可欠とされたのである．

 こうした束縛状況を，超法規的措置で打開するというシナリオも想定できないわけではない．実際，委任型民主主義と概念化されているとおり，大統領が政令による強権的な統治を行う例は，1990年代以降のラテンアメリカでもけっして珍しいことではない．

 しかし，エイルウィン政権は法治主義をかたくなまでに尊重した．たとえ

ば軍政期の人権侵害事件に関して，エイルウィン大統領は就任後ただちに「真実和解委員会」を設置し真相究明に乗り出したが，責任者を処罰する権限は排他的に司法府に属するとの立場を貫き，「委員会」が軍を糾弾する組織でないということを繰り返し言明した．また政治囚の釈放も，年単位の時間を費やす代償を払いながら，立法措置を講じることで進めていった．

　しかし，ピノチェト将軍はそれでも，威圧的言動を繰り返して政府の動きを牽制した．たとえば真実和解委員会が最終報告を取りまとめる段階に入ると，全土の陸軍部隊を突然，待機令下におくとのクーデタ準備まがいの行動をとった（1990年12月）．また人権訴訟が次々に裁判所に提起されると，それらは次々と軍事法廷で審理打ち切り扱いにされていたにもかかわらず，大統領外遊中に将官会議を開いて会議場の周辺には戦闘服姿の軍人を配備するとの示威行動をとって，軍の不快感を示した（1993年6月）．

　法治主義の遵守こそ，制度改革や人権問題の処理といった課題を膠着させた最大の理由である．しかし，この基本原則には一方で，新生民主主義体制を安定化させるうえでの大きな戦略的効果があった．つまり，そもそも現行の法体系は軍が用意したものである．政府がその法体系を忠実に尊重して行動している以上，かりに軍がそれに干渉しようとしても軍の行為は正当化されにくかったし，軍の自己否定にもつながりかねなかったのである．これは別の観点からいえば，政府と軍が共通のルールに服するとの状態が明確に創出されたことを意味した．

　そのうえでエイルウィン政権は，法の範囲内で取りうる手段は最大限に活用した．たとえばピノチェトが威圧的な行動をとったときには，エイルウィン大統領はピノチェトを招致して説明を求め，文民優位を象徴的に誇示することに努めた．また，チリは1990年代，持続的な経済成長を記録したが，政府は軍事予算の下限規定を逆用して予算額を下限に張りつけた．このため，国家予算に占める軍事費の割合は1989年の15.60％から1994年の10.52％へと縮小されることとなった（Fuentes 2000）．

(2) 民軍協調の試みと軍の側からのアプローチ

　さて，1994年3月に発足した第2次文民政権であるフレイ政権は，エイルウィン政権とはやや異なり，対軍政策の基調を「協調」へと転じていった．フレイ大統領は就任後に最初に発表した教書（同年5月）(Frei 1994)で，国防政策の明確化に取り組むとの方針を打ち出す一方，過去の人権問題については一言もふれなかった．つまり，民軍間の主要議題を，過去の清算から恒常的で専門職業的な国防課題へ移そうとの意思表示を行ったのである．この他にもフレイ政権は，下限に張りつけられていた軍事予算を政権初年度の予算編成から増加することにも踏み切った．

　こうした路線転換は，いくぶん文民統制の原則を犠牲にした面がある．その重要事例のひとつが，陸軍が1994年7月に発表した「内部フロンティアの征服・強化」と題する提言書 (Pinochet 1994) をめぐる問題である．この提言は，国内に存在する低開発地域を開発し，それにより領土の一体性の維持とナショナル・アイデンティティの高揚を図るべきである，また陸軍はその技能を用いて開発に貢献する用意がある，との意思表示を行うものであった．注意すべきは，この提言が政府への事前の相談や根回しを抜きに，陸軍から一方的に突きつけられたということである．しかしながら，政府は表向き陸軍提言に一定の敬意を示し (Pérez Yoma 1994)，地域開発問題に関する陸軍との合同委員会を設置して，陸軍の主張を地方分権や貧困克服，近隣諸国との経済統合といった政府の政策に融合する努力を払っていった（浦部2002a）．

　このように軍の自律性はいくぶん温存されたものの，民軍間に信頼感が醸成されたのは，フレイ政権の大きな成果であった．それを象徴的に示しているのが1997年8月に発表された，ラテンアメリカで初とされる『国防白書』(República de Chile 1997) である．この白書は国防，外交，財務などの政策担当者，軍の代表，上下両院国防委員会の委員，民間専門家が1年間，緊密な議論を重ねて作り上げたもので，その内容は，国防政策の理念，地域安全保障情勢，軍の組織構造や任務内容，兵力整備，予算などを初めて包括的に

示したものであった．

　民軍間の歩み寄りを可能にした理由としては，先述のとおり，政府の法遵守の方針が軍にはっきり認知され，両者が共通のゲームのルールに服する状況となっていたことがまずあげられる．また，軍政時代から民主化運動の旗手であったエイルウィンと異なり，フレイが実業界出身で軍との利害関係を有していなかったということも有利に働いたと考えられる．

　これとならび，民軍間の信頼構築を模索する動きが，民政移管の直後から軍の側にも存在していたことは重要である．軍は，人権侵害に対する責任追及からは断固として組織防衛を図らなければならなかったが，そうした軋轢が不可避であったからこそ，本来の純粋に専門職業的な事項についての知識や理解をもつ者を文民社会に確保しておかなければならなかったのである．

　その役目を民政移管の直後から担った主要な機関は「陸軍戦略研究所」（Academia de Guerra del Ejército）であった．同研究所は安全保障研究課程を開設して文民受講生に門戸を開き，また年1回，「国防政策」，「安全保障とメディア」といったテーマでセミナーを開催して，広報のかたわら，政・官・学界，メディアや言論界との交流を拡大していった．またこのほかにも軍人たちは個人ベースで，民間の研究機関などにおける研究会などに顔を出し，人脈の開拓に努めていった．

　ところで，1990年から1994年まで陸軍戦略研究所の所長として民軍交流を主導したのが現在の陸軍総司令官（2002年3月就任）であるチェイレ（Juan Emilio Cheyre）将軍である．チェイレはその後，陸軍と左派政治家とのチャンネルを確立することにも枢要な役割を果たした．つまり，在スペイン大使館に駐在武官として在勤中の1996年，大使（社会党所属）とともに，陸軍軍人と左派政治家とが会するセミナーの開催を企図し，実現にこぎつけたのである．マドリッド郊外で開催されたこのセミナーには，社会党から当時は公共事業相であったラゴス（Ricardo Lagos）現大統領らの大物政治家が出席し，陸軍の中堅幹部軍人と初めて接点をもつこととなった．チェイレはひとつ間違えば軍内での自らの処遇に危険が及ぶ可能性もあったともいわ

れているが，この成功は民軍交流をおおいに進展させるとともに，左派政治家の間でのチェイレへの信頼を高めることにもなった（浦部2003）．

(3) 軍の脱ピノチェト化

1998年，チリの民軍関係はひとつの転換点を迎えた．この年の3月，ピノチェト将軍は憲法の定める総司令官の任期を満了し，終身上院議員に就任した．ところが10月，ピノチェトは訪問先のロンドンで突然，スペイン全国管区裁判所からの身柄引渡し要請（理由はスペイン人が犠牲となった人権侵害事件への関与）に基づいて逮捕され，2000年3月までイギリスに足止めされることになったのである．

ピノチェト逮捕という外圧は，それまでほとんど進展していなかったチリでの人権侵害事件裁判に大きな弾みをつけた．一例をあげれば，1999年6月，「死のキャラバン事件」（クーデタ直後に社会・共産党員75人が行方不明となった事件）の首謀者として，退役将軍ら5人がピノチェト関連審理担当の予審判事によって訴追されることとなった．コンセルタシオン政権・与党はそれまで司法の場で軍と対立することを回避していたが，これを受けて翌7月，社会党が与党として初めてピノチェトを告訴することに踏み切った．そして最高裁は同月，「被害者の死亡が確認されていない場合は誘拐犯罪が現在でも継続しているとみなされるため，行方不明者事件は1978年恩赦法の適用対象とはならない」との画期的な判断を示した．

一連の事態が進行中の1999年は大統領選挙の年に当たっていた．ところがピノチェト問題はまったくといっていいほど選挙の争点にならなかった．経済成長の恩恵を享受し左翼への脅威もなくなっていた保守派や企業家にとっては，軍と連帯することよりも対外的なチリの民主主義イメージが強まることに利益があったのである．また，保守派の候補にしてみれば，国内での支持基盤を中道層に拡大していくうえでもピノチェト色の払拭は不可欠であった（浦部2000）．

再燃した人権問題への対応を協議するために，軍は政府，人権団体の代表

者とともに構成する「対話のテーブル」(Mesa de Diálogo) に着席することになった (1999年8月～2000年6月)．この「テーブル」は，ピノチェト逮捕問題にも影響されて議論には紆余曲折もみられたが，最終的に軍は「合意文書」で，謝罪こそしないものの人権侵害事件の存在を公式に認め，個別情報源の秘匿と恩赦法の適用を条件に行方不明者に関する情報を提供することを約束した (Lira 2000)．

軍の態度がなぜ変化したかについては，いくつかの理由が考えられる．おそらくピノチェト逮捕問題についての国内外の反響やチリ政府への圧力は，軍の情勢判断にも影響を与えたであろうし (Díaz Gallardo 1999)，軍と文民政治家の双方の主要なアクターの世代交代が進んだことも重要な要素であろう (Atria 2000)．最高裁の世代交代が進み，2000年には軍政期に任命された判事が20名中3名まで減っていたこと（なお，1996年の時点では21名中10名であった）(吉田 2001a) も大きな要因と考えられる．そしてまた，「人権問題がいまだに解決していないことが (……) 軍の正常な任務遂行を阻害し (……) 軍がもつべき市民セクターとの正常な関係を変質させている」(Waghorn 1999) との，「対話のテーブル」における軍側の代表の発言にも，軍の認識がにじみ出ていよう．

また，次の点についても考えておかなければならない．チリでは他のラテンアメリカ諸国とは異なり，民軍間の交渉や駆け引きが民政移管後にもそのまま「継続」された．つまり，ピノチェトは制度的に保障された強大な権力を背景に政府に圧力をかけ，大統領と直接交渉し，これによって政治の流れがつくられていった．民主主義のもとでは本来，民軍間の政策協議や意思疎通は，国防相，あるいは議会の国防委員会を介し，規則にのっとって反復的に行われるべきものである．フレイ政権期にいたって状況は徐々に正常化に向かったが，エイルウィン政権期には，ピノチェトは国防相との対話はいっさい行わず，民軍間の折衝はいつもトップ同士，ないしは陸軍総司令官補佐官という特別職に就いていたピノチェト腹心の将軍と大統領の側近との間で行われていたのである．

ただしこれは，チリの「民」・「軍」関係とは「民」・「ピノチェト」関係であったことをあらわしている．つまり，16年半にわたる軍政時代，そして民政移管後も8年，一貫して軍の最高位にあり権力を個人化していたピノチェトというアクターがいなくなったとき，軍の側に残ったのは，意思決定の役割からは遠ざけられ，専門職業的任務に関心を集中させていた職業軍人の集団であった．世代的な隔たりも大きく，たとえばピノチェトの後任の陸軍総司令官となったイスリエタ (Ricardo Izurieta) 将軍は，ピノチェトとは28歳の開きがあった（ピノチェトが25年間も総司令官を務めたことの結果である）．こうして民軍間の政治的な力の均衡は，ピノチェト退場とともに大きく変質することになったのである．

2000年3月に発足したラゴス政権は，国防担当の閣僚や次官に，軍事政権の弾圧対象であった社会党員を据えることで文民優位を象徴的に示した．つまり，コンセルタシオン政権の発足以来，これらの職には大統領と同じキリスト教民主党員が就いていたが，ラゴスは政権発足時にまず陸軍次官に，2002年1月の内閣改造では国防相に社会党員を任命した[2]．そしてその2カ月後に就任した先述のチェイレ総司令官は，2003年1月，「(軍政期中の) 人権侵害は正当化できるものではない」，「私も私の率いる組織も，特定の政権の継承者ではない」と表明し，「軍はこれからは専門職業主義に徹していく」と宣言する文書 (Cheyre 2003) を発表するにいたっている．

4　民軍関係研究の課題

1989年に独裁政権に終止符が打たれたパラグアイでは，チリとは対照的に，新政権によって制度改革が矢継ぎ早に進められた．そして1992年6月には，軍を完全な文民統制におくこと，軍人の政党加入や政治活動はいっさい禁止することなどを盛り込んだ，ラテンアメリカでも画期的な新憲法が導入された．

ところが34年間におよぶ長期独裁政権の間に構築されていた，与党（コ

ロラド党）と軍との緊密な相互依存関係は，簡単には解消されなかった．党は集票活動と党勢維持のために軍を，軍は組織利益の擁護者として党を，それぞれ不可欠の存在としていたからである．そして野党や市民組織はまだ弱体であったため，政治的競合はもっぱら，党と軍をまたいだ派閥次元の抗争として展開された．政治家は軍の人事に恣意的に介入し，また軍人は政治干渉やクーデタ事件を企て（未遂），憲法の条文は完全に空洞化していった（浦部 2002b）．

　パラグアイとチリの違いが示唆することは，憲法や法律の文言，あるいは制度化の水準や改革の達成度といった，可視的で指標化しやすい事象のみを比較するだけでは，民主化の本質を理解できないばかりか民主主義定着の可能性を見誤りかねないということである．説明・被説明変数を限定的に設定して分析を進める比較政治学的なアプローチとは異なる，事実を多面的かつ緻密にみつめる地域研究的アプローチが必要とされるゆえんである．民主主義的な制度や法体系，あるいは選挙さえ導入すれば，市民社会が自然に興り，広範な参加による良質の判断と政策に行き着くとする仮定がはたして現実的なのか，じゅうぶんに見極めていかなければならない．

　本章では民主化研究の流れを踏襲し，アクター分析を軸にチリの民主化（民主主義強化）のプロセスを読み解いてきた．紙幅の関係で論じ尽くしていない点もあるが，制度改革がないまま[3)]政治的安定と文民優位の確立が進んださまが理解できたことと思う．

　「地域研究（法）」の例示という本書の趣旨から，若干，技術論的なことも付記しておく．前節で，「内部フロンティアの征服・強化」提言は陸軍から政府に一方的に突きつけられたものであったと記したが，筆者はそれを，陸軍や政府の複数の関係者から聞き取り調査を行い，内容を照合することで確認した．1990 年代の初頭から民軍交流が進展していたことについては，ある友人の計らいで中堅軍人と第 1 次文民政権の前職閣僚が出席している小研究会に参加させてもらうなどして，その雰囲気を肌で感じてきた．『国防白書』の編集プロセスについても，文民と軍人のスタッフからの聞き取りを行

うことで民軍対話の具体的状況を把握した．もちろん，研究活動とジャーナリズムとは異なるのであり，こうした取材は研究の一部分にすぎない．しかしこうした現地調査による事実への肉薄こそ，地域研究の真髄であろうと思う．なお，ラテンアメリカは個人と個人のつながりに非常に重きをおく社会で，アミーゴ（友人）が介していると，日本人の感覚からすれば接触しにくそうに思える要人にも会えることがしばしばある．そうした研究協力者の人脈を開拓しておくことは，言語やディシプリンを習得することと同じくらい重要である[4]．

さて，チリの民主主義は定着したといってよいのであろうか．「内部フロンティアの征服・強化」提言にもあらわれているとおり，かつて政治介入の動機ともなってきた，経済発展と安全保障とを相関させる軍の安全保障ドクトリンは健在である．そして文民統制にかかわる制度改革もまったく実現できていない．軍が政治に介入することはもはやないのであろうか．

アクター研究は，現状の記述的分析には向いている．チリはいま制度改革を行ううえで好機を迎えており，これを生かすべきであるとの提言を導くこともできる．

ただ，アクターに注目するだけでは民主主義の行方は見極めきれない．説明の根拠を，究極的にはアクターの人格や心理状態に還元していくこの分析手法には，すでにある結果をふまえて事実を予定調和的に説明しがちになる弱点もある．いずれにしても，アクターの心理を状況証拠からカウンセリングし，彼らの行動を予測して民主主義定着の成否を推断するのは適切なこととはいいにくい．

アクター分析を補強するためには，アクターの選択の範囲を規定する経済社会構造的な要因，あるいは民主主義の維持にかかわるような国際政治経済秩序の要因など，さまざまな側面を総合的に検討してみる必要がある（たとえば米州機構では1991年，ある加盟国で民主主義が不正規に中断されたとき，他の加盟国は民主主義回復のために集団的に行動することが制度として確立された．そしてこれはクーデタの企てへの一定の歯止めとして機能している）．ひとつの

国家や政治現象の説明に，重層的なアプローチを採用することは，地域の理解を究極的目的とする「地域研究」における重要な作業である．

近年，国別のアクター分析が主流であった「移行」の問題を，新制度論的な立場から厳密な比較分析の枠組みを設定してとらえ直そうとする研究（Arceneaux 2001）が出版された．これは一例であるが，こうしたさまざまな分析枠組みを，「定着」研究にも応用してみるべきであろう．すでに述べたとおり，ラテンアメリカ政治分析のパラダイムは，政治の現実を後追いしながら大きく振幅してきた．地域に精通している地域研究者のなすべきことは，現象の緻密な分析，それによる既存理論の検証や補正だけではなく，事例からの検証に耐えうるような理論枠組みを構築していくことにもあるように思われる．

◆註
1) たとえば1989年上院議員選挙の首都圏西部選挙区では，コンセルタシオンのS候補は41万票，L候補は40万票を，一方の保守連合のG候補は22万票，O候補は20万票を獲得したが，コンセルタシオンの得票合計は後者の得票合計の2倍に達していないため，当選者は前者のS候補と後者のG候補となった．
2) しかもこの内閣改造で厚相から横滑りしたバチェレ（Michelle Bachelet）新国防相の父親は，1973年の軍事クーデタに異を唱え軍から追放された空軍将軍であった．
3) なお審議途中の段階であるが，2003年6月，「軍は共和国の体制秩序（orden institucional）を保障する」と規定した憲法第90条の改正案が上院で可決された．軍を「体制秩序の保障者」とする憲法条項は多くのラテンアメリカ諸国において19世紀から存在しており，これがしばしば軍による政治介入の法的根拠として用いられてきた経緯がある．今回の改正案はこの条項を，「すべての国家機関は体制秩序を保障する」と変更するものである．ただし政府は，大統領への各軍総司令官任命権の付与，選挙制度の改正，任命議員廃止といった一連の憲法条項の改正案を一括法案として処理することを目指しており，野党や任命議員の反対のために，その可決・成立の見通しは立っていない．
4) もちろんこうした方法で広がる人脈には，その全体に一定の政治的バイアスがかかる可能性があることを意識しておかなければならない．これは，特定の文献を頼りに引用文献を収集していくと，そこから得られる知見にはやはり一定のバイアスがかかりかねないことと同じ注意点である．

◆参考文献
日本語文献
出岡直也．1995．「ラテンアメリカにおける『民主主義』の維持の政治経済学」『国際問題』429：2-16．
浦部浩之．1996．「チリ民主化とエイルウィン政権の人権政策―その成果と限界」『ラテンアメリカ研究年報』16：126-159．
浦部浩之．1999．「和解と正義をめぐる苦悩―チリの民主主義と人権問題」『海外事情』47（12）：54-67．
浦部浩之．2000．「チリ大統領選挙―与党連合の辛勝と有権者意識の変化」『ラテンアメリカ・レポート』17（1）：2-15．
浦部浩之．2002a．「民主化後チリの地域開発―貧困の克服と内部フロンティアの開発」高木彰彦編『日本の政治地理学』古今書院：210-231（本文），253-255（文献リスト）．
浦部浩之．2002b．「民主主義は定着するのか？―エクアドルとパラグアイのクーデタ未遂事件」『アジ研ワールド・トレンド』87：28-35．
浦部浩之．2003．「イメージ刷新めざすチリ陸軍―民軍交流の試みと脱ピノチェト化」『ラテン・アメリカ時報』46（5）：2-7．
大串和雄．2002．「序論：『民主化』以後のラテンアメリカ政治」『国際政治』131：1-15．
遅野井茂雄．1999．「南米・民主主義の地平」加茂雄三・飯島みどり・遅野井茂雄・狐崎知己・堀坂浩太郎『ラテンアメリカ［国際情勢ベーシックシリーズ］』自由国民社：245-310．
高橋正明・小松健一．1990．『チリ：嵐にざわめく民衆の木よ』大月書店．
細野昭雄．1993．「チリにおける脱ポピュリズムと民政への移行」遅野井茂雄編『冷戦後ラテンアメリカの再編成』アジア経済研究所：113-140．
細野昭雄・松下洋・滝本道生編．1999．『チリの選択・日本の選択』毎日新聞社．
増田義郎編．2000．『ラテン・アメリカ史Ⅱ：南アメリカ』山川出版社．
松下洋．1993．「政治的特色とそれを見る視座の変化」松下洋・乗浩子編『ラテンアメリカ：政治と社会』新評論：11-29．
吉田秀穂．1997．『チリの民主化問題』アジア経済研究所．
吉田秀穂．2001a．「チリ：1997年最高裁改革の歴史的意義―『1978年恩赦法』再解釈問題との関連で」『ラテンアメリカ・レポート』18（1）：25-32．
吉田秀穂．2001b．「チリの文民政権と民主化問題：1990～2000年」『アジア経済』42（2）：23-44．
英語文献
Anderson, Charles W. 1974. Toward a Theory of Latin American Politics. In Howard J. Wiarda (ed.). *Politics and Social Change in Latin America : The*

Distinct Tradition. Amherst : University of Massachusetts Press.

Arceneaux, Craig L. 2001. *Bounded Missions : Military Regimes and Democratization in the Southern Cone and Brazil*. University Park : Pennsylvania State University Press.

Constable, Pamela, and Arturo Valenzuela. 1989. Chile's Return to Democracy. *Foreign Affairs* 68 (5) : 169-186.

Finer, Samuel Edward. 1988. *The Man on Horseback : The Role of the Military in Politics*, 2nd ed. Boulder : Westview Press.

Fuentes, Claudio A. 2000. After Pinochet : Civilian Policies Toward the Military in the 1990 s Chilean Democracy. *Journal of Interamerican Studies and World Affairs* 42 (3) : 111-142.

Huntington, Samuel P. 1957. *The Soldier and The State : The Theory and Politics of Civil-Military Relations*. Cambridge : Belknap Press of Harvard University Press（市川良一訳．1978, 1979.『軍人と国家（上）（下）』原書房）.

Huntington, Samuel P. 1987. The Goals of Development. In Myron Weiner and Samuel P. Huntington (eds.). *Understanding Political Development : An Analytic Study*. Boston : Little, Brown.

Huntington, Samuel P. 1991. *The Third Wave : Democratization in the Late Twentieth Century*. Oklahoma : University of Oklahoma Press（坪郷實・中道寿一・藪野祐三訳．1995.『第三の波：20世紀後半の民主化』三嶺書房）.

O'Donnell, Guillermo. 1973. *Modernization and Bureaucratic-Authoritarianism : Studies in South American Politics*. Berkeley : University of California.

O'Donnell, Guillermo, and Philippe C. Schmitter. 1986. *Transitions from Authoritarian Rule : Tentative Conclusions about Uncertain Democracies*. Baltimore : Johns Hopkins University Press（真柄秀子・井戸正伸訳．1986.『民主化の比較政治学：権威主義支配以後の政治世界』未來社）.

O'Donnell, Guillermo. 1994. Delegative Democracy *Journal of Democracy* 5 (1) : 55-69.

Przeworski, Adam. 1988. Democracy as a Contingent Outcome of Conflicts. In Jon Elster and Rune Slagstad (eds.). *Constitutionalism and Democracy*. Cambridge : Cambridge University Press.

Przeworski, Adam. 1995. *Sustainable Democracy*. Cambridge : Cambridge University Press（内山秀夫訳．1999.『サステナブル・デモクラシー』日本経済評論社）.

Remmer, Karen L. 1991. New Wine or Old Bottlenecks? The Study of Latin American Democracy. *Comparative Politics* 23 (4) : 479-495.

Schmitter, Philippe C., and Terry Lynn Karl. 1991. What Democracy is... and is

not. *Journal of Democracy* 2 (3) : 75-88.
Stepan, Alfred. 1973. The New Professionalism of Internal Warfare and Military Role Expansion. In Alfred Stepan (ed.). *Authoritarian Brazil : Origins, Policies, and Future*. New Haven : Yale University Press.
Stepan, Alfred C. 1988. *Rethinking Military Politics : Brazil and Southern Cone*. New Jersey : Princeton University Press（堀坂浩太郎訳．1989.『ポスト権威主義：ラテンアメリカ・スペインの民主化と軍部』同文舘）.
Wiarda, Howard J. 1973. Toward a Framework for the Study of Political Change in the Iberic-Latin Tradition : The Cooporative Model. *World Politics* 25 (2) : 206-235.
Wiarda, Howard J. 1992. Rethinking Political Development : A Look Backward over Thirty Years, and a Look Ahead. In Howard J. Wiarda *American Foreign Policy toward Latin America in the 80s and 90s : Issues and Controversies from Reagan to Bush*. New York : New York University Press.

スペイン語文献

Atria, Rodrigo. 2000. Estado, militares y democracia : La afirmación de la supremacía civil en Chile. *Fuerzas Armadas y Sociedad* 15 (1) : 39-46.
Cheyre Espinosa, Juan Emilio. 2003. Por Juan Emilio Cheyre Espinosa, Comandante en Jefe del Ejército. En *La Tercera edición online*, http ://tercera. copesa.cl/diario/2003/01/05/05.0821.POL.CHEYRE.html（2003年3月アクセス）
Díaz Gallardo, José L. 1999. Mesa de Diálogo : ¿Vía chilena de solución a las violaciones a los derechos humanos? *Fuerzas Armadas y Sociedad* 14 (3) : 37-49.
Editorial Jurídica de Chile. 1992. *Constitución Política de la República de Chile 1980, Edición oficial, aprobada por Decreto N. 693 de 2 de junio de 1992, del Ministerio de Justicia*. Santiago : Editorial Jurídica de Chile.
Frei Ruiz-Tagle, Eduardo. 1994. Mensaje Presidencial en el inicio de la legislatura ordinaria del Congreso Nacional, el 21 de mayo de 1994 (Extracto referido a la defensa nacional). *Fuerzas Armadas y Sociedad* 9 (2) : 25-27.
Gaspar, Gabriel. 2001. Chile : la relación civil-militar durante una década de transición. En Paz Milet (comp.). *Estabilidad, crisis y oraganización de la política*. Santiago : FLACSO.
Lira, Elizabeth. 2000. Mesa de Diálogo de derechos humanos en Chile, 21 de agosto de 1999- 13 de junio de 2000. En FLACSO-Chile (comp.). *Chile 1999-2000. Nuevo gobierno : desafíos de la reconciliación*. Santiago : FLACSO-Chile.

Lira, Elizabeth y Brian Loveman. 2002. Derechos humanos y "paz social". FLACSO-Chile (comp.). *Chile 2001-2002. Impactos y desafíos de la crisis internacionales*. Santiago : FLACSO-Chile.

Pérez Yoma, Edmundo. 1994. Políticas gubernamentales en relación a la iniciativa de la conquista y consolidación de Fronteras Interiores de Chile. *Memorial del Ejército de Chile* 445 : 26-49.

Pinochet Ugarte, Augusto 1994. Conquista y consolidación de las Fronteras Interiores : Una tarea del Ejército. *Memorial del Ejército de Chile* 445 : 96-103.

República de Chile. 1997. *Libro de la Defensa Nacional de Chile*. Santiago : República de Chile.

Waghorn Jarpa, Alex. 1999. Intervención del representante de la Armada de Chile en la Mesa de Diálogo convocada por el Sr. Ministro de Defensa Nacional, el día 7 de septiembre de 1999. *Revista de Marina* Año 99 (6) (http ://www.revistamarina.cl/revistas/1999/6/waghorn.pdf 2003年9月アクセス).

フランス語文献

Rouquié, Alain. 1982. *L'Etat Militaire en Amerique Latine*. Paris : Editions du Seuil (Paul E. Sigmund (trans). 1987. *The Military and the State in Latin America*. Berkley : University of California Press).

第 3 章

ニカラグアとパナマ

個人独裁崩壊後の政治体制

尾尻希和

1 先行研究と「移行」・「定着」論

(1) 先行研究の成果と課題

　本章で取り扱うニカラグアとパナマは 1980 年代に米国との関係悪化で注目を集めたものの，両国の民主化を政治学の理論を用いて分析した研究は非常に少ない[1]．これは南米のいわゆる ABC 諸国（アルゼンチン，ブラジル，チリ）などの民主化研究の豊富さとは対照的である．民主化論では民主化以前の政治体制の類型に基づいて移行過程が分析されているが，南米研究の場合には，「権威主義体制」に分類される軍事政権の特徴を明らかにするとともに，軍部が民主化に同意した動機を探ることが分析の中心的作業の 1 つとなった（O'Donnell and Schmitter 1986 ; Linz and Stepan 1996）．しかしニカラグアとパナマでは，民主化以前の政治体制が南米諸国の軍事政権とは大きく異なっていた．これら 2 国を含む中米・カリブ地域では 1920 年代まで米国海兵隊による直接介入が頻繁に行われ，その米国統治下で台頭した現地人指導者が個人独裁体制を打ち立てる例が数多く見られた．したがってこれらの諸国における民主化は，長期にわたって支配した独裁者の突然の失脚という劇的な変動を経ることになり，軍部が自主的に政権を文民に移譲した南米とはまったく異なったものとなったのである．

　これら個人独裁体制は「スルタン支配型体制」として概念化されている．

リンス (Juan Linz) とステパン (Alfred Stepan) によれば，スルタン支配型体制には，①経済的・社会的多元主義は消滅しないが予測不可能で横暴な支配者の介入に従属する，②専制的なパーソナリズムの他には特有の考え方（イデオロギーなど）もない，③国民の動員は一般的には低いが時折強制的または恩顧主義的方法によって行事などに操作的に動員される，④指導者は高度にパーソナルで恣意的であり国家官僚に自立性はない，などの特徴がある (Linz and Stepan 1996：44-45). 権威主義体制との大きな違いは官僚（軍人を含む）の自立性の欠如と支配者の個人的権限の大きさなどであり，また全体主義体制との違いはイデオロギーの欠如と動員の少なさである．ニカラグアの親子2代3人にわたるソモサ (Somoza) 政権とパナマのトリホス (Omar Torrijos) 政権・ノリエガ (Manuel Antonio Noriega) 政権において，この体制の特徴が多くみられた (Millett 1977; Diederich 1989; Booth 1998; Harding 2001; Mann 1996; Velásquez 1993). だがスルタン支配型体制の崩壊は，ニカラグアとパナマでは異なったものとなった．ニカラグアでは国内の反政府勢力による武力革命により政権が崩壊したが，パナマでは米軍侵攻という外的要因が決定的な打撃となって政権が崩壊したのである．

　政権崩壊後，ニカラグアでは1979年から暫定政権，また1984年からはサンディニスタ国民解放戦線 (FSLN) のオルテガ (Daniel Ortega) 政権が統治した．そして1990年に選挙が実施され，その結果を受けてチャモロ (Violeta Barrios de Chamorro) 政権が発足した．パナマでは1989年の米軍侵攻後にエンダラ (Guillermo Endara) 政権による統治が始まった．ニカラグアとパナマの民主化を分析対象とする文献では，チャモロ政権とエンダラ政権の発足が，それぞれの国における民主政治のはじまりであると指摘されている (Close 1999; Álvarez Montalván 1999; Pérez 2000; Gandásegui 1998). しかし比較政治学で広く用いられているリンスとステパンの民主化論の分析枠組み（序章参照）はこれらの研究では活用されていない．その結果として，ニカラグアとパナマの民主化研究は個別の事例分析の域を超えておらず，移行の終了時期や民主主義の定着の度合いは不明確なままである．

(2) 「移行」・「定着」論の適用と限界

　ではリンスとステパンの民主化論に基づいてニカラグアとパナマにおける民主化を分析すると，どのようになるだろうか．両国における「移行」の始まりはスルタン支配型体制の崩壊時点であり，また「移行」の終わりは（民主的憲法への）憲法改正後，新しい憲法のもとで選挙が実施され，その選挙結果に基づいて新しい政権が発足した時点である．このように考えると，ニカラグアではソモサ政権が崩壊し暫定政権に権限が移った1979年に「移行」が始まった．しかし1984年の選挙では非FSLNの主要勢力がボイコットしたため「移行」がこの時点で終了したことにはならない．第2の「移行」が始まったのは1990年に主要政治勢力すべてが参加する選挙が実施されFSLNが敗北し政権交代が実現してからであった．この第2の「移行」過程は1995年の憲法改正と1996年の選挙実施，そしてその結果にもとづく新政権の発足（1997年）により終了した．パナマでは1989年の米軍侵攻によりノリエガ政権が崩壊した時点で「移行」が始まり，1994年の憲法改正後の1999年の選挙実施，そしてその結果を受けた翌年の新政権の発足を経て終了した．両国ではその後，クーデタや暴力による法治の断絶は起こっておらず，国民の民主体制への信頼が厚いため近い将来にも起こる可能性は低い[2]．したがってニカラグアとパナマでは民主体制がすでに「定着」しているという議論は，それなりの説得力を持っている．

　しかしこの議論には，多くの地域研究者が少なからず違和感を抱くだろう．確かに国民の民主体制支持は固い．しかし両国の民主体制の不備はあまりにも深刻で，それらの問題を「単なる民主体制の質の問題」という一言で片づけるわけにはいかないからである．例えばパナマでは民主化以後，選挙のたびに政権交代が繰り返されており，同じ勢力が連続して政権をつとめた例がない．また多党制のため政党は連立を組んで選挙を戦うが，政権発足後に与党連合が分裂することが続いている．ニカラグアでは国会のほとんどの議席を握る2大政党の競争が確立されているが，近年では「2大政党による権力の独占」が危惧されている．両国が直面している問題の種類は異なるものの，

それらが両国の定着民主体制としての資格を著しく損なっていることに疑問の余地はない．

しかし本章では「両国において民主体制が定着しているかどうか」を直接判断せず，「民主化後の政治体制がどのようなものであると説明できるか」という視点から出発する．そうすれば，その体制が定着民主体制とどのような関連にあるのかについても，それなりの答えを提供できるからである．そこで本章ではニカラグアとパナマで民主体制が確立された過程を比較分析し，両国の体制の共通点と相違点を明らかしようと試みる．次節では本章で用いる分析枠組み「脱スルタン支配型体制」について説明しよう．

2 移行分析と体制分析——脱スルタン支配型体制論

脱スルタン支配型体制論はリンスとステパンの政治体論を援用した分析枠組みであり，政策決定をめぐる諸交渉（利害調整）が行われる場（政治体）で，利害を持つ諸集団（領域）がどのような関係を保っているかに注目する（尾尻2001a）．政治体は追求する利益のタイプにもとづいて4つの領域に分けられ，それらは市民社会，政治社会，国家，経済社会である．領域といっても，分析のためには領域に所属するアクターの統合の度合いやその行動を見るのである．各領域に登場するアクターには，自助組織やNGO（市民社会），政治家や政党（政治社会），国家官僚（国家），企業家や資本家（経済社会）などがある．それらが所属する領域が様々なチャンネルで他領域とつながり，各領域は自己の利益達成のために影響力を行使しあっているのである．例えば企業家は経済活動の自由を確保するために，企業家組織を作って大統領など政治家のトップと会談を持とうとする．そのようなとき，アクターたちは経済社会の意見をできるだけまとめようと努力し，その上で政治社会を代表する大統領と交渉するだろう．脱スルタン支配型体制論ではこれらの領域間関係における影響力の行使が一方的なものか（大統領が常に企業家組織の意見を無視する場合）それとも双方向的なものか（大統領が企業家組織の意見

図 3-1 スルタン支配型体制，脱スルタン支配型体制と均衡体制の比較

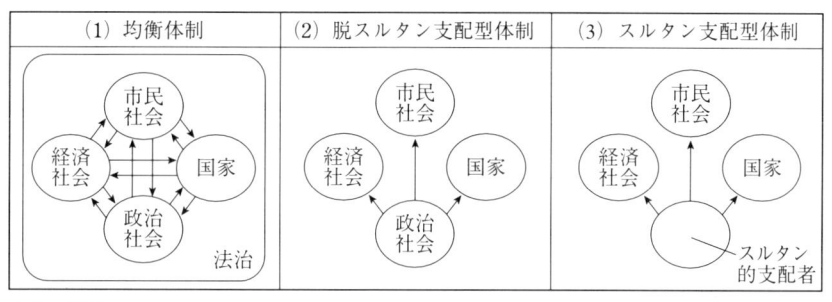

(1) 均衡体制	(2) 脱スルタン支配型体制	(3) スルタン支配型体制

出典：尾尻 2001a：12.

を採り入れて政策決定を行うこともあるが，企業家組織が大統領の要請に応じて経済活動に対する制限を受け入れることもある場合）を見極めようとする．この領域間の関係が最も均衡し安定した状態を図式化したものが図3-1の(1)である．均衡体制と名付けられたこの理想型では，すべての領域が他の3領域と相互関係を構築している．図の中の矢印は影響力行使の方向を指しており，2領域間で異なった方向の矢印が2本あるということは，それら領域間では双方向に影響力が行使されているということである．

この概念を利用してスルタン支配型体制における政治体を考察すると，政治社会は多元的なものでなくスルタン的支配者が恣意的に支配しており，他の3領域の自立性は非常に低く，政治社会がそれらの領域に対して一方的に影響力を行使している，と定義できる．このような体制では領域間関係の不均衡が著しく，利害は調整されるというよりは強制されているのである（図3-1の(3)）．

では，スルタン的支配者が政治体から退出した後の脱スルタン支配型体制ではどうか．政治社会の一元的支配は終焉するが，他の3領域の自立性の確立には時間がかかり，短期的に政治社会が他領域に一方的に影響力を行使する状態が続くことも考えられる（図3-1の(2)）．その一方で，スルタン支配型体制時代の政治社会の影響力は絶対的な権力を持つ支配者に依存していたため，政治社会が他に対してもつ影響力はスルタンの退出とともに一気に失

第3章 ニカラグアとパナマ ― 77

図3-2 政治社会をめぐる不均衡が存在する体制（脱スルタン支配型体制の下位類型）

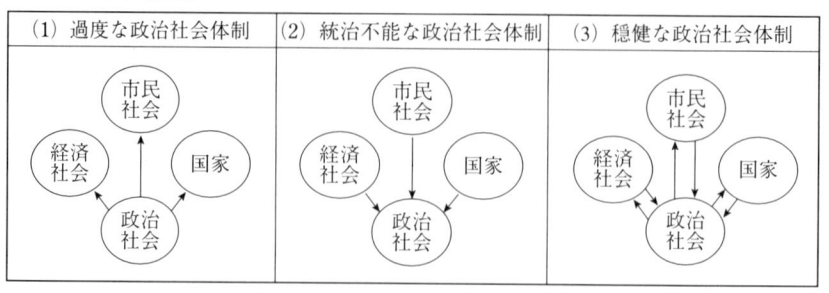

(1) 過度な政治社会体制	(2) 統治不能な政治社会体制	(3) 穏健な政治社会体制
市民社会／経済社会／国家／政治社会	市民社会／経済社会／国家／政治社会	市民社会／経済社会／国家／政治社会

出典：尾尻 2001a：14．

われる可能性もある．いずれにしても，脱スルタン支配型体制の分析の鍵となるのは政治社会の利害調整役としての機能（利害の強制か調整か）である．

図3-2は，この考えをもとに導き出された脱スルタン支配型体制の3つの下位類型である．これらの体制はいずれも政治社会をめぐる不均衡の極端な形である．「過度な政治社会体制」においては政治社会が他の3領域に影響力を一方的に行使しており，利害は調整されず強制される．この点でスルタン支配型体制に非常に近い．「統治不能な政治社会体制」では，政治社会が他の3領域からの影響力を一方的に受けるだけで政治社会から他への影響力行使がない状態である．この体制では利害は調整も強制もされないため，政策決定はなされず先送りされる．「穏健な政治社会体制」では，市民社会，国家，経済社会の3領域は政治社会のみと相互関係を構築しており，その点で不均衡であると言えるが政策決定は各領域の参加のもとになされ，利害調整能力は相対的に高いと言えよう．

脱スルタン支配型体制論の分析枠組みから見ると，民主化は政治体における領域間関係の変動のひとつである．ニカラグアとパナマでは，それぞれ革命と米軍侵攻により1人の人物が政治社会を支配する状態から脱した．その後政治社会が多元性を獲得するとともに，他の3領域も政治社会に対する自立性を獲得していった．しかしニカラグアとパナマの現在の政治体の領域間関係は均衡したものとなっておらず，それぞれ「穏健な政治社会体制」と

「統治不能な政治社会体制」に最も近い,というのが本章の議論である.

すでに述べたように,スルタン支配型体制の崩壊が,政治社会の多元化や他の3領域の自立をもたらすとは限らない.旧体制が残した問題をどう解決するか,そして民主体制を発足させるための法体制をどう構築していくかなど,移行期に噴出した課題は政治社会統合過程を左右する重要な問題であった.次節では,この政治社会の統合過程を分析する.

3 「移行」期——政治社会の多元化と再統合

(1) ニカラグア

ニカラグアではソモサ政権崩壊とともに樹立された暫定政権が民主政権への移行の重責を担った.暫定政権はマルクス主義に傾倒するFSLNのほか,企業家や知識人も含む混合政権であった.しかし彼らはソモサ政権を倒すという共通の目標のもとに結集しただけで,実際にどのようにソモサ後のニカラグアを統治するのかという問題に関しては非常に曖昧な合意しかなかった.暫定政権内部での亀裂は,米国の支援を受けた反革命勢力「コントラ」と革命政権FSLNの間の内戦に発展し,移行は中断された.

内戦による消耗と,自由で公正な選挙を実施しても勝利できるという確信のもと,FSLN政権は1990年に総選挙を実施した.大方の予想を覆して現職のオルテガ大統領は敗北し,野党連合「国民野党連合(UNO)」のチャモロ候補が勝利したのである.FSLNはこの敗北を受け入れ政権交代が実現したため内戦の終了が決定的となり,ニカラグアの民主体制への移行がUNO新政権のもとで再開されることになった.オルテガ大統領はチャモロ次期大統領と「移行協定」を結び,新政権がサンディニスタ人民軍を維持しコントラを武装解除することと引き替えに,建設的な野党としての役割を果たすことを約束した.

新生チャモロ政権の抱える最大の政治的課題は,接収財産問題であった.FSLN政権期にはソモサ家以外の人々も土地や家屋を接収されており,内

戦を戦ったコントラの対 FSLN 批判のひとつはこの接収政策の不当性にあった．しかし接収した財産を元の所有者に返還すると今度は接収された土地に住む農民たちの処遇が問題となるため，それらを革命前の状態に完全に戻すことは不可能と考えられた．

そこでチャモロ大統領が採用した解決方法は，様々な社会集団と直接交渉し合意を導こうとする社会協定の締結であった．大統領就任後間もなく，彼女は「コンセルタシオン（Concertación）」と呼ばれるフォーラムを開催し，主要労組，NGO や FSLN がこれに参加した[3]．フォーラムの結果，接収財産については個別に審査して元所有者に返還するか国債で補償するか判断すること，農地改革で土地を得た農民には正式に登記手続きをすること，などで合意した．また民営化では，従業員に配慮し一定の割合の株式を従業員に売却することも決められた．このように社会協定を通じて接収財産に一応の決着がつけられたが 1995 年の憲法改正では与党 UNO が分裂する事態となった．UNO は反 FSLN というイデオロギーで結集した多様な集団の集まりである．中には接収財産の完全な返還を強硬に求める右派が存在しており，チャモロ大統領に反発していたのである．

1987 年に制定された FSLN 憲法を改正する必要性は誰もが認識していた．しかしチャモロ大統領と対立する与党の国会議員らが政府の権限を縮小し国会の権限を拡大する条項を挿入しようとしたため，これが問題となったのである．この主旨を含む憲法改正法案は大統領の強い反対にもかかわらず可決された．するとチャモロ大統領は同法律への署名も官報掲載も拒否し，国会は一時麻痺状態に陥った．最終的には大統領が大幅に譲歩することで解決されたが，この問題の解決は新生ニカラグア民主体制にとって 2 つの面で大きな収穫となった．第 1 に，暴力をともなわず平和的に解決されたため，政治勢力が交渉によって問題を解決する前例となった．第 2 に，国会の権限拡大は，国会に代表される政治諸勢力の相対的な権力バランスを忠実に反映させることになり「すべてか無か」という大統領制の一元的側面を改善した．大統領の権限による行政ではなく国会を動かすことによる立法という慣行が現

在のニカラグアでは定着しているが，そのきっかけとなったのはまさにこの憲法改正をめぐる騒動であったと言えよう．

　こうしてニカラグアの政治社会は移行期最大の危機を乗り越え，利害調整機能を回復していった．1996年の総選挙は新しい憲法のもとでの初の選挙実施となった．与党 UNO はチャモロ政権時にすでに解体しており，非 FSLN 勢力の中心となったのは立憲自由党（PLC）ほか自由党系政党の連立である自由同盟（AL）であった．自由同盟が同選挙で過半数を制し，大統領には PLC のアレマン（Arnoldo Alemán Lacayo）が当選した．アレマン政権発足とともにニカラグアは民主体制への移行を終了したのである．

(2) パ ナ マ

　では，パナマの政治社会はどのように統合していったのであろうか．パナマで最初に移行の重責を担ったのはエンダラ政権である．彼はノリエガ政権下で実施された1989年5月の大統領選で野党連合「文民野党民主同盟（ADOC）」から出馬し勝利したものの，ノリエガ政権によって選挙を無効にされた．そこで米国政府は同年12月に行った軍事侵攻の数時間前にエンダラを米軍基地に招き，彼を大統領に就任させたのである．

　米軍の侵攻に対するパナマ国民の反応は概ね良く，エンダラが新政権を率いることに国民の反発はほとんどなかった．しかし与党連合 ADOC は反ノリエガという目標で集まっただけの多様な集団であり政策の実行能力は未知数であった．そして数十件のテロ事件の容疑者に対して不法な拘束や投獄を行ったエンダラ政権に非難が集中する中で，すでに次の選挙を睨んだ政争がはじまり，カルデロン副大統領を擁するキリスト教民主党（PDC）が1991年に与党から離脱したのである．パナマ政治社会の統合に必要とされていたのは政争を超える国民的な課題の存在であり，それには憲法改正という課題が理想的であった．

　当時の憲法はパナマ国防軍に三権の調整役など政治的権限を与えていたため，これを民主体制に沿うものに改正する必要性は主要政党すべてが認めて

いた.大統領と対立していた PDC も憲法改正では協力姿勢を見せ,1992 年 6 月に軍部の廃止を骨子とする憲法改正法が可決されたのである.軍部の廃止と引き替えに,政府は野党に民営化法案の可決で協力を求め,了承された.こうして新生民主体制が通常は扱うことの難しい経済自由化に関する法案は,憲法改正の副産物として成立したのである.

ところが同年 11 月に実施された国民投票でこの憲法改正法は否決されてしまった.これは民営化政策に対する国民の不満の表れと解釈されている.経済を立て直すには IMF からの融資が必要であり,その実現には IMF の構造調整政策に従う必要があった.しかし生活水準の低下に苦しんでいた人々はデモやストライキに参加して民営化政策に反対を表明していた.政府や野党はこれら国民の異議申し立てを過小評価していたのである.国民投票での否決により憲法改正は延期されることになり,民主体制への移行を終了するという課題は 1994 年 5 月の選挙で勝利した革命民主党(PRD)のペレス・バジャダレス(Ernesto Pérez Balladares)に引き継がれた.

国民投票での否決を受け,エンダラ政権と次期ペレス・バジャダレス政権は 2 政権にわたる国会可決という別の方法で憲法改正を実現することにした.そしてペレス・バジャダレス政権発足後まもない 1994 年中に憲法は改正された.前政権の経済自由化政策を継続するとともに 1999 年末に迫っていた運河返還に備えることが新政権の課題であったが,新政権は社会協定の締結により国民からの反発を事前に防ぐ戦略をとった.この戦略は功を奏し,運河の経営母体として発足が予定されていた運河庁(ACP)の組織構造が定められたほか,米軍基地跡地や港湾施設など運河関連施設について,それらを両洋間地域庁(ARI)が管理し投資を誘致するために使用することで賛同が得られた.また民営化から得られた利益については,「開発のための信託基金(FFD)」を創設してその使途については後に決定することになった.

こうしてペレス・バジャダレス政権は国民的課題の討議に社会協定の締結を用いる先例をつくった.しかし彼は運河返還以外の分野では合意を無視することが多く,労働法の改正では労組の反発が強まり暴動が発生した.また

1999年末の運河返還時までに大統領の任期が切れてしまうため,再選禁止を定めた憲法を改正しようとしたが,1998年の国民投票でこの憲法改正法は否決された.国民投票にかける前に国会での可決が義務づけられている憲法改正法を成立させられるということは,パナマ政治社会がある程度は統合されていることを示している.しかし1992年に続く2度目の国民投票否決という事態は,その政治社会がいかに有権者から乖離しているかを示していると言えよう.1999年には1994年の憲法改正後はじめての選挙が実施され,その選挙を制した野党連合「パナマのための連合」を率いるアルヌルフィスタ党(PA)のモスコソ(Mireya Moscoso de Gruber)が大統領に就任したことで,パナマの民主体制への移行過程は終わった.以下では,アレマン政権とモスコソ政権に絞って両国の政治体における領域間関係を分析する.

4 「定着」期——領域間関係のパターン

(1) ニカラグア

1997年に発足したアレマン政権は,選挙戦で彼自身が争点として持ち出した接収財産問題をどうするのか,そして年金改革,税制改革,通信や電力部門の民営化などの構造調整をどう実行していくのか,などの課題に直面していた.しかし以下に示すように,連立与党ALと野党FSLNとの協力など政治社会内部の調整と,経済社会,国家など他の領域との密接な協力関係によってこれらの課題を難なく解決していったのである.

まず接収財産問題では,アレマン政権が元所有者に財産をすべて返還させようとするのではないか,それにより再びニカラグア政治が分極化するのではないかと危惧されていた.しかしアレマン政権は元所有者に対する同情の念を示すだけで何も実行しようとしなかった.重い腰を上げてアレマンが行ったのは,チャモロ政権が採用したのと同じ「個別審査」であり,単にその審査基準をより明確にするという主旨の法律が1997年11月に可決されたのみであった.元所有者らは反発したが,彼らは何らアレマン政権に対して影

響力を持っておらず,なすすべはなかった.こうして接収財産問題でニカラグアが再び危機に瀕することはなかったのである.

構造調整問題では,アレマン政権期に本格的な経済自由化が行われた.FSLNから政権を引き継いだ前チャモロ政権も民営化を行ったが,これはFSLN政権時に接収されるなどして国営化された企業を民営化するにとどまっており,経済を正常化させることに主眼が置かれていた.そしていわゆる構造調整の標的となる年金改革,税制改革,通信や電力部門の民営化などはアレマン政権に引き継がれていたのである.では,新生民主体制が実行することが難しいとされる大胆な経済改革はどのようにして行われたのだろうか.

アレマン政権は1997年6月に税制改革法(税制公正化法),1998年3月に国営の電力部門を民営化する法律(電力産業法),6月に国営銀行BANICを民営化する法律,2000年3月に年金運用を民営化する法律(年金制度法)など,IMFとの合意を実行に移す法律を次々と国会で可決していった.その最大の成功要因は連立与党ALが国会で過半数を支配していたことであった.当初FSLNは国会をボイコットするなど抵抗したが,与党側はFSLNが欠席しても採決の定足数に達するため可決に何ら支障はなかった.しかしこれら構造調整政策をめぐり,政府が国内各セクターと密接に協力したことも見逃せないであろう.例えば一連の免税措置を廃止した税制改革法は中央銀行のテクノクラートが作成したもので,ニカラグア国家機構が法案作成に中心的役割を果たした例として注目される[4].また年金制度法では雇用者負担の増加に経済セクターが反発したが,交渉の末経済セクターと政府が中間地点まで歩み寄ることで合意した[5].さらに電力会社の民営化では,株式の一部を従業員に優先的に売却する制度を設ける[6]など,労働セクターにも配慮を示した.こうしてアレマン政権は国内各セクターの大規模な抗議行動などを引き起こすことなく1998年にはIMFと新たな構造調整協定(ESAF II)を締結したほか,2000年12月には債権国から重債務貧困国(HIPC)の適用を獲得して対外債務を削減することに成功した.

アレマン政権の強気な姿勢に野党 FSLN は反発したものの，ニカラグア政治社会の分裂をもたらさなかった．その後浮上した憲法改正問題をめぐり，連立与党の最大勢力でありアレマンが所属する PLC と野党 FSLN が積極的に協力したからである．憲法改正の主旨は，大統領の任期満了に伴い，前大統領と，直前の選挙の大統領選で得票率が2位であった候補者を自動的に国会議員に就任させるほか，最高選挙評議会や最高裁の判事の定員を増やすという内容であった．これが実現すれば，2001年選挙で FSLN が大統領選で敗北してもその候補者であるオルテガ元大統領は国会議員に就任でき，またアレマンは前大統領として国会議員に就任することになり，さらに最高選挙評議会と最高裁の新たな判事任命でそれぞれ PLC と FSLN が指名権を分け合うことができるのである．これは2大政党による権力の独占を固定化するものであるとして批判が高まった．しかし FSLN は1996年の選挙敗北後，1997年の国会役員選でまったく役職を獲得できず苦杯をなめた経験から，アレマンの提案を受け入れて一定の政治権力の共有という道を選び，2000年1月に憲法は改正された[7]．この2大政党の協力体制の試金石として迎えた同年の市長選では，当選が確実と言われていた保守党の候補者ソロルサノ (Pedro Solórzano) がマナグア市の境界線を変更する選挙法改正により出馬資格を失い，結局 FSLN の候補が勝利したことから，2大政党の権力の独占が現実のものとなった．

　憲法改正に対して市民社会は効果的な反対運動を展開できなかった．1998年に中米諸国を襲ったハリケーンでニカラグアも甚大な損害を被ったが，その復興支援でもニカラグアの NGO は政府によって疎外され，復興の中心的役割を果たすことができなかったと指摘されている (Central America Report 1998)．しかし前述のように民営化では労組との交渉で配慮を見せるなどしたため，市民社会をまったく無視したのではなかった．アレマン政権は政治社会内部では FSLN と協力体制を築き，外部との関係でも政権が主導して利害の調整を行ったと言えよう．経済社会や国家，そして労組など一部の市民社会は，構造調整政策で政治社会に影響力を行使することができ，

全体として双方向の影響力行使という「穏健な政治社会」にみられる領域間関係を保ったのである．2001年の大統領選ではアレマン政権で副大統領を務めたボラーニョス（Enrique Bolaños）が勝利し，国会議員選でも再びPLCを中心とする自由同盟が過半数を制したのである．そしてアレマンは党内影響力を活かして国会議長に就任した．その後アレマンは失脚し公金横領と資金洗浄で有罪となった[8]が，FSLNが今度はボラーニョス大統領に協力姿勢を見せており，政治社会の利害調整機能に陰りは見られていない．

(2) パ ナ マ

これに対して，パナマの政治社会の政治体における利害調整機能はどうであろうか．1999年に発足したモスコソ政権は，それまでの政権が社会支出を抑制したことを批判して選挙に当選した．しかしそれまでパナマ政府が実施してきたIMFとの協調政策も無視できないため，財政赤字を減らしつつ社会支出を増大させるという矛盾したふたつの政策を実践しなければならなかった．

赤字削減の財源としてモスコソが注目したのは民営化による売却益から作られたFFD基金，部分的に民営化されていたINTEL社の完全民営化による新たな売却益，および税制改革による歳入の増大である[9]．まずFFD基金については，この90％を債務返済に充てることで債務サービス負担を減らす方針であった．連立与党は国会でぎりぎりの過半数をとっていたものの国民の事前の承認を重視したモスコソ大統領は社会協定の締結を呼びかけ，これに経済セクター，労組，その他市民社会を代表する組織が参加した．しかし開催されたフォーラムでは，政府の対外債務返済案は経済セクター以外からの支持を得られなかった．結局FFD基金は元本には手をつけず，投資を通じて運用益を確保する主旨の法律が2000年6月に制定された．

同年9月に国会で行われた国会議長選をめぐる与野党折衝では与党連合は分裂し，モスコソ政権は一転して少数政権となってしまった．それから2年間，モスコソ政権は税制改革や債務削減策でまったく主導権を握ることがで

きず公約を何一つ実行できない状態が続いたが，2002年9月に野党PRDの内紛から与党連合が久々に国会で過半数を支配することになった．ひっそりと続いていた「経済再生のための国民対話」フォーラムはそれをきっかけに息を吹き返したが，やはりFFD基金を債務返済に充てるという政府案は拒否された．フォーラムの成果として国会で成立した法律「経済再生法」では対外債務と財政赤字に制限を設ける条項が入れられたが，それをどうやって達成するのかについては明記されなかった[10]．

税制改革については前述のPRDの内紛に乗じて2002年12月に法案が可決された．しかし2000年6月に政府がIMFに税制改革の約束をしてから2年6カ月が過ぎており，その間にパナマ国債の評価が下げられるなど，遅きに失したという感が否めない[11]．また法律そのものも，新たにサービス税の対象を拡大したものの月給800ドル以下の従業員の所得税を免除することとしており，徴税率の上昇につながるかどうか疑問が残る内容となった[12]．そして年金改革とINTEL完全民営化については国民対話で各セクターが席に着くことさえ拒否している段階である[13]．

モスコソ政権の「社会政策重視」という政策については，各セクターからそれほど反対があるわけではない．しかしモスコソ政権がもし国会での過半数議席を使って強硬に法律を可決すれば，何らかの形で国民からの「懲らしめ」にあうのは明らかであり，社会協定という意思決定プロセスを無視できない．しかしフォーラムでは，社会政策をどうやって実現するかについてバランスのとれた合意を引き出すことができないのである．パナマでは，市民社会と経済社会という2領域からの反発に政治社会がうまく対処できず，脱スルタン支配型体制の概念では「統治不能な政治社会体制」に最も近いと考えられる．

5　脱スルタン支配型体制の比較分析——ニカラグアとパナマ

ニカラグアとパナマはともにスルタン支配型体制を経験し，「革命」や

「米軍侵攻」という劇的な形でスルタン的支配者が排除された．その後新しい体制の構築が目指されたがニカラグアでは内戦，パナマではテロ事件やゼネストなどの紆余曲折を経て接収財産や運河返還準備というデリケートな問題が克服され，憲法改正が実現され，その憲法下で民主的な選挙が実施されたのである．ニカラグアのアレマン政権とパナマのモスコソ政権の発足は，両国における移行の終了を示す点で共通している．

しかし民主化後の両国の政治体制を脱スルタン支配型体制の分析枠組みから見ると，両国の政治社会の利害調整機能に大きな隔たりがあるのは否めない．これは政治体における領域間関係の不均衡のタイプが両国では異なっていることの表れと考えられよう．「穏健な政治社会体制」に該当するニカラグアでは，政治社会が他の3領域と相互に影響力を行使しあっているが，その政治社会の高度な利害調整能力ゆえに権力が政治社会にのみ集中する危険を本質的に持っている．また「統治不能な政治社会体制」に該当するパナマでは政治社会以外の3領域の自立性は相対的に高いものの，それら個別の利害を政治社会がうまく調整できず不安定な状態が続いている．両国のこれらの問題点は，いずれも定着民主体制の政治体における領域間関係，つまり本章で示した「均衡体制」との相違を示していると考えられる．したがって今後の両国の政治分析は，政治体における領域間関係が均衡体制に近づいていくのか，それとも他の不均衡体制に変化していくのか，という点に注目すべきであろう．

◆註
1) 米軍のパナマ侵攻（Conniff 2001），ニカラグアの革命運動（Wickham-Crowley 1992 ; Walker 1991），米国のニカラグアへの間接介入（Kagan 1995 ; Scott 1996），ニカラグア革命政権（Vilas 1995 ; Paige 1997），中米和平プロセス（Oliver 2000 ; Murillo Zamora 1999 ; Fernández 1989）などの研究は英語文献を中心に多数発表されている．
2) 1996年から1997年にかけて中米5カ国で行われたアンケート調査で「民主体制が他のいかなる体制よりも望ましいと思うか」という問いに対して「民主体制が他のいかなる体制よりも望ましいと思う」と答えた人はニカラグアで

66.6%，パナマで85.5% であった（Rodríguez, Castro, y Espinosa 1998）．
3) FSLNのコンセルタシオン参加に関してはFSLN政権時の経済企画相マルティネスの文献を参照（Martínez Cuenca 1992：18-22）．
4) 税制改革の詳細は，中銀年次報告書（Banco Central de Nicaragua 2000）の分析を参照．テクノクラートが果たした役割についてはAvendano（2001）を参照．
5) 年金改革をめぐる折衝についてはRocha（2000）を参照．
6) 電力産業法適用政令（República de Nicaragua 1999）第1条を参照．
7) アレマンとオルテガの憲法改正をめぐる協定の交渉過程についてはEquipo Nitlapán-Envío（2001）に詳しい．
8) アレマンは大統領在任中に行ったとされる横領と資金洗浄などの不法行為が取りざたされた．FSLNが疑惑を追及する姿勢をとったため国会で国会議員の免責特権を剥奪され2002年9月に解任された．その後自宅軟禁，拘置所への移送を経て2003年12月に公金横領と資金洗浄に対する有罪判決が下され20年の禁固刑が言い渡された．
9) 発足直後のモスコソ政権の動向についてはGonzález（2000）を参照．
10) FFDの使途と財政赤字の上限を定めた経済再生法（Asamblea Legislativa de República de Panamá 2002a）を参照．
11) 税制改革法案の可決が遅れていることが原因でStandard and Poors社がパナマ国債の評価を下げたのだとモスコソ大統領自身が主張した．Jordan（2001）を参照．
12) 税制改革および簡素化法（Asamblea Legislativa de República de Panamá 2002b）を参照．
13) 年金改革をめぐる経済セクターと労働セクターの対立についてはInforpress Centroamericana（2001）を参照．

◆参考文献
日本語文献
石井章編．1996．『冷戦後の中米：紛争から和平へ』アジア経済研究所．
尾尻希和．2001a．「脱スルタン支配型体制：理念型と下位類型」『イベロアメリカ研究』XXIII-1：3-18.
尾尻希和．2001b．「脱スルタン支配型体制：ニカラグア」『イベロアメリカ研究』XXIII-1：19-39.
尾尻希和．2001c．「脱スルタン支配型体制：パナマ」『イベロアメリカ研究』XXIII-2：1-20.
岸川毅．1987．『中米政治体制の構造と変動』上智大学イベロアメリカ研究所．
国本伊代．2001．『概説ラテンアメリカ史 改訂新版』新評論．

狐崎知己．1993．「周辺小国のオルタナティブ」松下洋・乗浩子編『ラテンアメリカ：政治と社会』新評論：251-263．

狐崎知己．1999a．「中米諸国：武力紛争と社会変動」グスタボ・アンドラーデ・堀坂浩太郎編『変動するラテンアメリカ社会』彩流社：85-109．

狐崎知己．1999b．「中米諸国・パナマ」加茂雄三・飯島みどり・遅野井茂雄・狐崎知己・堀坂浩太郎『ラテンアメリカ［国際情勢ベーシックシリーズ］9』自由国民社：113-148．

寿里順平．1991．『中米：干渉と分断の軌跡』東洋書店．

高橋均．1993．「アメリカ合衆国とメキシコ・中米・カリブ海地域（1898-1945年）」細野昭雄・畑恵子編『ラテンアメリカの国際関係』新評論：45-61．

田中高．1997．「中米地域」国本伊代・中川文雄編『ラテンアメリカ研究への招待』新評論：193-218．

英語文献

Barnes, William A. 1998. Incomplete Democracy in Central America: Polarization and Voter Turnout in Nicaragua and El Salvador. *Journal of Interamerican Studies and World Affairs* 40-3 : 63-101.

Barrios de Chamorro, Violeta, Guido Fernández, and Soni Cruz de Baltodano. 1996. *Dreams of the Heart : The Autobiography of President Violeta Barrios De Chamorro of Nicaragua*. New York : Simon & Schuster.

Booth, John A. 1998. The Somoza Regime in Nicaragua. In Juan Linz and H. E. Chehabi (eds.). *Sultanistic Regimes*. Baltimore : Johns Hopkins University Press.

Central America Report. 1998. Nicaragua : Reconstruction Plan Sparks Disagreement. *Central America Report* XXV 48 : 6-7.

Close, David. 1999. *Nicaragua : The Chamorro Years*. Boulder and London : Lynne Rienner.

Conniff, Michael L. 2001. *Panama and the United States : The Forced Alliance*, 2 nd ed. Athens and London : University of Georgia Press.

Diederich, Bernard. 1989. *Somoza and the Legacy of U.S. Involvement in Central America*. Maplewood, New Jersy : Waterfront Press.

Harding, Robert C. Jr. 2001. *Military Foundations of Panamanian Politics*. New Brunswick, NJ : Transaction.

Kagan, Robert. 1995. *A Twilight Struggle : American Power and Nicaragua, 1977-1990*. New York : Free Press.

Koster, Richard M., and Guillermo Sánchez Borbón. 1990. *In the Time of Tyrants : Panama 1968-1990*. New York and London : Norton.

Linz, Juan, and Alfred Stepan. 1996. *Problems of Democratic Transition and*

Consolidation : Southern Europe, South America, and Post-Communist Europe. Baltimore : Johns Hopkins University Press.

Linz, Juan, and H. E. Chehabi (eds.). 1998. *Sultanistic Regimes.* Baltimore : Johns Hopkins University Press.

Mann, Carlos Guevara. 1996. *Panamanian Militarism : A Historical Interpretation.* Athens, OH : Ohio University Center for International Studies.

Martínez Cuenca, Alejandro. 1992. *Sandinista Economics in Practice : An Insider's Critical Reflections.* Boston : South End Press.

Millett, Richard. 1977. *Guardians of the Dynasty : A History of the U.S. Created Guardia Nacional de Nicaragua and the Somoza Family.* Maryknoll, New York : Orbis Books.

Noriega, Manuel Antonio, and Peter Eisner. 1997. *America's Prisoner : The Memoirs of Manuel Noriega.* New York : Random House.

O'Donnell, Guillermo, and Phillippe C. Schmitter. 1986. *Transitions from Authoritarian Rule : Tentative Conclusions about Uncertain Democracies.* Baltimore : Johns Hopkins University Press（真柄秀子・井戸正伸訳．1986．『民主化の比較政治学：権威主義支配以後の政治世界』未来社）．

Paige, Jeffery M. 1997. *Coffee and Power : Revolution and the Rise of Democracy in Central America.* Cambridge, Massachusetts : Harvard University Press.

Pérez, Orlando J. (ed.). 2000. *Post-Invasion Panama : The Challenges of Democratization in the New World Order.* Lanham, Maryland : Lexington Books.

Scott, James M. 1996. *Deciding to Intervene : The Reagn Doctrine and American Foreign Policy.* Durham and London : Duke University Press.

Snyder, Richard. 1998. Paths out of Sultanistic Regimes : Combining Structural and Voluntarist Perspectives. In Juan Linz and H. E. Chehabi (eds.). *Sultanistic Regimes.* Baltimore, Maryland : Johns Hopkins University Press.

Vilas, Carlos María. 1995. Translated by Ted Kuster. *Between Earthquakes and Volcanoes : Market, State, and the Revolutions in Central America.* New York : Monthly Review Press.

Walker, Thomas W. 1991. *Revolution and Counterrevolution in Nicaragua.* Boulder : Westview.

Wickham-Crowley, Timothy P. 1992. *Guerrillas and Revolution in Latin America : A Comparative Study of Insurgents and Regimes since 1956.* Princeton : Princeton University Press.

スペイン語文献

Álvarez Montalván, Emilio. 1999. *Cultura política nicaragüense.* Managua : PAVSA.

Avendano, Néstor. 2001. René Vallecino : Hay que revisar el sistema tributario en Nicaragua. *La Prensa* (Nicaragua), 31 de mayo de 2001.
Equipo Nitlapán-Envío. 2001. El camino a las eleccicones : un proceso fraudulento. *Envío* 236-237 : 29-35.
Fernández, Guido. 1989. *El desafío de la paz en Centroamérica*. San José, Costa Rica : Editorial Costa Rica.
Gandásegui, Marco A., h. 1998. *La democracia en Panamá*, 2a ed. Panamá : CELA.
González H., Simeón E. 2000. El gobierno de Mireya Moscoso cumplió seis meses : balance, expectativas y frustraciones. *Tareas* 105 : 99-108.
Inforpress Centroamericana. 2001. Panamá : Tropiezos en diálogo por CSS. *Inforpress Centroamericana* 1429.
Jordan, Gionela. 2001. Acuerdan usar Fondo Fiduciario. *La Prensa* (Panamá). 23 de noviembre de 2001.
Murillo Zamora, Carlos. 1999. *Paz en Centroamérica de Nassau a Esquipulas*. San José, Costa Rica : Fundación Arias para la Paz.
Oliver, Johanna (ed.). 2000. *Después de Esquipulas : Apuntes sobre los procesos nacionales de paz*. San José, Costa Rica : Fundación Arias para la Paz.
Rocha, José Luis. 2000. Reforma al sistema de pensiones : tres en una. *Envío* 218 : 18-26.
Rodríguez, Florisabel, Silvia Castro, y Rowland Espinosa (editors). 1998. *El sentir democrático : Estudios sobre la cultura política centroamericana*. Heredia, Costa Rica : Editorial Fundación UNA.
Velásquez, Osvaldo. 1993. *Historia de una dictadura : De Torrijos a Noriega*. Panamá : Litho Editorial Chen.

公文書

Asamblea Legislativa de Repúlica de Panamá. 2002a. Ley que dicta medidas de reactivación económica y de responsabilidad fiscal. *Gaceta Oficial* 24548.
Asamblea Legislativa de Repúlica de Panamá. 2002b. Ley que dicta medidas de reordenamiento y simplificación del sistema tributario. *Gaceta Oficial* 24708.
Banco Central de Nicaragua. 2000. *Informe Anual 1999*. Managua : Banco Central de Nicaragua.
República de Nicaragua. 1999. Reforma al Decreto No. 42-98, Regulamento de la ley de industria eléctrica. Decretos Ejecutivos 128-99. *Gaceta* 240.

第4章

ロ シ ア

「民主化」論と地域研究

上野俊彦

1 「民主主義」概念と地域研究

(1) 「民主主義」概念の多様性

「民主主義」について定義することなしに,ある国ないし地域の「民主主義」や「民主化」を議論することはできない.そこで「民主主義」の概念についての議論に関心が向かうことになる.この議論において圧倒的な影響力があるのはダール (Robert A. Dahl) の「ポリアーキー」のモデルである[1].しかし,「ポリアーキー」のモデルが完全に支配的モデルとなったわけではない.たとえば,5版を重ねて今やロシア政治の定番的入門書となった著作の中で,編者の1人ギッテルマン (Zvi Gitelman) は,①ダイアモンド (Larry Diamond),リンス (Juan Linz),リプセット (Seymour M. Lipset) の共著[2]におけるモデル,②ダールの「ポリアーキー」,③ハンチントン (Samuel P. Huntington) のモデル[3],④アンダーソン (Lisa Anderson) のモデル[4]をそれぞれ提示して,「民主主義とは何か」ということを説明している[5].つまり,「民主主義」の概念のあまりの多様性に終止符を打つためにダールが提示したはずの「ポリアーキー」モデルも,結局のところ,「民主主義」についての新しい概念を1つ増やしただけに過ぎない.

(2) 「民主主義」を論ずるときの暗黙の基準ないしモデルの存在

ところで，米欧とくに米国の研究者が「民主主義」について論じているとき，そこに暗黙のうちに「民主主義」の基準ないしモデルが存在しているように思われる．その基準ないしモデルというのは，多くの場合，西欧諸国ないし米国の政治システムのいずれか，またはそれらすべてか，あるいはその折衷型である．しかし，そうした発想には大きな落とし穴がある．たとえば，米国は，古代も中世もなく，国王も封建制もない，世界でも極めて例外的な歴史を持つ国である．実は先住民の長い歴史があるが，征服された彼らの文明と歴史はほとんど抹殺され，それらと断絶したかたちで近代文明が構築された．つまり，米国はその歴史的形成過程からすると非常に特殊な国家である．そうした特殊な歴史を持つ米国をモデルとして想定することには無理がある．他方，欧州は米国的な意味では特殊ではない．しかし，欧州も世界のごく一部に過ぎない．欧州の面積は，アイスランドなどの島嶼を含め，他方で旧ソ連の欧州部を除くと，約493万 km² で全世界の3.6%，またその人口は約5億人で，全世界の9.3% である（『最新地理統計1995年版』古今書院，18頁）．欧州は，面積でも人口でも中国一国にとうてい及ばない．もちろん面積や人口が小さいからと言って，それだけで基準とするのは間違っていると主張するつもりはない．しかし，より重要なことは，「民主主義」を論ずる場合に暗黙の基準となっている西欧が，たんに面積や人口の点で世界の一部であるというだけでなく，宗教的に見ればキリスト教世界であり，しかもそのすべてではなくその半分，すなわち正教会を除くカトリックとプロテスタントの世界だということである．西欧世界は，イスラム世界やアジアと異なるだけでなく，キリスト教世界の半分であるということは重要である．つまり，宗教改革もルネッサンスも，世界の一部で起こったことに過ぎず，同じキリスト教世界でも正教世界では，宗教改革もルネッサンスも起きていない．そう考えてみると，欧州とりわけ西欧の歴史もまた決して普遍的なものではなく特殊なものだということがわかる．したがって，全世界の一部に過ぎない地域の，固有の歴史に根ざしている政治システムを「民主主義」を考

える場合の暗黙の基準ないしモデルとすることには，やはり無理があると考えるべきである．

(3) 「民主化」を論ずるときの暗黙の目標ないし到達点の存在

「民主化」を論ずるとき，人は暗黙のうちに，ある「民主主義」システムを目標ないし到達点として想定している．その目標ないし到達点が，「民主主義」の基準ないしモデルとして想定されている欧米の政治システムである．こうした考えに基づくと，「民主主義」の先進国，発展途上国，後進国という序列が存在することになる．この序列の中で，「民主主義」の発展途上国は，救済あるいは支援の対象と見なされる．他方，「民主主義」の後進国は，非難や排除対象となる．空爆されたセルビアやアフガニスタン，米国大統領によって「悪の枢軸」と名指されたイラクなどの国々がそれである．これらの国々は，空爆されて当然であり，そこには抹殺されるべき政治指導者がいるというわけである．各国の「民主化」度を比較する際の基準としてしばしば用いられているフリーダムハウスの，いわば「民主化ポイント制度」は，結局，そうした「民主主義」を序列化する発想に基づいている．EUあるいはNATOの東方拡大の際に問題となる民主化指標の適用も同様である．こうした「民主主義」の序列化を前提とした「民主化」の議論は，果たして妥当なものなのだろうか．

(4) 「民主化」論の新しい地平

結局，「民主主義」あるいは「民主化」を議論するときに，基準やモデルを想定することをやめない限り，あるいは「民主主義について，より妥当性のある概念を構築しようという観念」から脱却しない限り，「民主主義」の序列化が行われることになるだろう．発想を転換して，100人の論者がいれば100の「民主主義」概念がありうることを前提としてはどうか．つまり，「民主主義」に暗黙の基準やモデルを想定することを否定する．100の社会があれば100のシステムがありうることを前提とするのである．一般理論の

構築ではなく個々の社会は異なる歴史と文化を持ち，また多様であり，異なる社会のあいだにはある点が似ていて，ある点は似ていないという相互の相対的距離があるだけで，単一の到達点を持つ単純な発展段階を進むわけではないということを受け入れるべきなのである．「民主主義」の一般理論を構築しようとする立場ではなく，ある地域を認識しようとする立場，つまり，地域研究者の立場は，「ある社会のある制度（分野，機能，過程，アクター）は以前はこうだったが現在はこうなっているから，この社会はこのように変化した」ということをまず明らかにするように努めるべきである．そして，この「変化」を抽出するためのツールが，さまざまな理論や概念であり，必要なのはそうした認識のツールとしての概念や理論であって，ある基準やモデルを設定して，ある地域と別の地域を物差しで測るようなことはすべきではない．

2 ロシア現代政治研究と「民主化」論

(1) ロシア「民主化」論の多様性

先に述べたように「民主主義」の概念は多様である．したがって，そうした多様な基準ないしモデルによってロシア政治を分析すれば，結局のところ，ロシア政治に対する評価も多様なものとならざるをえない．たとえば，フィッシュ（M. Steven Fish）は，それぞれ異なる「民主主義」概念に基づく3つのグループを列挙して，ロシア政治について3つの異なる評価があると指摘している[6]．フィッシュの分類に従えば，ロシア政治の評価には次のようなバリエーションがある．①選挙を重視するシュンペーター主義者は「ロシアは民主化した」と評価する．②選挙だけでなく参加，統治構造，政治家・官僚の責任など幅広い条件を設定しているダール主義者は，「ロシアはまだまだ民主化途上にある」とか，「この点はひどすぎる」ないしは「むしろ後退している」と評価し，個別事象の批判に終始している．③ダール主義者の条件に加えてさらに経済的公正（分配の平等）・福祉・セーフティ・ネットな

どを重視するラジカリストは，ロシア政治批判を超えてむしろ攻撃的になっている．

このように「民主主義」概念が多様であるために，ロシアの「民主化」に対する評価も一様ではない．結局，ある種の基準やモデルをあてはめて，ロシア政治を文字どおり杓子定規に評価しようとしても，そこからは，生産的な議論は生まれない．そこで私たちは，「ロシア社会のある制度（分野，機能，過程，アクター）は以前はこうだったが現在はこうなっているから，ロシア社会はこのように変化した」ということをまず明らかにする必要があり，そのためにさまざまな概念を使うのである．そこで，ここでは事例として，「立憲主義」の概念を用いて，ロシア政治についてどのようなことが問題となっているのかを考えてみよう．

(2) ロシアにおける立憲主義

立憲主義を，ここではとりあえず，憲法は国民が公権力を制限するためにある，あるいは国民を公権力の専横から守るためにある，とする考え方であると定義しておこう．またこの場合の憲法とは，三権分立の統治機構と人権規定を含むものとする．

ロシアでは，19世紀に立憲主義が浸透し始め，20世紀初頭（1905～06年）に欽定憲法（国家基本法）を制定することで帝政崩壊の防波堤とした．つまり，ロシアには，王権の強い立憲君主制が成立した．この立憲君主制のもとでは，ロシア政府は議会に責任を負わない政府であり，議会の解散権は皇帝が握っていた．そのため，政府と議会が対立すると，議会は解散を余儀なくされるだけであった．それゆえ議会改革派は，こうした政府と議会との関係を改革して，議院内閣制を確立しようと考えた．1917年の2月革命後，そうした改革派が中心となって臨時政府がつくられた．したがって，この臨時政府の主要な目標は，立憲主義を確立して，民主的な選挙によってつくられる議会とその議会に責任を負う政府を樹立することであった．しかし，この臨時政府は，ボリシェヴィキの権力奪取によって打倒されてしまい，それと

ともにロシアにおける立憲主義確立の動きは挫折してしまう．

　ソ連時代は，憲法（あるいは人権）よりもいわば社会主義革命の大義が優先される「社会主義的適法性」の概念が用いられ，勤労者の前衛党である共産党が法の枠の外にあって，国家を支配していた．この体制のもとで公権力は，革命を推進する前衛としての共産党に支えられ，勤労者の代表の名のもとに，いわば性善説的に支配の正統性を獲得していた．政治指導者や議員の選出は，敵対的な階級も利害の不一致も存在しないという理由により無競争で行われていた．むろん競争がないからといってもっぱら恣意的な人事が行われていたわけではない．いわば適材適所を可能とするソ連独自の合理的な人事制度であるノメンクラトゥーラ制が行われ，第2次世界大戦後の戦後復興と経済成長をもたらすことに成功した．

　しかし，経済成長とともに多様化・高度化する消費生活や科学技術の飛躍的発展のもとで，ソ連システムは徐々に行き詰まりを見せ始めた．1985年に始まった「ペレストロイカ」（建て直し）政策は，この行き詰まりを打開するためには経済改革のみならず政治改革も必要であるとの認識に立ち，それとともに立憲主義の考え方も復活し始めた．しかし，ペレストロイカはソ連邦の崩壊をもたらし，立憲主義復活は，ロシア連邦における改革に引き継がれることになった．かくして，1993年12月12日のロシア連邦憲法制定によって，ようやくロシアにおける立憲主義がともかくもその基盤を確立したのである．

　この立憲主義の概念を用いて，ロシア政治を考える場合，たとえば以下のような事柄が問題となろう．①立法，行政（執行），司法の三権の関係はどのような状況にあるか．②国民の主権が行使される場としての大統領選挙および議会選挙はどのように行われ，どのような点に問題があるか．以下，節をあらためてこれらの問題のうちの①について概説することを通じて，ロシア政治について考えてみよう．

3 ロシア連邦中央の執行権力（大統領・政府）と立法権力（議会）との関係

(1) ロシア連邦中央における二元代表制

　現在のロシア連邦は，基本的には，大統領権力の相対的優位性を特徴とする三権分立体制を基礎とする大統領制国家である．この大統領権力の相対的優位性を特徴とする三権分立体制は，1993年12月12日に採択された現行ロシア連邦憲法によって初めて確立された．ロシア連邦憲法に基づいて，ロシアでは，三権のうちの立法権力と執行権力がともに直接に国民を代表する，いわゆる二元代表制の制度が採用されている．二元代表制は，直接に国民を代表する立法権力と執行権力とが対立と妥協を通じて互いに牽制するとともに，選挙の時期が異なることによって議会多数派と執行権力の政治基盤が異なる場合も起こりうるという，いわば二重の保険がかけられている制度，つまり，立法権力と執行権力とが対立するということをあらかじめ想定した制度である．しかし，それゆえにまた二元代表制は，立法権力と執行権力の対立がいったん生じた場合に，その対立を緩和させ，あるいは妥協させ，協力へと導く制度的メカニズムを持っていなければならない．もしそうでなければ，立法権力と執行権力とを同じ政治勢力が掌握するまで，不断の対立が続くこととなり，安定した政治の運営ができなくなってしまう．したがって，二元代表制システムをとるロシアの連邦中央の政治を分析する場合には，この立法権力と執行権力の，すなわち議会と大統領および政府とのあいだの，対立を緩和させ相互の協力へと導く，抑制と均衡の制度的メカニズムはどのようなものなのか，そしてそのメカニズムが実際の場面でどのように働いているのかを見ることが重要となる．

(2) 連邦法の採択と大統領の拒否権

　立法権力と執行権力の対立と妥協あるいは抑制と均衡の制度的メカニズム

は，まず法律の制定過程において機能する．ロシア連邦においては，連邦法の法案は，まず国家会議（いわゆる下院）の審議に付され（憲法第104条第2項），国家会議の議員総数（450名）の多数（226名以上）の賛成によって採択される（憲法第105条第2項）．国家会議が採択した法案は，5日以内に連邦会議（いわゆる上院）の審議に付される（憲法第105条第3項）．そして，連邦会議の議員総数（178名）の過半数（90名以上）の賛成がある場合，または14日以内に連邦会議による審議が行われない場合，連邦会議によって承認されたものと見なされる（憲法第105条第4項）．連邦会議が法案を否決（連邦会議の拒否権）した場合には，両院協議会を設置するなどし，国家会議の再審議に付される．国家会議は3分の2の多数決（301名以上の賛成）により連邦会議の否決を覆すことができる．こうして採択された連邦法は，5日以内にロシア連邦大統領にその署名および公布のために送付される（憲法第107条第1項）．大統領は，14日以内に連邦法に署名してこれを公布するか（憲法第107条第2項），その連邦法への署名を拒否することができる（憲法第107条第3項）．大統領が拒否した連邦法は国家会議および連邦会議において再審議されるが，両院において3分の2以上の多数で採択（国家会議では301票以上の賛成）および承認（連邦会議では119票以上の賛成）された場合には，大統領による拒否を覆すことができる（第107条第3項）．

　連邦法がこうした対立と妥協の中から産み出されていった典型的な事例として，「1995年国家会議選挙法」の制定過程をあげることができる．「1995年国家会議選挙法」は，まず国家会議により，1995年3月24日，賛成250票，反対11票，棄権0，欠員を含む投票不参加189名で採択された（*Государственная Дума. Стенограмма заседании. 1995*, Том. 15, 1996, М., с. 547 [以下，*ГД 1995*, Т. 15, с. 547とする]）．しかし，「1995年国家会議選挙法」が単独議席選挙区（いわゆる小選挙区）と連邦選挙区（いわゆる比例区）の議席比を225対225としていることに反対し，単独議席選挙区と連邦選挙区の議席比を300対150とすること，また連邦選挙区に候補者を立てている政党の候補者名簿のうち連邦中央からの候補者を12名に制限することを主

張する連邦会議は，4月12日，国家会議から送付されたこの「1995年国家会議選挙法」を賛成11票，反対113票，棄権6名，欠員を含む投票不参加48名で否決した（Совет Федерации. Заседание девятнадцатое 11-13 апреля 1995. Заседание двадцатое 4 Мая 1995. Стенографические отчеты, 1997, М., с. 185 ［以下，СФ, 1995/4/11-13. 1995/5/4, с. 547 とする］)。それに対して国家会議は，4月21日，単独議席選挙区と連邦選挙区の議席比は225対225の原案のままとし，他の箇所を一部修正した「1995年国家会議選挙法」を，賛成259票，反対68票，棄権2名，欠員を含む投票不参加121名で再採択した（ГД 1995, Т. 16, с. 625）。しかし，5月4日，連邦会議はこれを賛成11票，反対114票，棄権5名，欠員を含む投票不参加48名で再び拒否した（СФ, 1995/4/11-13. 1995/5/4, с. 451）。そこで，国家会議は，5月11日，こんどは3分の2の多数決（賛成301票，反対66票，棄権6名，欠員を含む投票不参加77名）で採択して，連邦会議の拒否を覆した（ГД 1995, Т. 17, с. 32）。しかし，5月23日，今度はエリツィン（Борис Николаевич Ельцин）大統領が単独議席選挙区と連邦選挙区の議席比を300対150とすること，選挙が成立するための投票率の基準を25％から50％に引き上げることなどを主張して，この法律への署名を拒否した（Российская газета, 24 мая 1995 г., с. 1 ［以下，РГ, 1995/5/24, с. 1 とする］)。そこで5月24日，国家会議は，再び3分の2の多数決での採択を試みたが，301票必要なところ244賛しか集められず，大統領に拒否撤回を求めるにとどまった（ГД 1995, Т. 17, с. 464）。その後，国家会議は，上下両院と大統領府の代表とによって構成される協議委員会における審議をふまえて修正された「1995年国家会議選挙法」最終草案を，ようやく6月9日，賛成264票，反対45票，棄権3名，欠員を含む投票不参加138名で採択した（ГД 1995, Т. 18, с. 184）。ここで採択された「1995年国家会議選挙法」は，連邦会議の主張であった連邦選挙区の各選挙団体ないし選挙ブロックの候補者名簿のうち連邦中央からの候補者を12名に制限し他の候補者は地方からとする提案は受入れたものの，他方，単独議席選挙区と連邦選挙区の議席比は225対225のままであり，選挙が成立するための投票率の基準

を50％に引き上げることなどの連邦会議および大統領の修正提案も受け入れていなかった．そのため，この最終草案の連邦会議での承認は容易ではなかったが，6月15日に，賛成113票，反対9票，棄権3名，欠員を含む投票不参加53名で連邦会議がこれを承認（*РГ*, 1995/6/16, с.1），6月21日にエリツィン大統領が署名してようやく「1995年国家会議選挙法」は成立した（*Собрание законодательства Российской Федерации* No. 26, 26 июня 1995 г., Ст. 2398［以下，*СЗ*, 1995/6/26, Ст. 2398とする］）．

(3) 国家会議の解散と政府の総辞職

立法権力と執行権力の対立と妥協あるいは抑制と均衡は，その両機関それ自体の更新を制度的に保障する制度的メカニズムによっても実現されている．立法機関の更新とは，すなわち議会の解散と選挙の実施を意味するが，連邦会議はそもそも選挙によらない機関であるので，解散があるのはもっぱら国家会議である．国家会議の解散は，憲法第111条による解散と，第117条による解散とがある（憲法第109条第1項）．111条解散は，大統領の提案した政府議長（首相）の候補者を国家会議が3回拒否した場合，大統領が，政府議長を任命し，国家会議を解散し，新しい選挙を公示するというものである（憲法第111条第4項）．次に，117条解散は，国家会議による政府不信任の決定を出発点とする．国家会議による政府不信任の決定は，議員総数の多数決（226票以上の賛成）により採択される．国家会議による政府不信任が採択された場合，大統領は，政府の総辞職を公示するか，または国家会議の決定に同意しないことができる．しかし，国家会議が3カ月以内にもう1度政府の不信任を決定した場合には，大統領は政府の総辞職を公示するか，または国家会議を解散しなければならない（憲法第117条第第3項）．

111条解散も117条解散も，基本的には大統領が主導権を握っているが，解散が時期的に大統領側と議会側のどちらに有利か不利かという問題がある．大統領にとって，解散後の選挙で与党の議席が増加する見込みがあれば解散を選択しやすいし，逆に与党議席が減少する可能性が高ければ解散を決断し

にくい．他方，解散後の選挙結果が自己の所属する会派にとって有利となるであろうと予測する議員が多ければ多いほど国家会議は解散を決断する可能性が高くなる．また残りの任期が短ければ短いほど解散しやすくなろう．ロシアでは，この憲法第111条および第117条をめぐる立法権力と執行権力の駆け引きはどのように行われているのであろうか．以下に，具体的な実例を見てみよう．

(4) 政府不信任案の採択

1994年1月の開会以来，国家会議において政府不信任は4回提出されているが，採択されたのは1995年6月21日の1回だけである．このとき，チェチニア紛争の問題をめぐって提出された政府不信任案は，賛成241票，反対72票，棄権20名，欠員を含む投票不参加117名で採択された (ГД 1995, T. 18, c. 582)．このとき，エリツィン大統領は，政府総辞職に同意しなかったが，国家会議で辞職勧告決議 (ГД 1995, T. 18, c. 692) が採択された閣僚らを6月30日に解任して国家会議との妥協を図り (СЗ, 1995/7/3, Ст. 2559 ; Ст. 2560 ; Ст. 2561)，その結果，7月1日，国家会議に再び提出された政府不信任案は，賛成193票，反対117票，棄権47名，欠員を含む投票不参加93名で賛成が議員総数の過半数に達しなかったため不採択となった (ГД 1995, T. 19, c. 21)．このことは，政府不信任案の採択が，国家会議にとって，政府の政策の変更や閣僚の更迭を迫るのに有効な方法であることを示している．しかし，その後，エリツィン政権下では，国家会議において，政府不信任案の問題が正式の議題としてとりあげられ，採決にかけられることはなかった．エリツィン大統領が，1997年秋以降，政府不信任案の上程それ自体を回避する方策を採ったからである．

1997年10月，チュバイス (Анатолий Борисович Чубайс) 政府第1副議長 (第1副首相) らの出版汚職疑惑を背景に，1998年度予算案をめぐる駆け引きもあり，国家会議野党による政府不信任案提出の動きが起こった．すなわち，10月15日，ロシア連邦共産党，議員グループ「国民権力」，「農業議員グル

ープ」の 3 派共同提案の政府不信任決議案が提出されたのである[7]。しかし「ヤーブラコ」党はそれに同調せず、独自の政府不信任決議案を提出した（*Государственная Дума. Стенограмма заседании. Бюллетень*, N 124 (266), 15 октября 1997, с. 5 ［以下、*ГДБ*, 1997/10/15, с. 5 とする］; *Независимая газета*, 16 октября 1997 г., с. 1 ［以下、*НГ*, 1997/10/16, с. 1 とする］）。こうした野党間の分裂で、政府不信任決議案が採択される可能性は低いように思われたが、エリツィン大統領は、あえて共産党の求めていた円卓会議（中央権力機関代表、政党代表、地方代表、労組代表が参加）に応じ、政府不信任案の審議の中止を要請した（*НГ*, 1997/10/16, с. 1; *Известия*, 17 октября 1997 г., с. 1）。10 月 20 日、大統領、政府議長、上下両院議長による四者協議が開催され、1998 年度予算案および政府不信任案などの問題が議論されるとともに、その報道姿勢が政府寄り過ぎるとして共産党が求めていたロシア公共テレビと国営テレビ・ラジオ会社に対する監視委員会の設置が合意された（*Российские вести*, 21 октября 1997 г., с. 1 ［以下、*РВ*, 1997/10/21, с. 1 とする］; *НГ*, 1997/10/21, с. 1）。さらに翌 10 月 21 日、エリツィン大統領は、国家会議の各院内会派代表と会談し、円卓会議の開催について合意するなどした（*РВ*, 1997/10/22, с. 1-2; *НГ*, 1997/10/22, с. 1-2）。この結果をうけて、10 月 22 日、ロシア連邦共産党は、政府不信任決議案の取り下げを宣言した（*ГДБ*, 1997/10/22, с. 7; *НГ*, 1997/10/23, с. 1-2）。

このとき、エリツィン大統領が、政府不信任決議案の上程を回避できたのは、「ヤーブラコ」がロシア連邦共産党の政府不信任決議案に同調しなかったからであるが、このあと、11 月 20 日に、チュバイス政府第 1 副議長の蔵相兼務が解かれ、後任の蔵相にザドルノフ（Михаил Михайлович Задорнов）「ヤーブラコ」議員が任命された（*СЗ*, 1997/11/24, Ст. 5388; Ст. 5839）ところを見ると、大統領と「ヤーブラコ」とのあいだに何らかの密約があったのかも知れない。

政府不信任案の上程は回避されたが、その後、政府内からのチュバイス派閣僚の解任は続き、その結果、チュバイス、ネムツォフ（Борис Ефимович Немцов）らを中心とする「若手改革派」が弱体化し，相対的にチェルノムィルジン（Виктор Стеранович Черномырдин）政府議長の権限が強化されることとなった．しかし，エリツィン大統領は，1998年2月17日に発表された「大統領教書」において，政府総辞職の可能性を表明するなど，政府批判を強めていた．そして，3月23日，エリツィン大統領は，突如，政府総辞職を宣言した（*СЗ*, 1998/3/23, Ст. 1426）．これが，エリツィン政権下における，そして現行憲法下における最初の政府総辞職であった．

(5) キリエンコ政府議長承認

憲法第111条第2項の規定によれば，政府が総辞職してから2週間以内に政府議長候補者に関する提案が行われなければならない．1998年3月23日の政府総辞職後の政府議長任命は，以下のような経過をたどった．

まず，政府総辞職が発令されたその日のうちに，エリツィン大統領は，キリエンコ（Сергей Владиленович Кириенко）燃料エネルギー大臣を，政府第1副議長に任命し（*СЗ*, 1998/3/23, Ст. 1438），さらにその直後に政府議長代行に任命した（*СЗ*, 1998/3/23, Ст. 1428）．このように，キリエンコをいったん政府第1副議長に任命してから政府議長代行に任命したのは，「ロシア連邦政府についての連邦の憲法的法律」（*СЗ*, 1997/12/22, Ст. 5712 ; *СЗ*, 1998/1/5, Ст. 1）第8条第2項に規定されているように，政府議長代行に任命される資格があるのは政府第1副議長または政府副議長だけであって，大臣にはその資格がなかったからである．

かくして3月27日，エリツィン大統領は，キリエンコ政府議長代行を後任の政府議長候補者に指名した（*РГ*, 1998/3/28, с. 1-2）．ロシア連邦共産党と「ヤーブラコ」は，キリエンコ政府議長を承認しないと表明したが[8]，他方，ロシア自由民主党と「我らが家—ロシア」党は承認を表明した[9]．4月7日，各党代表の集まる新政府編成問題審議のための円卓会議で，エリツィン大統領は，ロシア連邦共産党らの主張する連立政府を拒否した（*РГ*, 1998/4/8, с. 1）．4月10日，国家会議では，キリエンコ政府議長代行による

施政方針演説（*РГ*, 1998/4/11, c. 1-2）のあと，キリエンコ承認についての採決が行われ，賛成143票，反対186票，棄権5名，欠員を含む投票不参加116名で，承認は否決された（*ГДБ*, 1998/4/10, c. 41）。4月14日，セレズニョーフ（Геннадий Николаевич Селезнев）国家会議議長は，エリツィン大統領との会談後にキリエンコ支持を表明，2回目採決で承認されるとの楽観的見通しを示した（*РГ*, 1998/4/15, c. 1）。しかし，4月15日，ロシア連邦共産党の2名の議員が，議院運営規則第146条第1項を「ロシア連邦政府議長の指名についての承認に関する決定は，国家会議の判断により，投票用紙または電子式装置を使用した秘密投票によって，<u>あるいは国家会議議員総数の過半数の賛成がある場合には公開投票によって</u>，採択する」（*СЗ*, 1998/4/20, Ст. 1828）と修正する（下線部分を追加する）提案を行い，この提案は，賛成260票，反対77票，棄権2名，欠員を含む不参加111名で承認された（*ГДБ*, 1998/4/15, c. 23）。その結果，4月17日，国家会議は，同日の政府議長承認の採決方法を公開投票とすることを公開投票で決定し（賛成272票，反対102票，棄権2名，欠席を含む不参加74名）（*ГДБ*, 1998/4/17, c. 42），賛成115票，反対271票，棄権11名，欠席を含む不参加53名でキリエンコ政府議長指名を再び不承認とした（*ГДБ*, 1998/4/17, c. 43）。しかし，その後，「農業議員グループ」や「国民権力」などが，国家会議の解散回避のためにキリエンコ承認に傾き始めた（*НГ*, 1998/4/24, c. 3）。さらに，4月22日には，連邦会議が，キリエンコ承認を求めるアピールを採択した（*СЗ*, 1998/5/4, Ст. 1981）。他方，エリツィン大統領も，4月23日に，上下両院議長と会談，さらにジュガーノフ（Геннадий Андреевич Зюганов）・ロシア連邦共産党議長らにキリエンコ承認を求める電話をかけるなど（*РГ*, 1998/4/24, c. 3），精力的に動いた。しかし，ロシア連邦共産党は，同日の臨時中央委員会総会でキリエンコ反対を確認し，秘密投票と決まった場合には投票に参加しないようロシア連邦共産党議員に呼びかけた（*Советская Россия*, 1998/4/25, c. 1）。4月24日，国家会議は，3回目の採決を今度は秘密投票により実施した。キリエンコは，ようやく賛成251票，反対25票，棄権39名，欠席を含む不参加135名により承認

された (*ГДБ*, 1998/4/24, с. 3). この賛成票数から見て, 院内会派「ロシア連邦共産党」の議員のうちの少なくない部分が賛成に回ったと推測される. 結局, キリエンコ政府議長の承認は, 国家会議議員の多くが彼を支持したことによってではなく, 国家会議解散を回避しようとしたことによって, なされたものと考えられよう.

(6) プリマコフ政府議長承認

こうして承認されたキリエンコ政府議長が率いる政府も, 8月金融危機のため, チェルノムィルジン政府総辞職の1998年3月23日からちょうど5カ月後の8月23日に総辞職を余儀なくされ, 再び新政府議長承認手続きがとられることになった. 1998年8月23日の政府総辞職後の政府議長任命は, 以下のような経過をたどった.

まず8月23日, エリツィン大統領は, キリエンコ政府総辞職を宣言し, チェルノムィルジンを政府議長臨時代行に指名する大統領令を発令 (*СЗ*, 1998/8/24, Ст. 4071), 翌8月24日には政府議長候補者として提案した (*РГ*, 1998/8/25, с. 1). この政府議長代行指名は, チェルノムィルジンが政府第1副議長または政府副議長ではないので, 前述の「ロシア連邦政府についての連邦の憲法的法律」に合致しておらず違法の疑いがある. それはともかく, チェルノムィルジンは, 政府議長候補者として指名されたあと, 上下両院の有力議員と精力的に会談し[10], 国家会議もチェルノムィルジンを支持するかに見えた. しかし, 予想に反して8月31日, 国家会議は, チェルノムィルジンを賛成94票, 反対253票, 棄権0, 欠員を含む投票不参加103名で拒否した (*ГДБ*, 1998/8/31, с. 25). 8月の金融危機以来, 国内経済情勢が逼迫しているだけに, 国家会議の各野党は, 4月のキリエンコ承認のときとは異なり, 今回は強硬であった. こうした状況の中, 9月7日の午前中に開催された円卓会議で, ヤブリンスキー (Григорий Алексеевич Явлинский)「ヤーブラコ」代表およびジュガーノフ・ロシア連邦共産党議長は, プリマコフ (Евгений Максимович Примаков) 外相を政府議長に提案した (*НГ*, 1998/9/8, с. 1). 9月7

日午後の国家会議での2回目の投票（公開投票）においても，チェルノムィルジンは，賛成138票，反対273票，棄権1名，欠員を含む投票不参加38名で再び拒否された（*ГДБ*, 1998/9/7, c. 26）．9月10日，国家会議の解散を選択できる状況にないと判断したエリツィン大統領は，チェルノムィルジン政府議長指名を撤回してプリマコフを政府議長候補者に指名し（*РГ*, 1998/9/11, c. 1-2），翌9月11日，国家会議は，3回目の投票（公開投票）において，賛成318票，反対63票，棄権15名，欠員を含む投票不参加54名で，プリマコフ政府議長を承認した（*ГДБ*, 1998/9/11, c. 52）．

この1998年8月の政府総辞職後の政府議長指名では，エリツィン大統領は，提案したチェルノムィルジンを2回拒否され，国家会議の野党が解散も辞さずと3回目も拒否する姿勢を示したことで，解散を強行することもできず，自らの提案を撤回して野党の提案する政府議長候補者を指名するという妥協を余儀なくされた．それは，当時の国内経済情勢がキリエンコ承認時の3月に比べて非常に逼迫していて，野党もこの時期の解散・選挙が議席増につながるとの判断から強硬な姿勢を貫いたためであろう．

4　ロシア政治の現在

前節では，立法権力と執行権力との関係に着目しながら，エリツィン期のロシア政治を制度的側面から詳細に見たが，そこには非常に詳細な注が付されている．これらの注の大部分は，官報，議事録などのロシア語の一次資料であり，一部，ロシア語の新聞やインターネットが用いられている．入門的文献であるにもかかわらずこのように詳細な注を付したのは，時事的評論や報道などによってしか扱われていない比較的最近の事象を扱う場合には自ら一次資料にあたることが絶対に不可欠であるということを示したかったからである．そうすることで初めて，不正確な事実認識のために生ずる報道や時事的評論の誤りや偏りに気づき，事実を正確かつ客観的に認識することが可能となるからである．例えば，採決に関しては票数を，新聞等からの引用注

には新聞のページを付すという,細部へのこだわりは,何よりも正確さと事実にこだわる地域研究者にとって必要な心がけである.

ロシアに関する報道は,一般に,エリツィン期のロシア連邦の政治は非常に不安定であり,またエリツィン大統領の家父長的統治スタイルが顕著との印象を与えてきたが,ロシアの憲法や法制について熟知した上で,大統領や議会・政党の活動などを詳細に観察すると,そこには立憲主義あるいは法治主義の考え方が定着しつつあり,政治リーダーたちは,きまじめにルールに従って政治を運営していこうとしていたことがわかる.皇帝の専制権力のもとで,あるいは共産党の一元的支配のもとで,公権力に対する規制がほとんどなく,したがって立憲主義・法治主義がほとんど実現されていなかった帝政期やソ連期に比べて,現在のロシアの政治が大きく変化したことは明らかである.プーチン(Владимир Владимирович Путин)期に入ってからは,さすがにロシア政治も安定してきたと見なされるようになった.経済も非常に好調との評価である.プーチン政権は,行き過ぎた地方分権化や政権と財閥との癒着構造といった前政権からの負の遺産を清算しつつ,イスラム過激派によるテロなどの国内治安問題や政党制の育成,行政改革などに取り組んでいるが,立憲主義についてはエリツィン期においておおむね基礎が確立したと言える.本章でもっぱらエリツィン期が扱われているのはそのためである.

もちろんロシア政治に問題がないわけではない.例えば,共産党以外の政党がいずれも組織的に脆弱なために,国民は政党というチャンネルを通じて自己の利益を表出することが難しく,その結果,執行権力への直接的ロビイ活動を通じて利益を実現しようとする傾向が強い.このことが政治的腐敗の要因ともなっている.またロシアのマスコミは,営業収入への依存度が低く,執行権力あるいは特定の大企業などからの資金援助に依存しており,それらの影響を受けやすい.したがって,ロシアの選挙それ自体はおおむね民主的に実施されているものの,執行権力や大企業がマスコミを通じて選挙結果を操作できる余地が少なからず存在する.とはいえ,野党が一定の議席を占めていることから見て,必ずしもロシア国民の多くが受動的浮動層であり執行

権力によって操作されているというわけではない．ロシアの選挙がそれなりに民意を反映していることは，世論調査や選挙結果の分析，あるいはフィールドワークを通じて明らかになってきている．そのことは参考文献一覧の中の選挙関連の拙稿で確認されたい．

◆註
1) Dahl (1971).
2) Diamond, Linz, and Lipset (1988).
3) Huntington (1991).
4) Anderson (1999).
5) White, Pravda, and Gitleman (2001 : 289-290).
6) Fish (2001 : 215-251).
7) 1997年当時のロシア連邦国家会議の会派構成は以下のような状況であった．

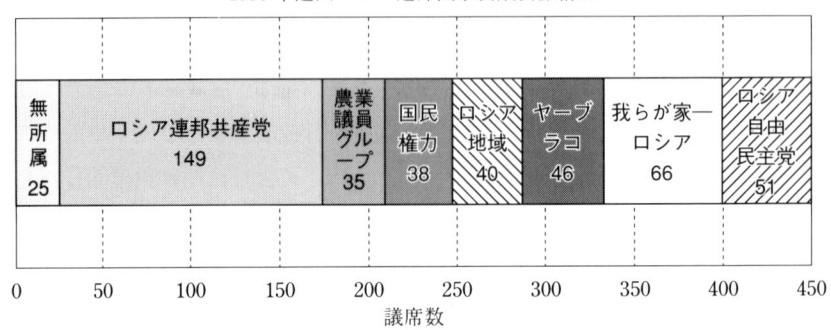

1995年選出ロシア連邦国家会議会派構成

| 無所属 25 | ロシア連邦共産党 149 | 農業議員グループ 35 | 国民権力 38 | ロシア地域 40 | ヤーブラコ 46 | 我らが家—ロシア 66 | ロシア自由民主党 51 |

議席数

8) ロシア連邦共産党については，*Независимая газета*, 31 марта 1998 г., с. 1, 3 を，「ヤーブラコ」については，*Российские вести*, 1 апреля 1998 г., с. 2 を参照．またロシア連邦共産党中央委員会総会におけるキリエンコ不支持決定については，*Советская Россия*, 4 апреля 1998 г., с. 1 を参照．
9) ロシア自由民主党については，《Кириенко заручился поддержкой ЛДПР》, in http://www.nns.ru/archive/chronicle/1998/04/01.html を，「我らが家—ロシア」については，*Независимая газета*, 3 апреля 1998 г., с. 1 を参照．
10) См.：《Виктор Черномырдин вернулся из Крыма в Москву》, in http://www.nns. ru/archive/chronicle/1998/08/27.html ；《Черномырдин, Строев и Лужков отбрасывают все личные амбиции》, in http://www.nns.ru/archive/chronicle/

1998/08/28.html

◆参考文献
日本語文献

上野俊彦．1996．「1996 年ロシア大統領選挙」北海道大学スラブ研究センター「スラブ・ユーラシアの変動」領域研究報告輯『大統領選後のロシア政局の行方』15：3-19．

上野俊彦．1997．「ロシアの 1995 年国家会議選挙と 1996 年大統領選挙の結果の分析」『ロシア・東欧学会年報』25：119-141．

上野俊彦．2001．「プーチン政権とロシア国内情勢」『ロシア・東欧学会年報』29：1-11．

上野俊彦．2001．『ポスト共産主義ロシアの政治：エリツィンからプーチンへ』日本国際問題研究所．

川端香男里・佐藤経明・中村喜和・和田春樹・塩川伸明・栖原学・沼野充義監修．2004．『新版 ロシアを知る事典』平凡社．

木村明生．2002．『ロシア同時代史 権力のドラマ：エリツィンからプーチンへ』朝日新聞社．

小森田秋夫編．2003．『現代ロシア法』東京大学出版会．

下斗米伸夫．1997．『ロシア現代政治』東京大学出版会．

下斗米伸夫．1999．『21 世紀の世界政治 4 ロシア世界』筑摩書房．

竹森正孝訳・解説．2000．『ロシア連邦憲法』七月堂．

廣岡正久．2000．『ロシア・ナショナリズムの政治文化』創文社．

藤田勇・杉浦一孝編．1998．『体制転換期ロシアの法改革』法律文化社．

皆川修吾編．1999．『移行期のロシア政治』渓水社．

皆川修吾．2002．『ロシア連邦議会―制度化の検証：1994-2001』渓水社．

森下敏男．2001．『現代ロシア憲法体制の展開』信山社．

ユーラシア研究所編．1998．『情報総覧 現代のロシア』大空社．

英語文献

Anderson, Lisa (ed.). 1999. *Transitions to Democracy*. New York : Columbia University Press.

Barany, Zoltan, and Robert G. Moser (eds.). 2001. *Russian Politics : Challenges of Democratization*. Cambridge, New York, Oakleigh, Madrid, and Cape Town : Cambridge University Press.

Brown, Archie (ed.). 2001. *Contemporary Russian Politics : A Reader*. Oxford and New York : Oxford University Press.

Brown, Archie, and Lilia Shevtsova (eds.). 2001. *Gorbachev, Yeltsin, and Putin : Political Readership in Russia's Transition*. Washington, D.C. : Carnegie

Endowment for International Peace.

Colton, Timothy J. 2000. *Transitional Citizens : Voters and What Influences them in the New Russia.* Cambridge and London : Harvard University Press.

Dahl, Robert A. 1971. *Polyarchy : Participation and Opposition.* New Haven : Yale University Press（高畠通敏・前田脩訳．1981．『ポリアーキー』三一書房）．

Diamond, Larry, Juan Linz, and Seymour M. Lipset (eds.). 1988. *Politics in Developing Countries : Comparing Experiences with Democracy.* Lynne Rienner.

Fish, M. Steven. 2001. Conclusion : Democracy and Russian Politics. In Zoltan Barany and Robert Moser (eds.). *Russian Politics : Challenges of Democratization.* Cambridge : Cambridge University Press.

Gill, Graeme, and Roger D. Markwick. 2000. *Russia's Stillborn Democracy ? From Gorbachev to Yeltsin.* Oxford and New York : Oxford University Press.

Herspring, Dale R. (ed.). 2003. *Putin's Russia : Past Imperfect, Future Uncertain.* Lanham, Boulder, New York, Oxford : Rowman & Littlefield Publishers, Inc.

Huntington, Samuel P. 1991. *The Third Wave : Democratization in the Late Twentieth Century.* Oklahoma : University of Oklahoma Press（坪郷實・中道寿一・藪野祐三訳．1995．『第三の波：20世紀後半の民主化』三嶺書房）．

Husky, Eugene. 1999. *Presidential Power in Russia.* Armonk and London : M.E. Sharpe.

Lane, David, and Cameron Ross. 1999. *The Transition from Communism to Capitalism : Ruling Elites from Gorbachev to Yeltsin.* Macmillan（溝端佐登史・酒井正三郎・藤原克美・林裕明・小西豊訳．2001．『ロシアのエリート』窓社）．

Lukin, Alexander. 2000. *Political Culture of Russian 'Democrats'.* Oxford and New York : Oxford University Press.

McFaul, Michael. 2001. *Russia's Unfinished Revolution : Political Change from Gorbachev to Putin.* Ithaca and London : Cornell University Press.

Moser, Robert G. 2001. *Unexpected Outcomes : Electoral Systems, Political Parties, and Representation in Russia.* Pittsburgh : University of Pittsburgh Press.

Nichols, Thomas M. 2001. *The Russian Presidency : Society and Politics on the Second Russian Republic.* New York and Basingstoke : Palgrave.

Nicholson, Martin. 1999. *Towards a Russia of the Regions.* Oxford and New York : Oxford University Press.

Remington, Thomas F. 2001. *The Russian Parliament : Institutional Evolution in a Transitional Regime, 1989-1999.* New Haven and London : Yale University

Press.

Robinson, Neil. 2002. *Russia : a State of uncertainty*. London and New York : Routledge.

Robinson, Neil (ed.). 2000. *Institutions and Political Change in Russia*. London : Macmillan, New York : St. Martin's Press.

Ross, Cameron. 2002. *Federalism and democratisation in Russia*. Manchester and New York : Manchester University Press.

Sakwa, Richard. 2002. *Russian Politics and Society, Third Edition*. London and New York : Routledge.

Smith, Kathleen E. 2002. *Mythmaking in the New Russia : Politics & Memory during the Yeltsin Era*. Ithaca and London : CornellUniversity Press.

Smith, Steven S., and Thomas F. Remington. 2001. *The Politics of Institutional Choice : The Formation of the Russia State Duma*. Princeton and Oxford : Princeton University Press.

Treisman, Daniel S. 1999. *After the Deluge : Regional Crises and Political Consolidation in Russia*. Ann Arbor : The University of Michigan Press.

Upadhyay, Archana. 2000. *Emergence of Multi-Party System in the Russia Federation : Problems and Prospects*. Denver : iAcademicBooks.

Weigle, Marcia A. 2000. *Russia's Liberal Project : State-Society Relations in the Transition from Communism*. University Park : The Pennsylvania State University Press.

White, Stephen. 2000. *Russia's New Politics : The Management of a Postcommunist Society*. Cambridge, New York, and Oakleigh : Cambridge University Press.

White, Stephen, Alex Pravda, and Zvi Gitelman (eds.). 2001. *Developments in Russian Politics, Fifth edition*. Basingstoke : Palgrave.

ロシア語文献

Беляева Людмила. 2001. *Социальная стратификация и средний класс в России*. Москва : 《Akademia》.

Гельман В., С. Рыженков, М. Бри (ред.). 2000. *Россия регионов : Трансформация политических режимов*. Москва : Издательство 《Весь Мир》.

Гельман В., Г. Голосов., Е. Мелешкина (ред.). 2002. *Второй электоральный цикл в России (1999-2000гг.)*. Москва : Издательство 《Весь Мир》.

Голенкова З. Т. (ред.). 1999. *Социальное расслоение и социальная мобильность*. Москва : 《Наука》.

Голосов Г. В. 1999. *Партийные системы России и стран восточной Европы*. Москва : 《Весь Мир》.

Гранкин И. В. 2001. *Парламент России*. Москва : Издательство гуманитарной литературы.

Ёлчев В. А., Н. А. Васецкий, Ю. К. Краснов. 2001. *Парламентаризм и народное представительство в России : история и современность*. Москва : Издательство Государственной Думы.

Иванов В.Н. и О.А. Яровой. 2000. *Российский федерализм : становление и развитие*. Москва : Редакционно-издательский центр Института социально-политических исследований РАН.

Люхтерхандт-Михалева Г. и С. Рыженков (ред.). 2000. *Выборы и партии в регионах России*. Москва и Санкт-Петербург : Международный институт гуманитарно-политических исследований (ИГПИ) и Издательство 《Летний сад》.

Макфол М. и А. Рябов (ред.). 1999. *Российское общество : становление демократических ценностей ?* Москва :《Гендальв》.

Перегудов С. П., Н. Ю. Лапина, И. С. Семененко. 1999. *Группы интересов и Российское государство*. Москва :《Эдиториал УРСС》.

公文書

Вестник Центральной извирательной комиссии Российской Федерации. Издательство《Российский центр обучения избирательным технологиям》（月刊）

Государственная Дума. Стенограмма заседании. Бюллетень. Издательство《Известия》（不定期刊）

Российская газета. Издательство《Российская газета》（日刊）

Собрание законодательства Российской Федерации. Издательство《Юридическая литература》Администрации президента Российской Федерации（週刊）

新聞・雑誌

『ロシア月報』ラジオプレス（月刊）

『ロシア研究』日本国際問題研究所（年1回刊．2002年まで年2回刊）

『ロシア・東欧学会年報「ロシア・東欧研究」』ロシア・東欧学会（年1回刊）

Europe-Asia Studies. Taylor & Francis, Ltd.（隔月刊）

Независимая газета. Редакция《Независимой газеты》（日刊）

Коммерсантъ Власть.《Коммерсантъ. Издательский Дом》（週刊）

ホームページ

上野俊彦のホームページ　http://www.geocities.co.jp/CollegeLife/9354/index.html

スラブ研究リンク集　http://src-h.slav.hokudai.ac.jp/link/index.html

日本外務省ロシア情報ページ　http://www.mofa.go.jp/mofaj/area/russia/

Яndex（ロシア語情報検索サービス）　http://www.yandex.ru/

ロシア連邦大統領　http://president.kremlin.ru/

新刊案内 価格は税別

アフガニスタン ―再建と復興への挑戦―
総合研究開発機構・武者小路公秀・遠藤義雄編著
四六判 3500円

国家再建復興は可能か。人びとのための援助とは。強まる軍閥の影響。治安の悪化。国際社会やNGOができることとは何か。日本のとるべき支援は。

装幀：大貫デザイン事務所

北東アジアの環境戦略 ―エネルギー・ソリューション―
北東アジア環境配慮型エネルギー利用研究会編著（NIRAチャレンジブックス）
四六判 2500円

持続可能な発展をめざして環境負荷軽減、CDMの利活用、域内環境協力への戦略は何か。

近代群馬の民衆思想 ―経世在民の系譜―
高崎経済大学附属産業研究所編（叢書）
A5判 3200円

経済活動や富の形成と民衆との関わりを描く。

現代イギリスの地方財政改革と地方自治
小林昭
A5判 4500円

一九六〇～八〇年代の財政改革とその挫折、サッチャリズムと福祉国家・地方自治の危機など、様々な角度から検証する。

かまど神と「はだかかべ」
新長明美
四六判 2500円

旧仙台藩領の竈神の面を祀る習わしと一左官の生涯。

コーヒーと南北問題 ―「キリマンシャロ」のフードシステム―
辻村英之
A5判 4200円

多様な理論の検討により、貧困緩和やフェア・トレード等を視野に解明。

食品安全問題の経済分析
中嶋康博
A5判 4200円

変わる食生活、深化したフードシステム、現代の食品安全対策のあり方を経済学から考える。

戦時下アジアの日本経済団体
柳沢遊・木村健二編著
A5判 5200円

軍や政府機関と連携しながら果たした役割とは。

太平洋戦争と石油 ―戦略物資の軍事と経済―
三輪宗弘
A5判 5400円

軍事と経済の関係を日米一次資料を駆使し、実証的に分析。

イギリス都市史研究 ―都市と地域―
イギリス都市農村共同体研究会・東北大学経済学経営史研究会編
A5判 6300円

一六～一七世紀の都市と農村の変遷を様々な視点から描く。

ヨーロッパ統合の社会史 ―背景・論理・展望―
永岑三千輝・廣田功編著
A5判 5800円

「普通の人々」の相互接近の歴史からなにを学べるか。

評論 第142号 2004年4月1日発行　発行所 日本経済評論社
〒101-0051 東京都千代田区神田神保町3-2
E-mail: nikkeihy@js7.so-net.ne.jp
http://www.nikkeihyo.co.jp
電話 03(3230)1661
FAX 03(3265)2993
〔送料80円〕

でいいんだ」とでも言うように少年たちの肩を抱く。少年たちも悪びれていない。勝ち進むたびにその仕種から、済美高の文化のようなものが感じられ、涙ぐんだりした。チームづくりは人づくりと言われる。少年たちをビシビシ叱りつけることではない。リーダー（監督）の生き方というか、問題に対する対処の仕方を学習させることか。野球にしても、ラグビーにしたって、始めてから終わりまでの物語がある。途中でいくつもの問題に遭遇する。それをどう乗り切るか、降参するかなのだ。リーダーとは者共に君臨するのではなく、者共の心の拠り所となることなのだ。済美の監督と少年たちは、いいことを教えてくれた。うん、理論より比喩がいい。分析より勘だ。理性よりも夢がいい。効率よりも有効性だ。会社という小世界も全世界に繋っている。たかが野球でなかったこの原理を社会人ぶっている者の集まっている「カイシャ」の世界で実現してみたい。遅すぎることはない。母親に大事に育てられたか。そうでなかったら、会社で大事にしてやろうじゃないか。いろんなことを話し合う家庭に育ったか、そうじゃないなら、会社でいろんなことを話し合おうじゃないか。こんな奴の親の顔が見たいなどと、突っ放してはこの子の不幸はいつまでも続く。ご希望どおり月給が上がらないなら、そんなことに力を出そう。聞きもしないのに「お前んとこの企画は甘い」とS書店のS社長のご忠告。大きなお世話だ、放っといてくれ、とは言わない。そんな世間の目も後ろのポッケにしまいこんで、新年度より、青白き我等は、新しい気持ちで「新チーム」づくりに一汗かいてみようとしている。▼恩師と言えば本人は不満かもしれない。飲み屋で知り合った十数年の経緯がこちらが寂しい。一九九四年まで東大にいて、その後の十年をずっと武蔵大学の高座に座りつづけた柴垣和夫先生の退職祝賀会にお招ばれしてきた。第一部、最終講義。題して「大学生活の半世紀」。A4判十数頁にギッシリ書かれた草稿を渡され、講座派から宇野学派に転向（？）していく経緯が粛々としかも昂然と語られた。知っているつもりだったが肉声で聞かされると、またちがった迫力があった。かなり若くして博士となり、単著八、共著書三五、論文九三、報告その他小論・書評等二八四、これだけ書かなければならなかった日々を思うと遊ぶ暇はなかったみたいだが、本郷の春宵も、新宿の晩夏も隅で静かにチビチビ飲んでいた風はない。証拠は、言っていいのかな、続くパーティで悪友らしき風情が一団をつくっていたし、数多いご婦人方が華麗に振る舞っていたからだ。

（吟）

神保町の窓から

▼『週刊文春』に販売禁止の仮処分決定が出された記事には驚いた。田中真紀子衆院議員の長女の私生活に関して、プライバシーか表現の自由かという権利の問題である。週刊誌は一週間単位で新刊となり、発売から三日も経てば『国民の知る権利』を振りかざすにはあまりに脆弱としか言いようがない」と。週刊誌とそのライターを小馬鹿にしてはいないか。志の高いのは朝日で、志も感じられないのが文春だとでも言いたいのか。言論の自由とは、何の制約も受けず勝手に言っていいというのが原則だろう。その先で責任をとる、ということが待ち受けているのだ。何かを発言する前に公権力が出動しそれを封じ込めることが問題なのだ。そこには言論の選別がある。合格する言論と不合格の言論なんてあるのか。だいたい誰がその判定をするのだ。出版の世界にも同じような理屈がある。いい出版・悪い出版、高級な出版・下品な出版、こういう基準は「言論の自由」を獲得しようとしている者は持ってはならない。あらゆるものに接して自らが断を下せる条件が必要なのだ。それができるようになるには苦行をせねばならぬが、その上で、われわれは快楽と理性をコントロールできる「人」となることができるのではないか。何でも読むことができるのに、何も読まないでいい社会の方がよっぽどよいのだ。▼センバツは、創部三年目という済美高校の方がよっぽど暖かい笑顔が印象に残った。全試合を観ていたわけではないが、済美の監督の暖かい笑顔が印象に残った。打っても、エラーしても、「それ利のプライバシーか表現の自由かという権利の問題である。週刊誌は一週間単位で新刊となり、発売から三日も経てば販売禁止はもってのほかだが、司法の、販売禁止の運命にある。週刊誌の生死にはスピードがあるのだ。待ってましたと言わんばかりの対応の速さにも異常を感じた。国家というか政治体制は常に新聞・出版・雑誌という報道については敵視にも似た眼差しをもっているように見える。最近の動向から愚考しても、政治の力が司法の判断を揺さぶっていないか、と言いたいのだ。いま、人権やプライバシーの保護が声高に叫ばれるなかで、表現や報道・出版の自由がかなり危うくなっている。ながい間『朝日新聞』を取ってきた。無理して広告も出している。その『朝日』三月中旬夕刊「素粒子」氏の言はいただけない。ニューヨーク・タイムズがペンタゴンの秘密文書の中身を掲載し続けたことを高く評価するあまり、こう筆が滑る。「彼らには『志』とは何か。『表現の自由』とかいま週刊文春の『志』とは何か。『表現の自由』とか

らったPROの検索システム（Public Record Ofiece Online Catalogue）はすばらしく、単語を入力して検索すると、ピンポイントで、資料が次々とクリーンヒットしてくるではないか。見れば見るほどいてもたってもいられなくなり、日本で十二分に検索後、プリントアウトした資料概要・請求番号をカバンに入れ込み、いざロンドンへと出発した。

PROでは事前の予想通り順調にコピーが進み、満足しながらも、米国のアーカイブの経験から、目録も見ておいた方がいいだろうと考え、目録室にも足を運んだ。目録室にある戦時内閣の閣議決定文書をながめていたら、なんと、ハルが暫定協定案に反対したとみなした「イーデンのメッセージ」に関する閣議決定文書があるではないか。日米暫定協定文書・議事録が締結さ

れるという前提で、米国が日本に譲歩しすぎないことを杞憂し、あれこれ注文を出すが、イギリスは暫定協定そのものには反対でない趣旨が明記されている。「こんなことがあっていいのか、本当なのか」と思いつつ、二〇世紀を決定づけた「ボタンの掛違い」、英米コミュニケーション・ギャップの歴史に与えた大きさに思いを馳せながら、歴史の怖さを思い知った。第四章「ハル・ノートと暫定協定案」の構想が資料で裏づけが取れた瞬間だった。

土曜日の午前中PROで一仕事し、歩いて二分のB&Bに戻り一休みして、ルンルン気分で、少し早いが空港に行く準備をしようと思ったが、上着がない。上着の内ポケットにはパスポートと航空券が入れてある。「あー座席にかけたままだ」最悪事態を想起しつつ、冷や汗タラタラでPROに走り、警備

員にドアをあけてもらい、事情を説明し、座席まで案内してもらった。上着は「ない」。目が眩んだが、幸いにも警備員室に届けられていた。パスポートと航空券を手に取り「God Helps Me!」と何度も叫びながら、警備員と握手した。危機一髪であった。

RROの一階にレストランがあり、朝飯は一〇時から一一時まで、一一時半から二時までランチをやっている。近くにスーパーもあり、寿司も手に入る。Kew Gordens 駅近辺には、銀行、パブがあり午前七時半には開くコーヒー屋で朝飯も取れる。またPROに来るぞ！

［みわ・むねひろ／九州共立大学助教授］

三輪宗弘

太平洋戦争と石油

A5判　本体五四〇〇円

『太平洋戦争と石油』と海外アーカイブ

三輪 宗弘

本稿は拙書の紹介を兼ねながら、米国国立公文書館と英国国立公文書館PROの紹介を行ないたい。

米国国立公文書館のRG（Record Group）一三一資料を駆使したのが、第八章「三井物産と米国石油会社ソコニーの揮発油販売契約」である。真珠湾攻撃直後に米国が日本・ドイツ・イタリア企業の資料を接収したのが、この資料群であり、主に銀行や商社の資料からなっている。筆者が閲覧したのは三井物産の石炭部の資料であったが、これだけでも膨大な量であった。残念だったのは一九四〇から一九四一年のいい資料が抜き取られていたことであっ た。米国が日本の戦争遂行能力の調査に使ったのであろう。またRG一三一には法務省の、三省（法務、財務、国務省）からなる資産凍結委員会関連資料が紛れ込んでいる。ほかにもハワイの日系企業やドイツの影響下の地域の海外展開していた米国企業の調査・尋問記録がある。ドイツ企業IGとスタンダードグループの関係とか、ハワイの邦人銀行などの資料は量もあり、価値があると思った。アーキュビストのF. Romanski氏が親切な方なので、助けていただいた。

第四章も資料にめぐまれた。主にこの章で使ったのは、英国国立公文書館PRO（ピィロー）所蔵の資料である。米国で知り合ったドイツ人に教えても らった「山勘」で開き、パラパラ見ていたら、Foreign Funds Control Activitiesという資料群があり、資料請求したらそのものズバリであった。米国国立公文書館の検索システムOASISでは引っかからない重要資料があることを実感した。日本側の資料は、外務省外交史料館の『各国ニ於ケル資産凍結及影響関係雑件』に網羅されていた。第三章「資産凍結後の石油決済資金ぐる日米交渉」は日米の発掘資料で書き上げることができた。

W. T. DeCesar氏に協力を仰ぎ、キーワード検索や人名検索で探したが、発見できず、絶望的な状況にあったのだが、帰国前日に目録チェックリストを 財務省の保有していた資産凍結関連資料は、RG五六のアーキビストの

ている高品質豆が、日本では主流品として販売されているという消費構造の特質からも、その消費者価格の高さを説明できる。

それゆえ低価格→生産者の意欲減退→低品質豆→低価格という悪循環を導く今回の「コーヒー危機」は、高品質豆を求める日本の主流コーヒー業者にとっても大きな危機であり、この日本でこそ、業界全体での積極的な対応が求められているのである。

以上の「コーヒー危機」の下で、コーヒーのフェア・トレードの意義がこの上なく高まっている。その国際的な認証基準によると、フェア・トレードはニューヨーク先物価格の低迷時に、輸出価格（↓生産者価格）を下支えするため、最低輸出価格（生産コストを差し引いても生産者に利益が残る最低水準の輸出価格）を固定する。先物価格が上昇すると従来通りに戻ってしまうという中途半端さはあるが、一つめの「不公正さ」を避け、「生産コストと一定の利益（生活水準）を基準にする望ましい価格形成のあり方だと考える。

同じくその認証基準は、生産地の社会開発経費として利用される「フェア・トレード・プレミアム」の支払を義務付ける。上記の下支えは、生産者価格と消費者価格の格差拡大を避けるが、さらにこの利益の一部を生産地へ還元することによって、二つめの「不公正さ」が間接的に改善する。

残された課題は、この生産者支援につながる高価格コーヒーをいかに販売するかであるが、日本のレギュラー・コーヒー市場における販売シェアは一％にも満たず、イギリスの七％を大きく下回る。日本における今後のフェア・トレードの発展は、「生産者支援コーヒー」に強く引き付けられる、生産者との「共生」の価値観を持った消費者の増加に強く依存していると言えよう。

［つじむら・ひでゆき／京都大学農学研究科助教授］

キリマンジャロ・コーヒーの収穫

中嶋康博
食品安全問題の経済分析
A5判　本体四二〇〇円

辻村英之
コーヒーと南北問題
A5判　本体四二〇〇円

「コーヒー危機」とフードシステム

辻村 英之

日本は世界第三位のコーヒー消費国であるが、「アメリカと中南米」「EUとアフリカ」のような、コーヒー生産国との強い政治的関係を持たない。それゆえ、二〇〇二年九月から一〇月にかけて世界中で大きく報道された「世界の二五〇〇万人のコーヒー生産者が貧困にあえぐコーヒー危機」も、日本においては強い話題にならなかった。

この「コーヒー危機」の要因を解明するため、タンザニア産のコーヒー（キリマンジャロ・コーヒー）を事例とし、そしてフードシステム論的なアプローチを援用する、つまりタンザニアにおける生産から日本における消費までの各流通段階における、構成主体間の相互依存的な関係の連鎖を分析すると、大きく二つのコーヒー・フードシステムの「不公正さ」が浮かび上ってくる。

まずはニューヨーク・コーヒー取引所で決まる先物価格を、あらゆる流通段階における価格設定の基準としていることの「不公正さ」である。遠く離れた消費国側で基準価格が決まるため、生産者はその情報を得にくいし、自らの供給調整による生産者価格の引き上げが困難となる。またニューヨーク先物価格を動かすのは、ブラジル産コーヒーの供給実勢、そしてそれを参照してアメリカにおいて「ニッチ」とされて価格差益を追求する投機家の行動であり、タンザニアコーヒーの供給実勢や生産者の必要性は全く反映しない。

今回の「コーヒー危機」は、ブラジルの豊作とそれにともなうニューヨーク取引所からの投機家流出により、この先物価格が二〇〇一〜〇二年にかけて、「史上最安値」の水準にまで落ち込んだことを一要因とする。

もう一つの「不公正さ」は、生産者価格と消費者価格の大きな格差である。例えば一杯四五〇円のキリマンジャロ・コーヒーを飲む場合、三・四五円が生産者の取り分となっているに過ぎない。多国籍企業が生産者の必要性を無視して安価に調達した原料豆に対して、恵まれた競争構造の下にいる日本の大手焙煎業者が、自由にフルコストを上乗せしてきたからである。また欧米、特にアメリカにおいて「ニッチ」とされ

収入を加盟国からの分担金や拠出金で賄っているが、米国のように議会主導で国連に対して分担金を滞納し続けた国もあるとはいえ、少なくとも日本国内においてその可否が問われることはめったにない。しかし、昨今の厳しい国内の経済状況下で、グローバリゼーションの進む現代国際社会の一員として、政府・非政府を問わず、費用負担者として、「国際機関の活動が公益を担っているのか、また加盟国(およびその国民)の利益に適っているのか」と考えるのは当然のことではないであろうか。

もともと私自身は国際機関での勤務経験はないが、右記の問題意識から、総合研究開発機構(NIRA)主催の研究会の一員として国際機関の運営に対する理解を深める機会を得た。その成果として『国際機関と日本』(田所

昌幸・城山英明編、日本経済評論社、二〇〇四年)が出版されるが、ここでは研究会活動を通じて特に強く実感したことだけを述べると、国際機関の運営がそれぞれ多様であることもさることながら、国家機関や民間企業と同様に、別の顔、いわゆる官僚制とその弊害も見られたことである。

主に私的利益を追求する民間企業と異なり、国際公益という捉えがたい利益を標榜する国際機関を評価するには、さまざまな困難が伴うため、安易に国際機関の運営を批判するのは妥当ではない。しかし、誤解を恐れず言えば、国際公益という美名の下に、国際機関間の縄張り争いをはじめとする組織的な問題や、同じポストに同一人物や同一国籍の者が占め続けるといった非公式的な問題などが生じていることも事実なのである。

「代表なければ課税なし」——日本の国連安全保障理事会常任理事国入りを実現するための根拠としても主張されるこの言葉は、国際機関と日本政府の関係のみならず、日本政府と市民の関係にも当てはまる。したがって、国際機関の活動が国際公益あるいは日本の国益に合致しているか、またその国際公益と国益に整合性はあるか、といった問題を考えることが重要となる。ゆえに、我々は国際機関の別の顔、すなわち政府間の利害調整の場とは異なる側面にももっと着目すべきではないであろうか。

[ふるかわ・こうじ/中京大学法学部専任講師]

田所昌幸・城山英明編

国際機関と日本

A5判　本体五〇〇〇円

国際機関の別の顔

古川　浩司

　二〇〇三年の米英軍によるイラク攻撃は、国際連合（以下、国連）主導の集団安全保障体制の限界を露呈した。

　しかし、冷戦時代には米ソの関与する事件が国連の場でほとんど取り上げられなかったことや、フセイン政権崩壊後に米国が国連協調主義に転じつつあることなどを考えると、冷戦後の国際社会における国連の権威はそれ以前より大きいと言っても過言ではない。ある講演会で元外交官は、この状況を日本の幕末期に例え、ブッシュ政権はそれを学ぶべきであると述べた。すなわち、かつて権力を持つ幕府が朝廷の権威を利用して日本全土を統治したよう

に、米国が国際社会でリーダーシップを発揮するためにはその力に依存するだけでなく、国連の権威も利用する必要があるというのである。この他にも、いわゆるグローバリゼーションの進展も相俟って、世界保健機関（WHO）による重症急性呼吸器症候群（SARS）対策や、世界貿易機関（WTO）閣僚会議での自由化をめぐる政府間対立など、国際政治における国際機関の影響力の増大を示す事例は枚挙に暇がない。

　一方、これまで国際機関が論じられる際、その制度的な側面（主要機関、構成、権限、意思決定、加盟国政府と

の関係など）に注目が集まることが多かった。国際機関は主権国家の集まりであると考えると、それ自体の政策よりもむしろ加盟国による意思決定の過信に対する日本を含む各国世論の過信に注目が集まるのは当然かもしれない。ただ、この見方の背後に、その運営実態に対する日本を含む各国世論の過信があることは否定できないであろう。

　しかし最近、その運営をめぐって、国際機関と非政府組織（NGO）や市民が対立する事例も出てきた。一九九九年のシアトルで開催されたWTO閣僚会議に反対するNGOの運動や、ブレトンウッズ機関主導の国際金融、開発途上国政策に対する批判などである。ただ、反対運動や批判を行う彼らは大きな壁に直面している。それは「彼らがいかにして国際機関の運営を変えることができるか」という問題である。

　現在、ほとんどの国際機関は、その

れず、歴史学界において認知されているかどうかは別の問題になる。

そのときである、大門正克の名前が浮かんだのは。

大門は、一貫して阪神大震災にコミットしてきた研究者である。その関わりは本誌における連載「歴史への問い／現在への問い」の第一回目に掲載された「震災が歴史に問いかけるもの」から始まるが《評論》一〇一号、一九九七年）、その中で大門は、歴史の中で見えにくくしたものを震災が見えやすくしたのではないか、と問うた。それ以降、大門が現代における歴史意識という問題に大きくステップを踏み出し、論文を発表したり、学会やシンポジウムにおいてパネリストとして発言を繰り返してきた経緯はよく知られていることであろう。

震災が現代社会において希薄化している「きずな」を再確認させたという地点からはじまったその思考は、個と共同性と国民国家という論点にいたり、その立場から大門は戦後の近代史研究を総括している（大門正克・小野沢あかね編『展望日本歴史21 民族世界への問いかけ』東京堂出版、二〇〇一年ほか）。

大門は震災後、神戸に足を運び、震災をあつかった『百合』との往還（震災・まちのアーカイブ、二〇〇〇年）の共著者にもなっている。実は、それは当時、神戸にいた私が大門の震災へのコミットメントを知り、コンタクトをとって実現したものであったが、それ以来、大門と私はともに震災と歴史学という領域において重なりあう問題意識を抱いてきたという実感がある。

とはいうものの、震災と歴史学について大門が感じているものと、私が感じているものは微妙にすれ違っている。二人ともたしかに、「震災」と「歴史」と「過去」と「現在」という同じものを見てはいる。だがしかし、「歴史」と「過去」に求める意味の差異が、これら四つのキーワードの配置に微細なレベルでズレをもたらしている。そのズレが、もしかしたら先ほどの震災が歴史学の対象かどうかという問題と関係があるかもしれない。

そんなことを列車の中で語ると、酔った勢いも手伝って「では、直接確かめよう」ということになった。もしかしたら、これは七〇年代生まれの我々にとって試金石になるのかもしれない。そんな予感をもかかえながら、ひたすらにぶくきしむ鉄路のひびきに身を任せていた。

［てらだ・まさひろ／国立歴史民俗博物館外来研究員］

シリーズ 歴史/記憶 1

記憶——歴史にあらがうもの(上)

寺田 匡宏

二〇〇四年二月六日、近代史の大門正克を囲んで行われた「歴史/記憶シンポジウム」の発端は、ベルリン発アウシュヴィッツ行きの夜行列車だった。
昨年一〇月、ベルリンとポーランドを一〇日間ほど旅した。この旅はトヨタ財団の研究助成によって実現したもので、戦争の記憶の表現を探ることを目的としたツアーである。参加したのは、一九七〇年代生まれ世代を中心とした一〇人ほどの研究者や詩人、映像プロデューサーという顔ぶれだった。
ベルリンを発ちポーランドのクラフヘひた走る夜行列車。深夜、人気のすっかりなくなった食堂車にビールを

持ち込んで話し込んでいたが、建築史の笠原一人と社会学の山本唯人から質問を受けた。お前のやろうとしているのは歴史学なのかどうなのか、というのである。
今回の旅において歴史を専門としているのは私だけであった。しかも、その私も、近世史の研究から現在は、一九九五年の阪神大震災やミュージアムにおける歴史展示と表現の研究に領域を移しつつある。ふたりには、私が歴史学から離れつつあるように、あるいは歴史学を放棄しているように見えたのだろう。旅の高揚感も手伝って、いささか挑発的な形で問いが発された。

その場では、即座に反論した。そうは言うが、ではいったい歴史学とはどのような条件を満たせばそう称されるものなのか。一九世紀の民衆の政治意識を解明することが歴史学であり、一九四五年の人々の精神構造を解明することが歴史学であるのと同じように、一九九五年の震災にあらわれた精神史を解明することも歴史学であるとどうして考えられないのか。歴史が過去の出来事を、そのある時点から再構成したものであるとしたら、それらは全つかうという点において、それは全て歴史学だと言えるのではないか。
「だが、それは歴史学界ではどう思われているのか」
最終的に問われたのはこのことである。仮に、阪神大震災が歴史学の対象であると言ってはみても、それは私人が言っていることに過ぎぬのかもし

6

の医師はこの一〇年間ほとんど増加していないのに、外来患者数、手術件数は約二倍に増え、その結果、医師・看護師らスタッフの健康さえも考慮される状態となっているとし、こう述べている。「私たちの士気は高く、国民を内なる敵のがんから守り、国民の平安と幸福に資すべく意気に燃えている。国は新年度予算で、警察官、海上保安官、入国管理官などの増員を認めた。日本の安全を考えてのことだろう。ならば、国民最大の関心事である自分と家族の健康を守るために、医師、看護師らの増員を考えてもらいたい」（傍点西成田）。ここで垣添氏は、「日本の安全」と「内なる敵のがん」を処置するための「医師、看護師らの増員」はおなじ次元の問題だと訴えているのである。

「軍事費を削って福祉の充実を」というスローガンは、上述のような政策的深みのなかでとらえられなければならない。とくに、日本にたいする軍事的侵略が考えられない以上、このスローガンはいっそう現実味を帯びている。

日本への軍事的侵略がないことは、実は日米両国の政治家がよく知っていることである。沖縄の海兵隊、横須賀の空母機動部隊、青森県三沢の空軍部隊など、日本に配備されている米軍で、ペンタゴン（国防総省）から日本防衛の任務を具体的に指示されている部隊はひとつもないということに、それは端的に示されている。

また、軍事戦略的にみても、日本への上陸型侵略が「功」を奏するためには制空権を掌握しなければならず、制空権を掌握するためには航空母艦を必要とするが、アジアで航空母艦を保有する国は無い。こうした侵略的軍事戦

略は、まさにこんかいの米軍によるイラク侵略で米軍がその典型的なお手本を示してくれたところである。

以上述べたような日本への侵略可能性という点からしても、軍事費は環境・雇用・医療・福祉などの分野に融解されなければならないのである。

[にしなりた・ゆたか／一ツ橋大学大学院教授]

W・フィッシャーほか／加藤哲郎監訳
もうひとつの世界は可能だ
――世界社会フォーラムとグローバル化への民衆のオルタナティブ

四六判　本体二五〇〇円

国際投機、福祉・環境、反戦、差別・暴力などさまざまな問題に世界の民衆が立ち上がった。

同時代史学会編
戦争と平和の同時代史

四六判　本体二二〇〇円

澤地久枝をはじめ二〇人の論客が熱く語る。

軍事費の融解

西成田　豊

　自衛隊のイラク派遣が憲法違反であることは、多くの民主的論者がくりかえし指摘したことであり、良識ある国民にとってはすでに常識に属する事柄である。したがって、ここではそれに屋上屋を架す議論を展開するつもりはない。本小文では、自衛隊のイラク派遣が違憲の自衛隊法に照しても違法行為であることを確認し、自衛隊法の「自衛」の意味を考えてみたい。

　自衛隊法はその第三条で「自衛隊の任務」を、「自衛隊は、わが国の平和と独立を守り、国の安全を保つため、直接侵略及び間接侵略に対しわが国を防衛することを主たる任務とし、必要に応じ、公共の秩序の維持に当るものとする」と規定している。自衛隊の海外派遣が、この「自衛隊の任務」規定にも違反することはあきらかである。

　しかしここで問題にしたいのは「侵略」からの「防衛」（自衛）とは具体的には、多くのテキストが明らかにしているように、国土の安全確保と国民の生命・財産を守ることを指し示していることである。そして、そのように解してよいとすれば、「自衛」に要する費用はかならずしも防衛庁費（軍事費）とはかぎらない。国土の安全確保と国民の生命・財産を守るためには、政府の手厚い財政支出が必要である。「外敵」からの「侵略」を「防衛」するために巨額の軍事費は確保されたものの、国土の環境は破壊され、国民は病に倒れ、リストラで自殺者は急増し（生命の喪失）、老後の貧困でなけなしの財産を取り崩さなければならないとしたら、何のための軍事費かと言わざるをえない。その意味で、建て前どおりとれば、軍事費と環境・雇用・医療・福祉費は一見相対立する費目のようにみえながら、もっともファンダメンタルのところで、国土の安全確保と国民の生命・財産を守るという点で、政策的に通底しているのである。

　国立がんセンター総長の垣添忠生氏は昨年（二〇〇三年）一二月三〇日付の『朝日新聞』への投稿文のなかで、国立がんセンターの窮状を訴えている。そのなかで同氏は、国立がんセンター

輸入を促進し、日本の食料自給率は他に類例をみない低水準に低下し、安全でなく安心できない食料が大量に輸入された。いかに食料安全保障を確保するかが国民の重要な課題となった。

(7) 農産物輸入の増大は日本の農産物の価格形成条件を一層悪化させた。山よりの条件不利地域から農業の担い手は去り、耕作放棄地が増大した。総じて農業経営条件は一層厳しくなった。そのようななかで、少数ながら専業的に農業を営もうとする上層経営も形成された。それは、経営規模や近代的機械・施設の装備の点で従来の水準を超えるのみならず、農地所有関係でも多くが借地経営として展開された。また、農家・農村労働力が深く賃労働市場に包摂された現状のもとで、その経営で働く専従的農業者は近傍の勤労者と同等の労働・所得条件を求め、そのため

にもしばしば経営を法人化した。戦前から戦後まもなくの上層経営は一般に、地主ないし自作富農（大農）であり、労働力も家父長制下の年雇や二、三男労働力に依拠するという地主的・前近代的性格をもっていた。今日の上層経営はそれとは段階を異にする「近代的」性格のものといえる。

(8) 九〇年代の長期不況とWTO体制下に戦後空前の事態が起きた。八〇年代までは農業所得は減っても、兼業所得とともにカバーされて農家所得はなお増えた。だが九〇年代は農業・兼業所得とともに農家所得が大きく減った。農業、農家経済の危機の発生といえる。

第二の、「社会主義」の研究についてはもはや紙数が尽きた。旧ソ連邦を中心とする国権的「社会主義」に対し

て、市場経済と結びつけて市民参加の自主管理型の民主主義的「社会主義」を目指した旧ユーゴスラビアに早くから関心を抱き、七四年以降何度も現地を訪れて実態調査した（『ユーゴ社会主義の実像』（共著）リベルタ出版、九〇年）。だが、この自主管理型「社会主義」追求の試みも、ユーゴスラビアがかかえた複雑な民族構成とからんだ内戦のもとで挫折した。中国やベトナムもいまや「社会主義市場経済」を掲げ、外資導入をてこに経済成長の路線を追求しつつある。

こうして、ぼくの関心はいま、マルクスが「後進国革命」についてあれこれ思考を重ねた跡を追うことにむけられている（『ヴェラ・ザスーリチへの手紙』など）。ぼくの探求の旅はなおつづきそうだ。

［てるおか・しゅうぞう／東京教育大学教授などをへて、現在、農業・農協問題研究所理事長］

とで日本の農業・食料・農民・農村の状況も戦前とは様変わりの変化をとげた。

(2) 構造再編の重要な一環をなす農地改革は、戦前期以来の地主制度をついに解体し、総じて零細経営からなる自作農体制を創出した。この解体は日本政府が独自ではついになしえなかったものだった。こうして農地改革は戦前からの飛躍を含む一画期だった。

(3) 自作農体制の創出は、農民に農業生産力を増進し、貧困を脱する契機を農地所有関係のうえで与えた。さらに農地改革につづく高度経済成長と「基本法農政」(六一年〜)が一定の時期と程度でそれを現実のものにした。

「基本法農政」は、高度成長下の食料需要の増大を、国内での増産によって賄う「選択的拡大部門」(コメ、畜産物、果実、野菜)と、アメリカを中心に外からの輸入増大に委ねる部門(ムギ、大豆、トウモロコシなど飼料穀物)に篩い分けしつつ、「自立経営」の育成による農工間の所得均衡の実現を謳った。六〇年代末までは、農民は選択的拡大部門の生産力増進に励み、農工にも支えられて農業所得も上昇し、農工間所得格差も縮小した。六〇年代は自作農体制の「開花期」といえた。

(4) だが、やがて逆風が吹き始めた。七〇年代以降、農業の中軸をなすコメが過剰化した。日本人の「食の洋風化」によるコメ需要の減退がこの過剰を促進した。食の洋風化はすでに、戦後の深刻な食料不足期のアメリカによるパンやミルクの食料援助によって準備され、経済成長に伴う所得水準の上昇と農産物市場開放の進展によって促進された。農産物価格形成条件は悪化し、基本法農政の目標に逆行するかたちで農工間所得格差が再び拡大した。

(5) だが、注目すべきは、高度成長下に若年層を中心に農家労働力の農外部門への空前の大移動と兼業所得の増大によって、農家の所得は七〇年以降、都市勤労者世帯の所得と均衡し、さらにそれを上回りさえしたことだ。家庭用耐久消費財の装備の点でも均衡化した。こうして、戦前来、日本の農村に特有だった貧農と、それを主題とした「農民文学」の基盤が消失した。

(6) 自動車・電気機器などの基軸工業=大企業は七〇〜八〇年代の円高の障壁を乗り越えて、国際競争力を強め輸出を伸ばし、多国籍企業化した。日本はアメリカにつぐ経済大国化した。政府は日米間の熾烈な貿易摩擦を貿易自由化推進による農産物の輸入増大によって緩和することに腐心した。九〇年代のWTOの発足はさらに農産物

同時代私史——後編

暉峻衆三

前編でのべたように、『日本農業問題の展開』上・下（一九七〇、八四年、東京大学出版会）で、幕末・明治維新期から戦後改革期までの農業問題の推移を資本主義の構造と展開と関連させて明らかにする仕事に一区切りつけてぼくは、いまを生きる研究者として、主としてつぎの二つの方向に研究を進めた。

第一は、従来の研究を継承する形で、戦後新たな構造のもとで大きな発展と変貌をとげる日本資本主義の農業問題を現局面まで明らかにすること。第二は、現存する「社会主義」の実態を明らかにすること。

第一の総括的研究は、時の経過とともに「成長」した。すなわち、幕末・維新期から一九七〇年代始めの高度経済成長期までを扱った『日本農業史』（八一年刊）、八五年のプラザ合意までを扱った『日本農業一〇〇年のあゆみ』（九六年）、二一世紀を展望しつつ二〇〇〇年までを扱った『日本の農業一五〇年』（二〇〇三年）（いずれも有斐閣）がそれである。そこでは、戦後期をぼくが単独で執筆した。

紙数がごく限られているので、いくつかの要点を拾いあげるに留めよう。

（1）農業・食料問題をふくめ戦後の日本の解明にとって決定的に重要なことは、日本が世界の軍事・経済・農業大国であるアメリカの「単独占領」下におかれ、そのもとで戦後改革（資本主義の構造再編）が行われたこと、それを土台にして、「東西冷戦」下の日米安保体制のもとで、戦前とは違って新鋭の重化学工業を基軸に空前の高度経済成長を実現したことである。この対米従属・依存下の経済大国化のも

評論

No.142

2004.4

同時代私史——後編	暉峻衆三	1
軍事費の融解	西成田豊	4
シリーズ 歴史／記憶　記憶――		
歴史にあらがうもの（上）	寺田匡宏	6
国際機関の別の顔	古川浩司	8
「コーヒー危機」と		
フードシステム	辻村英之	10
『太平洋戦争と石油』と		
海外アーカイブ	三輪宗弘	12
神保町の窓から　14／新刊案内　16		

―――― 日本経済評論社 ――――

ロシア連邦政府　http://www.government.gov.ru/
ロシア連邦議会国家会議（下院）　http://www.duma.gov.ru/
ロシア連邦中央選挙委員会　http://www.cikrf.ru/
Система（電子版法令集）　http://www.systema.ru/
Закон（オンライン法令図書館）　http://www.vcom.ru/law/rf_law_2.shtml
世論財団　http://www.fom.ru/
Российская газета（政府発行新聞）　http://www.rg.ru/
РИА-Новости（通信社）　http://en.rian.ru/rian/index.cfm
газета.ru（インターネット・ニュース）　http://www.gazeta.ru
РФН（国営インターネット・ニュース）http://www.rfn.ru/

第5章

トルコ

「上からの民主化」の特徴

間　寧

1　目的，概観，定義，分析方法

　トルコは1946年以来，複数政党制下で普通選挙を行っており，中東，イスラム諸国はもちろん，第三世界の中でも少なくとも手続き的民主主義（electoral democracy）を長く維持してきた国である．確かに軍部による2回（1960年と1980年）のクーデタもあったが，それは長期的軍事政権を樹立するためではなく，政治体制の危機回避を目的としていた．その意味で，トルコ民主主義は新興民主主義国家とは異なる特徴を持つ．

　トルコという「強い国家」[1]における過去3回の民主化は基本的に「上」から起きてきた．第1に，1923年の共和制樹立から23年間一党独裁を続けていた共和人民党（Cumhuriyet Halk Partisi）政権は，自らの決定により1946年総選挙で複数政党制を導入，1950年総選挙では野党民主党（Demokrat Parti）に敗れ，初の政権交代が実現した．第2に，その民主党政権が独裁化すると，軍部はこれを1960年クーデタで倒し，トルコで最も民主的とされた1961年憲法を，在野勢力と共同で起草した．第3に，1961年の民政移管，および治安回復のための1980年クーデタから3年後の民政移管も，社会からの圧力ではなく，軍事政権が当初から予定したものだった．つまり，トルコにおける民主化は大衆からの圧力よりも国家エリートの主導で進んできた．

本章では,「上からの民主化」の特徴を,その過程から明らかにする.
「上」(体制側)は漸進的民主化を試みるが,「下」(市民側)の政治参加要求
は急激に高まり,体制の受忍限度を超える.このため,「上」は民主化を部
分的に逆行させる.政治参加を抑制するための力ずくの「制度化」が定着す
ると,漸進的民主化が再開する.そのため,上からの民主化は,順波と逆波
(Huntington 1991)を織り交ぜながら跛行的に進んできた.この点を,市民
社会組織に対する国家規制の緩和と強化として通時的に実証する.
　トルコではすでに1946年にポリアーキー(Dahl 1971)がほぼ確立してい
る.そのため民主化の対象領域は選挙以外の集会・結社・表現の自由などに
移る.つまりトルコの民主化分析では市民社会の権利と自由の拡大過程に注
目する必要がある.以下の分析では,市民社会領域での民主化の尺度として,
社団と労働組合をめぐる法的規制を用いる[2].そして,その法的規制は緩和
と強化を繰り返してきたことと,これがトルコの民主化過程と密接に関わっ
ていたことを示す.

2　先行研究

　トルコの民主化についての研究は少ないが,上述の3つの民主化期ごとに
分けられる.それぞれの時期で,民主化全般を扱うものと,エリート,投票
行動,政党政治などに絞った分析がある.
　第1の時期(1946年以降)には,複数政党制への移行により,エリートや
政策が社会構造をより代弁する構造に変化した.国会議員の出身背景は,複
数政党制への移行とともに,軍人・官僚に代わって,実業家の比率が高まっ
た(Frey 1965).また大衆票を狙う野党は,宗教活動の自由化を訴えた
(Duman 1997).なお,カルパット(Karpat 1959)は複数政党制への移行と
いう同時代史を広範な資料で構造的に分析した一級の研究書である.
　第2の時期(1960年以降)は,民主的憲法(Tanör 1986)の導入により政
治の多元化がすすむとともに比較的高い経済成長が続いた.投票参加は,社

会経済的発展が進むにつれて動員的から自発的なものに変わった (Özbudun 1976, 1980). 国会議員活動でも, ケニアや韓国と比べると, 政策志向が強く, 選挙区サービス一辺倒ではなかった (Kim, et al. 1984). アフマッドの研究 (Ahmad 1977) はカルパット (Karpat 1959) の手法を受け継いだ, この時期についての最良の同時代史である.

第3の時期 (1983年以降) は, 3年間の軍事政権を経験したこともあり, 再民主化が1つの大きなテーマになった (Heper 1988, 1994). また, 1983年以前からの変化・継続性で言えば, トルコ政治に深く関わってきた国軍が政治介入を弱めた一方 (Hale 1994), 大多数の有権者が中道右派・中道左派政党を依然として支持した (Kalaycıoglu 1994 ; Ergüder 1995).

1990年代になると新たな変化が生まれた. 政党制度は多党化の度合いを強め, 有権者のイデオロギーは右傾化した (Esmer 1999 ; Kalaycıoglu 1999). また, クルディスタン労働者党 (PKK＝クルド地域の分離独立を掲げる非合法組織) の武装闘争の激化 (Kirişçi and Winrow 1997) やイスラム運動・親イスラム政党の台頭 (Çakır 1990, 1994) に伴い, 国家の一体性と世俗主義を擁護する軍部は, 政治的発言を強めるようになった. ただし, これが軍部の影響力の拡大につながるかについての研究はまだ見あたらない.

3 「上からの民主化」の過程──3歩進んで2歩下がる[3]

トルコにおける上からの民主化過程の特徴は, 国家による社会に対する統制が緩和と強化を繰り返してきたことである. 図5-1は, 市民社会 (具体的には社団 (表5-1) と労働組合 (表5-2)) に対する国家の法的規制の変化を表している. 民主化がこのような経路をたどったのは, トルコの国家エリートが政治参加をあくまでも漸進的に拡大させたかったからである. 民主化への上からの改革が起きると, 新憲法導入や個別法自由化などにより政治の法的枠組みがより参加的なものに変わる. しかし新しい法体系が国家の予想を上回る政治参加を引き起こすと, 国家は憲法や個別法が当初保障した権利や自

図 5-1　緩和と強化の繰り返し 1908〜2003 年

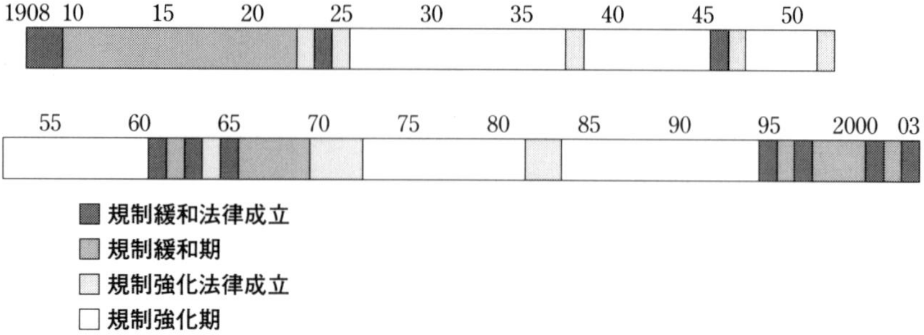

■ 規制緩和法律成立
▨ 規制緩和期
▤ 規制強化法律成立
□ 規制強化期

注：規制緩和（強化）期間は，社団関係法制または労働関係法制の緩和（強化）の最初の立法の翌年から，強化（緩和）の最初の立法の前年まで．
出典：表 5-1 と表 5-2 より筆者作成．

表 5-1　社団法制

成立年[a]	結社の自由についての原則と制限	変化[b]
1876	原則：認めず．	
1908	原則：すべてのオスマン人に認める．制限：オスマン帝国の領土的統一性を侵す，立憲的体制と政府の変更を狙う，安寧と秩序に反するものは禁止．	＋
1909	原則：最低の制限，政府統制から自由．文化的独自性認める．制限：秘密社団，分離主義社団は禁止．	＋
1923*	原則：1909 年に同じ．制限：明白な法律違反の場合，政府が活動規制．司法府に活動停止権限．	－
1924	原則：トルコ人の当然の権利．制限：法により制限される．	＋
1925	（治安維持法により独立法廷設置）	－
1938	原則：内務省の許可制．制限：設立目的（1 つのみ）外または政治活動の禁止．多種の社団の禁止[1]．違反の場合，内務省が，社団の登録抹消，活動停止，財産没収および指導者の重罰金刑，懲役刑．	－
1946	原則：内務省への届出制．政府統制から自由．制限：設立目的（複数可）外または政治活動の禁止．一部の社団の禁止[2]．違反の場合，軽罰金刑．司法府に解散権限．	＋
1952*	原則：1946 年と同じ．制限：司法府に，結審前の活動停止・資産差し押さえ権限．	－
1961	原則：設立許可不要．制限：公序良俗の保護の為のみ，法により制限可能．	＋
1964*	原則：1946 年と同じ．制限：国家の安全と公的秩序が急を要する場合，社団本部の警察による令状なし捜査可．	－
1971*	原則：設立許可不要．制限：行政府に，非常時[3] での活動停止権限（司法府の判決まで）．司法府に解散権限．	－

1972	原則:内務省への届出制,事後審査.制限:非常に多種の社団の禁止[4].一部の活動が禁止または事前許可必要[5].内務省に広範な監視と規制権限.	−
1982	原則:内務省への届出制,事後審査.制限:政治活動の禁止.公務員に関して法による制限可能.憲法第13条「基本的人権制限条項」[6]の適用対象.行政府に,多様な非常時[7]での活動停止権限(司法府の判決まで).司法府に解散権限.	−
1983	原則:内務省への届出制,事後審査.制限:政治活動の禁止.非常に多種の社団の禁止[8].法務,治安,軍,教育関係者には認めず.内務省に,役員の一時解任権限,多様な非常時[9]での活動停止権限(司法府の判決まで).司法府に解散権限.	−
1995*	原則:1982年と同じ.制限:公務員に関して法による制限可能.憲法第13条の「基本的人権制限条項」[10]の対象.司法府に解散・活動停止権限.行政府に(非常時[11]での)活動停止権限あるが,司法府の事後承認[12]が必要.	＋
1997	原則:1983年と同じ.制限:軍人に認めず.他は1995年と同じ.	＋
2001*	原則:内務省への届出のみ,事後審査なし.制限:1995年と同じ.	＋
2003	原則:内務省への届出のみ,事後審査なし.制限:1997年と同じ.	＋

出典:Bianchi (1984:109-117), Özbudun (1991:43-46), Başbakanlık Mevzuatı Geliştirme ve Yayın Genel Müdürlüğü(総理府法規編纂出版局), Türkiye Cumhuriyeti Kanunlar Külliyatı(トルコ共和国法規集)より筆者作成.

注: a ゴチックは憲法,それ以外は社団法.
 b それ以前の該当憲法・法律に比べて権利が実質上増加した場合は「＋」,減少した場合は「−」.
 ＊前掲憲法または社団法の一部改定.
1:結社禁止の対象に含まれるのは,①国家の領土的統一性と政治的,国民的一体性を破壊することを目的とする集団,②宗教,宗派,神秘主義に基づく集団,③家族,共同体,階級,および人種上の忠誠に基づく集団,④秘密のあるいは目的を隠した集団,⑤地域主義を目的とするかその傾向を持つ政治集団,⑥公務員の集団.
2:1938年社団法と比べると,脚注1の①のうち政治的,国民的一体性を破壊することを目的とする集団,及び③の階級に基づく集団(労働組合など)の禁止条項は削除された.公務員は,職業団体結成を認められたが,労働組合結成は認められなかった.
3:国家の領土と国民との不可分の一体性,国家安全保障,公序良俗の維持のために急を要する場合.
4:禁止の対象に含まれるのは,複数の目的または以下の目的を持つ社団
①トルコ国家の国土と国民との不可分の一体性を破壊すること
②言語,人種,階級,宗教,宗派の違いに乗じて,憲法でその特徴が述べられている共和国を破壊すること
③人権と自由を破壊すること
④法,公序良俗に反する活動に携わること
⑤地域,人種,階級,宗教,宗派上の忠誠に依拠して,構成員に支配的または特権的地位を与えること
⑥一つの社会階級の他の階級への支配を確立すること,既存の基本的な経済・社会制度を転覆すること,または国家の政治・法制度を破壊すること
⑦国家の基本的な社会・経済・法制度を,部分的にせよ宗教的教義に依拠させること,宗教,宗教心,神聖視されている物をいかなる方法であれ,政治的,個人的な利益や影響力を達成

するために悪用すること
⑧トルコ共和国憲法で保障された改革法を抹消または変更すること，またはこれら法律が禁止した事項を復活させること
⑨アタテュルクの人格，活動，または記憶を汚したり侮辱したりすること
⑩特定の政党について支持または反対すること，政党間の協力関係を築くこと，国会，地方自治体の選挙で政党や，そのいかなる候補，または無所属候補の勝利を支援または妨害すること，あるいはこれら候補者間の協力関係を築くこと
⑪トルコ国家の人格を棄損したり侮辱したりすること
⑫罪を犯したり，犯行を鼓舞または示唆すること

5：禁止の対象に含まれるのは，以下の行為．
①転覆的イデオロギーを標榜する政府，政党，存命のまたは他界した個人を礼賛する集会や出版
②ⅰ軍人の法的権利への反対，ⅱ軍事・民間防衛訓練，ⅲ特殊制服や腕章，武器や爆発物の保持，およびⅳ政党，労働組合，または経営者組合からの援助資金の受領．
政府の事前許可が必要な対象に含まれるのは，以下の行為（括弧内は許可申請先）
①国内外の外国社団との接触（内務省）
②社団名に「トルコ」，「国民」，「共和国」，「アタテュルク」使用（内閣）
③ラジオ・テレビでの発表（地方検察局）

6：1982年憲法第13条は，第1項で「基本的人権と自由は，国家の国土と国民との不可分の一体性，国家主権，共和制，国家安全保障，公序，一般的安全，公益，一般的倫理，一般的健康の保護を目的として，また憲法の関連条項で述べられた特別の理由により，憲法の言葉と精神に従って法律により制限されうる」と述べ，広範かつ抽象的理由で基本的人権と自由が制限されうることを規定した．さらに，第3項で，上記の制限理由が，基本的人権と自由の全てに関して有効であることを定めた．ただし2001年に大幅改定された（問2002）．

7：国家の国土と国民との不可分の一体性，国家安全保障，国家主権，公序，他人の権利と自由の保護と犯罪の防止の見地から急を要する場合．

8：禁止の対象となる目的は，1972年社団法で禁止対象として挙げられた目的（脚注4の①～⑫）と同様のものに加えて，「地域，人種，社会階級，宗教，宗派に依拠するかその名の下に活動すること」．規制は強化された．

9：1982年憲法の規定（脚注7参照）と同じ．

10：脚注6に同じ．

11：国家安全保障，公序，犯罪の実行と継続の防止，逮捕の必要上，急を要する場合．

12：行政府は司法府に24時間以内に活動停止決定の承認を申請する．申請後48時間以内に司法府が承認しなければ，活動停止決定は無効になる．

表5-2　労働関係法規

成立年[a]	法規	労働者・組合の権利と制約	変化[b]
1865	法令	**権利**：外資所有エレーリ炭坑労働者の最低安全基準．	＋
1909	就業停止法	**制約**：公共サービス部門でのスト禁止．	－
1924	憲法	**権利**：労働者の団結権認める．	＋
1925	治安維持法	**制約**：すべての労働組合禁止（少数の相互扶助団体除く）．	－
1936	労働法	**権利**：労働時間，健康，安全，女子労働に関する最低基準を経済省労働局が監督．労働争議では，雇用契約については労働裁判所への個人提訴のみ可能，賃金については個人提訴と団体提訴が可能[1]．**制約**：ストライキ禁止．法の当初の適用対象は，従業員10人以上の企業[2]．	＋
1938	社団法	**制約**：階級に基づく社団（労働組合）禁止．	－

年	法律	内容	
1940	国家防衛法	制約：市民の有償労働の義務化．	−
1944	国家防衛法*	制約：有償労働義務を兵役と同じに扱い，職場放棄者を軍が強制送還．政府による賃金統制．	−
1946	社団法	権利：民間部門被用者に団結権（階級に基づく社団の禁止規定廃止）．	＋
1947	労働組合・経営者組合法	権利：団体協約権．任意加盟．組合員の二重加盟，同一業種内の複数組合可能．制約：組合連合への加盟には組合員の3分の2以上の賛成が必要．非就業者，事務職員，公務員には団結権なし．政治活動の禁止．国際機関への組合の加盟は，内閣の承認事項．非愛国的，国家利益に反する活動を禁止．ストライキは非合法，実施した組合は裁判所決定により最高1年間活動停止．	−
1961	憲法	権利：すべての被用者に団結権．公務員を除く労働者に団体交渉権とスト権．	＋
1963	労働組合法スト・ロックアウト・団体協約法	権利：業種別または職場別組合．労働組合に労働者代表と職場委員選出権．チェックオフ制度．事務職にも団結権．加盟最低年齢を16歳に引き下げ．組合執行委員の職を保護．スト破り禁止（ロックアウトは有り）．組合連合加盟条件を緩和．国際機関への加盟に政府の承認不要．組合収入の5％を労働者教育に支出認める．金融投資可能（利益分配不可）． 制約：地域連合禁止．政党からの資金援助禁止．業種分類を労働省が認定（数は約35）．非加盟者でも団体協約の恩恵を受けるためには組合費の3分の2支払う．政治スト，連帯スト，抗議・警告スト，労働低下行動禁止．国家治安と公共衛生を理由に内閣がスト延期命令可能[3]．	＋
1965	公務員労働組合法	権利：公務員に団結権[4]．結成単位（組織・職種）は自由[5]．制約：政治活動禁止．公務員法規運用に関する示威行動の禁止．職場での集会や作業は，就業時間外でも禁止．	＋
1970	労働組合法*	制約：全国単組または業種別連合は，同一業種労働者の3分の1以上を，総連合は国内労働者の3分の1以上を組織することが条件（憲法裁判所の1972年の違憲判決により失効したが，政府が新たに同様の通達を行った）．	−
1970	スト・ロックアウト・団体協約法*	制約：全国規模で活動し，該当経済分野の35％以上の労働者が加盟する組合または業種別連合のみが団体協約締結可能．	−
1971	憲法*	制限：公務員の団結権認めず．	−
1982	憲法	制約：活動範囲は労使関係のみ．政治活動の禁止．公務員の団結禁止条項削除．「権利回復スト」禁止．	−
1983	労働組合法	制約：職場別および職種別組合を禁止．業種別組合のみ．	

		団体交渉権は，業種内労働者の1割以上を代表する組合に．政治活動の禁止．	—
1983	スト・ロックアウト・団体協約法*	制約：スト禁止業種増やす．内閣のスト延期命令後，60日以内に労使合意がなければ，最高調停委員会が裁定[6]．	—
1995	憲法*	権利：団結権と（団体協約を伴わない）団体交渉権の対象となる公務員の職種が，法で定められることを規定．	+

出典：Bianchi (1984：118-127), Özbudun (1991：49-53), Işıklı (1983：1826-1838), İstanbullu (1983：1839-1842), Sülker (1983：1843-1847), Güzel (1983：1848-1876), Gülmez (1990：29-74) およびトルコ共和国憲法 (1961年, 1982年) をもとに筆者作成．

注：＊前掲憲法または法律の一部改定．
　　a ゴチックは憲法，それ以外は労働関係法．
　　b それ以前の該当憲法・法律に比べて権利が実質上増加した場合は「+」，減少した場合は「−」．
1：賃金に関する労働争議の対象が職場労働者の5分の1以上である場合には，労働者代表（互選）は県の調停委員会（官選）に提訴できる．
2：実質的には，大規模国営企業に限られた．また労働局の人材不足により，民間部門での同法の強制力は弱かった．
3：第1回目は30日，第2回目は60日，それぞれ延期させることができる．
4：外務，宗務を含む一部の公務員は対象外．
5：組合を分立させることを狙っていたと考えられる (Gülmez 1990：31)．
6：これが団体協約の効力を持つ．

由を制限してきた．この図で規制緩和期よりも規制強化期が長いことは，市民社会の政治参加の拡大に対する国家の許容限度の低さを示している．

　以下では，上述した社団法制と労働法制の変化（規制の緩和や強化）がなぜ起きたかを示すために，各時期の民主化（前進・後退）過程の概況を叙述した[4]．便宜的な時期区分として，規制緩和（強化）期間を，社団関係法制または[5]労働関係法制の緩和（強化）の最初の立法の年から，強化（緩和）の最初の立法の前年までとした[6]．

（1）第Ⅰの緩和期（1908〜24年）から第Ⅰの強化期（1925〜45年）へ

　トルコにおいて結社の自由の原則を初めて認めたのは，青年トルコ革命によりもたらされた1908年憲法である．「オスマン人同盟と進歩協会」などの政治社団が団結して起こした同革命の狙いは，スルタンに1876年憲法を復活させることであったが[7]，1908年憲法はさらに進歩的な内容を持っていた．同憲法体制の社団法制は，共和制樹立直後の1924年憲法に継承され，さら

に自由化された．

しかし共和制初期の1920～30年代にムスタファ・ケマル（称号アタテュルク）初代大統領が進めた世俗・民族主義政策は，宗教勢力と地方有力者の反発を生んだ．南東部のクルド地域では1925年，カリフ制の復活とクルディスタンの独立を主張したシェイフ・サイドの乱が起きた．政府は治安維持法によりこの反乱を鎮圧したがさらに，この反乱を擁護した多くの新聞を廃刊し，共和人民党の独裁を批判する（同党の分派である）進歩共和党（Terakkiperver Cumhuriyet Fırkası）を解散させ，労働組合を禁止した．

加えて，アタテュルクの後押しで体制野党として1930年に結党された自由党（Serbest Cumhuriyet Fırkası）は，共和人民党批判で国民の支持を集めたために，政府の圧力で同年解党に追い込まれた．これら政府批判勢力を「反動勢力」と非難した共和人民党政府は1930年代，特にアタテュルクの死後（1938年），一党体制および，世俗・民族主義を強化した．1936年労働法と1938年社団法はそれぞれ法的規制を強化する内容だった．1939年の第2次世界大戦勃発による政治・経済不安も，社会に対する規制強化を助長した．

(2) 第2の緩和期（1946年）

共和人民党第2代党首イスメット・イノニュ（İsmet İnönü）大統領は1945年，複数政党制導入を決断した．その背景には，共和人民党で土地改革などを巡る内部対立が深刻化し，反主流派を野党化させざるをえない事情があった．またトルコが第2次世界大戦後の西側社会に受け入れられるために民主化が不可欠であるとのイノニュの認識もあった．大土地所有者からなる反主流派は民主党を結党，経済界や農村からの支持を集め，官僚や軍部を支持基盤とする共和人民党に対抗した．

複数政党制による初の1946年総選挙で辛くも与党の座を維持した共和人民党は，民主党という強力な野党と議会で対峙することになった．民主党は，それまで共和人民党の一党独裁を助けていた出版法，警察法，社団法，居住法，選挙法などを改定して，より自由で公平な政治制度を導入することを要

求した．与党共和人民党はこの圧力を受け，これらの法改定を実現した．

(3) 第2の強化期（1947〜60年）

1946年社団法成立を受けた社団・労働組合活動の高まりや社会主義政党の設立は，共和人民党政府をあわてさせた．政府は特に，同法が階級政党禁止規定を廃止したことは行き過ぎだったとの認識に至った．政府は1946年のうちに社会主義政党を解党，これら政党とつながりがあるとされた労働組合を解散させた．さらに1947年，労働組合に対する詳細な規制を盛り込んだ労働組合・経営者組合法を成立させた．

1950年総選挙で政権に就いた民主党は，1954年に続いて勝利した1957年の総選挙以降，野党（特に共和人民党）や新聞，学生をはじめとする議会内外の政府批判勢力を抑圧するようになった．同時に，民主党政府は労働組合連合を司法判決により解散させ始めた．1960年に近づくと，民主党政府は通常の組合活動を「政治活動」と見なして抑圧する一方，労働組合を民主党支持組織に変えようと試みた．1960年に反政府運動は頂点に達した．民主党政府は学生主体のデモ鎮圧に軍隊まで用いたが，逆に軍事クーデタで転覆された．1960年から1961年のトルコは軍事政権により統治された．

(4) 第3の緩和期（1961〜69年）

1961年憲法は，軍部と文民の代表から成る制憲議会で採択された，トルコ史上最も民主的な憲法である．民主党時代に起きた多数派の専制を防ぐため，多数派型民主主義から多元主義的民主主義への転換が図られた．選挙制度と議会は，比較多数制[8]と一院制から，比例代表制と二院制に変わった．1961年の民政移管総選挙では，共和人民党が勝利したものの，議会の過半数を取れなかった．このため，1965年総選挙直前まで同党を中心とする3つの連立政権が続いた．

思想，表現，結社，出版の自由を保証した1961年憲法は，トルコ社会を急速に多元化した．中でも左派が影響力を強めた．その理由の1つは，労働

者と左派知識人による体制批判が可能になったことである．思想クラブが大学で組織され，政治思想の翻訳書が多数出版された．1961年にはトルコ労働党が結成された．同党は初参加の1965年総選挙では3.0％の得票率で15議席を獲得した．1967年にはトルコ労働組合連合から左派が分裂して革命労働組合連合が結成された．大学ではNATOや米国からのトルコの決別を求める運動が起きた．反米感情は，軍部の若手将校にも浸透した．

(5) 第3の強化期（1970〜94年）

1965年と1969年総選挙で連続勝利した公正党（Adalet Partisi：1960年クーデタ後に解散させられた民主党を継承した政党）は台頭する左派への抑圧を強めたが，これは左派をより勢いづかせた．社会的混乱は，学生運動の激化と労働者のストライキで一層深まり，銀行強盗，誘拐などの都市ゲリラも発生した．1971年，軍部は急進若手将校が計画していた社会改革クーデタを阻止するため，あえて政府の退任を迫る「書簡によるクーデタ」を実行し，公正党内閣は総辞職した．1971〜73年の政権は，超党派・テクノクラート内閣だったが，治安回復を最優先する軍部の意向を強く受けた．左派の活動家や知識人が逮捕され，トルコ労働党は解散させられた．

1973年と1977年の総選挙では（中道左派に転じていた）共和人民党が勝利したが過半数議席を確保できなかった．このため同党は連立政権を組んだり，第2党の公正党に政権を譲ったりを繰り返した．国内政治は1970年代後半になると，①左右両派の対立に起因する街頭テロ，②外貨不足やインフレによる経済危機，③民族主義者や親イスラム政党による大衆扇動などが深刻化した．混乱に終止符を打ったのは，1980年の軍事クーデタだった．すべての政党は解散させられ，主要な政治指導者は逮捕・投獄された．

1980〜83年は軍事政権が支配した．1982年憲法が，軍部が実質的な権限を持つ制憲議会で成立した．同憲法は，1961年憲法が国民に認めた多くの権利と自由を制限するとともに，国家機能における行政権を強化した．これは70年代末の混乱に対する反動でもあった．1983年の民政移管総選挙（3

党のみ参加可）と次の 1987 年総選挙（すべての政党が参加可）で勝利した中道右派の祖国党（Anavatan Partisi）は経済自由化を進めたものの，政治的自由化には消極的だった．

(6) 第 4 の緩和期（1995 年～）

1991 年総選挙は，1983 年以来の中道右派・祖国党政権に終止符を打ち，正道党と社会民主民党の連立政権に道を開いた．両党はそれぞれ中道右派と中道左派でイデオロギー的な違いはあるが，1982 年憲法体制とそれを概ね擁護する祖国党を批判する点で長い野党時代に一致してきた．両党の政権合意の中心は，憲法改正を中心とする民主化であった．さらに欧州議会がトルコ憲法の民主化をトルコ・EU 関税協定発効の条件にしたこともあり，1995 年 7 月に広範な憲法改正が実現した．これにより，市民社会組織の政治活動が合法化された．

外圧による民主化の傾向は近年より強まっている．1999 年のヘルシンキ EU サミットでトルコが EU 加盟の正式候補国になったことにより，加盟条件整備が本格化したからである．新規加盟国に義務づけられるコペンハーゲン基準（民主主義と市場経済の確立）を満たすための広範な憲法・法改正を，トルコは 2001 年以降実施し，思想上の罪の廃止，逮捕拘束時の人権保障，クルド語による放送の解禁，国家安全保障会議での軍部の影響力の縮小など，1982 年憲法体制では最も抜本的な法制度上の民主化が実現した（間 2002）．

4 結　語

トルコにおける民主化は大衆からの圧力よりも国家エリートの主導で進んできた．本章ではそのような「上からの民主化」の特徴を，民主化過程から捉えた．複数政党制への移行をすでに 1946 年に果たしたトルコにとっての民主化の課題は，市民社会に対する規制の自由化だった．ただし市民社会についての上からの民主化は，順波と逆波を織り交ぜながら跛行的に進んでき

た．それは社団・労働法制の規制強化・緩和という形で如実に表れた．民主化がこのような経路をたどったのは，トルコ国家が民主化過程で市民社会の政治参加をあくまでも漸進的に拡大させたかったからである．トルコにおいてはこれまで，規制緩和期は短く，規制強化期は長かった．国家がいったん参加の拡大を許すとその度合いはすぐに国家の許容限度を超えるため，「過度の参加」を押さえ込むための規制強化が長く続いたのである．ただし現在のトルコが置かれた環境は，このような規制緩和と強化の循環をもはや認めない．トルコがEU加盟条件を満たすためには，市民社会に対する規制緩和をこのまま続けなければならない．

◆註
1) オスマン帝国（1299～1922年）は官僚的中央集権体制で，個人独裁ではなく法的支配に依拠していた．また官僚は，国家エリートとしての意識が強く，自らが所属する家系や部族の利益追求に固執しなかった．この体制を継承したトルコ共和国は，発展途上国としては希有な，制度化された官僚機構を備えた国家だった（Heper 1985, 1992）．
2) Collier and Collier（1979）に示唆を受けた．
3) 本節は，間（1998）の一部を改稿したものである．
4) 以下の叙述はKarpat（1959）やAhmad（1977）などに依拠した．
5) このため，ある緩和期の末期が次の強化期の初期に重なる場合もある．
6) 社団法制と労働法制の緩和・強化の循環は，第1の緩和期を除いてほぼ一致している．第1の緩和期には，社団法で規制緩和が起きたのに対し，労働関係法では規制緩和よりは強化が起きた．
7) オスマン帝国ではタンジマート（「改革」の意，1839～77年）末期の1876年，スルタン・アブデュルハミト2世（在位1876～1909年）が初の憲法を導入して立憲君主制を開始したが（第1次立憲制，1876～1908年），新設議会との対立などをきっかけにすぐに独裁化し，1877年に憲法を停止していた．
8) 小選挙区または中選挙区での第1党（比較多数）が選挙区議席のすべてを獲得する制度．小選挙区制が典型的だが，トルコの場合は県を単位とする中選挙区だった．

◆参考文献
日本語文献

新井政美. 2001. 『トルコ近現代史：イスラム国家から国民国家へ』みすず書房.
間寧. 1998. 「組織化の第四の波?」岩崎育夫編『アジアと市民社会』アジア経済研究所.
間寧. 2002. 「外圧と民主化：トルコ憲法改正 2001 年」『現代の中東』33：44-72.
松谷浩尚. 1987. 『現代トルコの政治と外交』勁草書房.
英語文献
Ahmad, Feroz. 1977. *The Turkish Experiment in Democracy, 1950-1975*. London : C. Hurst for the Royal Institute of International Affairs.
Bianchi, Robert. 1984. *Interest Groups and Political Development in Turkey*. Princeton : Princeton University Press.
Collier, Ruth Berins, and David Collier. 1979. Inducements vs. Constraints : Disaggregating Corporatism. *American Political Science Review* 73 : 967-986.
Dahl, Robert A. 1971. *Polyarchy : Participation and Opposition*. New Haven : Yale University Press（高畠通敏・前田脩訳. 1981. 『ポリアーキー』三一書房）.
Ergüder, Üstün. 1995. The Turkish Party System and the Future of Turkish Democracy. In Çiğdem Balım et al. (eds.). *Turkey : Political, Social and Economic Challenges in the 1990s*. Leiden : E. J. Brill.
Frey, Frederick W. 1965. *The Turkish Political Elite*. Cambridge, Mass : M.I.T. Press
Hale, William. 1994. *Turkish Politics and the Military*. London : Routledge.
Heper, Metin. 1985. *The State Tradition in Turkey*. Northgate : Eothen Press.
Heper, Metin. 1992. The Strong State as a Problem for the Consolidation of Democracy : Turkey and Germany Compared. *Comparative Political Studies* 25 : 169-194.
Heper, Metin, and Ahmet Evin (eds.). 1988. *State, Democracy and the Military : Turkey in the 1980s*. Berlin : Walter de Gruyter.
Heper, Metin, and Ahmet Evin. 1994. *Politics in the Third Turkish Republic*. Boulder : Westview Press.
Huntington, Samuel P. 1991. *The Third Wave : Democratization in the Late Twentieth Century*. Norman : University of Oklahoma Press（坪郷實・中道寿一・藪野祐三訳. 1995. 『第三の波：20 世紀後半の民主化』三嶺書房）.
Kalaycıoğlu, Ersin. 1994. Elections and Party Preferences in Turkey, Changes and Continuities in the 1990s. *Comparative Political Studies* 27 : 402-424.
Kalaycıoğlu, Ersin. 1999. The Shaping of Party Preferences in Turkey : Coping with the Post-Cold War Era. *New Perspectives on Turkey* 20 : 47-76.
Karpat, Kemal H. 1959. *Turkey's Politics : The Transition to a Multi-Party*

System. Princeton : Princeton University Press.
Kim, Chong Lim, et al. 1984. *The Legislative Connection : The Politics of Representation in Kenya, Korea, and Turkey*. Durham : Duke University Press.
Kirişçi, Kemal, and Gareth M. Winrow. 1997. *The Kurdish Question and Turkey : An Example of a Trans-state Ethnic Conflict*. London : Frank Cass.
Özbudun, Ergun. 1976. *Social Change and Electoral Participation in Turkey*. Princeton : Princeton University Press.
Özbudun, Ergun. 1980. Turkey. In Jacob M. Landau, Ergun Özbudun and Frank Tachau (eds.). *Electoral Politics in the Middle East : Issues, Voters, and Elites*. London : Croom Helm.
Özbudun, Ergun. 1991. The Post-1980 Legal Framework for Interest Group Associations. In Metin Heper (ed.). *Strong State and Economic Interest Groups : The Post-1980 Turkish Experience*. Berlin : Walter de Gruyter.

トルコ語文献

Çakır, Ruşen. 1990. *Ayet ve Slogan : Türkiye'de İslami Oluşumlar*. Istanbul : Metis.
Çakır, Ruşen. 1994. *Ne Şeriat Ne Demokrasi : Refah Partisini Anlamak*. Istanbul : Metis.
Duman, Doğan. 1997. *Demokrasi Sürecinde Türkiye'de İslamcılık*. Istanbul : Eylül.
Esmer, Yılmaz. 1999. *Devrim, Evrim, Statüko : Türkiye'de Sosyal, Siyasal, Ekonomik Değerler*. Istanbul : Türkiye Ekonomik ve Sosyal Etüdler Vakfı (TESEV).
Gülmez, Mesut. 1990. *Memurlar ve Sendikal Haklar*. Ankara : Imge.
Güzel, Mehmet Sehmuş. 1983. Cumhurıyet Türkıyesi'nde İşçi Hareketleri. In *Cumhuriyet Dönemi Türkiye Ansiklopedisi 7. Cilt*. Istanbul : İletişim.
Işıklı, Alpaslan. 1983. Cumhuriyet Döneminde Türk Sendikacılığı. In *Cumhuriyet Dönemi Türkiye Ansiklopedisi 7. Cilt*. Istanbul : İletişim.
İstanbullu, Kürsat. 1983. 12 Eylul Sonrasinda Sendikal Yasalar ve Sendikacilik. In *Cumhuriyet Dönemi Türkiye Ansiklopedisi 7. Cilt*. Istanbul : İletişm.
Sülker, Kemal. 1983. Cumhurihet Dönemi İşçi Hareketleri. In *Cumhuriyet Dönemi Türkiye Ansiklopedisi 7. Cilt*. Istanbul : İletişim.
Tanör, Bülent. 1986. *İki Anayasa : 1961 ve 1982*. Istanbul : Beta.

第6章

台　　湾

「二重の移行」と「黒金政治」

松　本　充　豊

1　民主化への視角

(1)　中華世界初の民主国家の誕生

　「中華民国」という国名を自称する台湾は，戦後世界の分裂国家の1つである中国の一分裂体である．1949年，中国大陸で中国共産党（以下，共産党）との内戦に敗れた中国国民党（以下，国民党）政権は，「中華民国」の中央政府を台湾に移転させた．翌年の朝鮮戦争の勃発を契機に東西冷戦が台湾海峡に波及したことから，分断状況が固定され，国民党政権はそのまま台湾を実効支配することになった．

　台湾へと逃げ込んだ国民党政権は，全中国を代表する正統国家として「中華民国」を存続させ，「大陸反攻」を掲げ続けた．共産党との内戦状態にあることを理由に，中国大陸で選出された国会議員は非改選とされ（いわゆる「万年国会」化），戒厳令の施行により政治的自由が制限された．加えて，台湾社会にとっては，国民党政権はいわば「外来政権」であった．蔣介石・蔣経国親子とともに中国大陸から移住した少数者の「外省人」が国家権力をほぼ独占し，多数者である台湾土着の「本省人」集団を支配したのである．このような台湾の民主化以前の政治体制＝非民主主義体制は，権威主義体制という特徴づけが定着している．1970年代に入ると，未曾有の外交危機への対応策として，台湾内部における政治基盤の拡大が図られ，国政レベルへの

本省人の登用や国会の一部改選が実施された．その結果，国民党政権では一定の「台湾化」が進んだが，基本的な支配構造には大きな変化はなかった（若林1992）．

　上述のような歴史的事情から，1980年代後半からの台湾の民主化とは「脱内戦化」であり，さらに「中華民国」の「台湾化」をもたらすことになった（若林1992）．蔣経国による野党・民主進歩党（以下，民進党）結成の容認，戒厳令の解除という政治的自由化に始まり，民主化は本省人初の「中華民国」総統（大統領に相当）となった李登輝のリーダーシップの下，「憲政改革」と呼ばれる穏健的な路線で進展した．まずは91年の国民大会代表選挙，92年の立法委員選挙により「万年国会」の全面改選が実現し，94年には官選だった台湾省長，台北・高雄市長の選挙が行われ，そして96年の総統直接選挙の実施によりフル・デモクラシーが実現した．台湾の民主化は，中華世界で初の民主化の経験であるだけでなく，東アジアへの「第三の波」（Huntington 1991）の波及を象徴し，しかも平和的に実現された点で，際立った成果であった．

　ここで民主主義とは，「ほとんどの成人住民が参加する自由で公正な定期的選挙により，体制のもっとも重要な政策決定者が選出されるシステム」（Huntington 1991）を指し，本章でも民主主義をそのように捉える．したがって，指導者が「自由で公正な定期的選挙」で選出されるようになると，その政治体制は民主化されたことになる．

　また，リンス（Juan J. Linz）とステパン（Alfred Stepan）によると，非民主主義体制から民主主義体制への「移行」が達成されると，民主主義が唯一のルールとなって人々の間に根を下ろす「定着」の段階を迎えることになる（Linz and Stepan 1996）．これを台湾の実情に照らし合わせると，96年の総統直接選挙の実施をもって移行段階が完了し，すでに定着段階に入っているということになる．

(2) 民主化研究の特徴とその動向

　台湾の民主化は，比較政治学者からも地域研究者からも大きな関心を集め，数多くの研究業績が生み出された．中心の担い手は，アメリカで博士学位を取得した台湾人研究者である．台湾の政治学界をリードする彼らは，アメリカでの理論動向に敏感で，自国政治の実証分析に流行の理論枠組みを積極的に取り入れる傾向が強い．研究成果は中国語だけでなく英語で発表されることも多く，アメリカの研究者との共同研究も数多く行われている．

　台湾では，民主化に伴う学問的自由の実現と一次資料の公開の進展と相俟って，それまでタブー視されてきた政治研究が着実に成長した．そんな中で，第一線の研究者の業績に加えて，大学院生による実証性の高い研究も数多く発表された．また，台湾の民主化は我が国でも研究関心を高め，1990年代以降独自の視点による研究が蓄積されている．

　台湾の民主化については，まずは近代化論的な視点から，経済成長とそれに伴う社会変動の帰結であるとの解釈が示された（Tien 1989）．しかし，それは民主化の前提条件を示したに過ぎないことから，分析の焦点は民主化の過程へと向けられていった．そして，政治エリートによる選択や決定に焦点を当てた研究によって，体制移行＝民主化の力学が明らかにされた（Cheng 1989; Cheng and Haggard 1992; Chu 1992; 若林 1992）．

　若林によると，1970年代末からの複合的な危機（対米断交，中国の「平和統一」攻勢，反対勢力の挑戦）が体制移行を促す契機となった．80年代後半，最高指導者・蔣経国が野党・民進党の結成を容認し，戒厳令が解除されたことで，本格的な政治的自由化が開始された．その直後に蔣経国が死去し，本省人の李登輝が新たな最高指導者になると，体制内部では外省人を中心とする保守派との激しい権力闘争が生じた．しかし，民主改革派の李登輝は彼を支持する世論や民進党の暗黙の支持を背景に，保守派を抑えてリーダーシップを確立し，民主化を推し進めていった．台湾の民主化は現職の政治指導者が主導するきわめて漸進的なものとなったが，若林はこれを「分割払いの民主化」と呼び，ハンチントン（Samuel P. Huntington）が類型化した「改革

型」(transformation) の1つと位置づけている (若林 1992, 1994).

そして，林 (Lin, Chia-lung) と武田は，政治アクターの選択や決定を制約する構造的・制度的要因を分析に取り入れることで，漸進的な「改革型」の民主化という特徴がもたらされた理由を明らかにした．林によると，レーニン主義的な党・国家構造の存在と地方選挙の実施という2つの要因が，平和的で漸進的な移行過程をもたらした (Lin 1998). 軍部と政党の役割の違いに注目した武田は，台湾の権威主義体制が「一党統治型」であったことが「改革型」の民主化の実現につながったと指摘している (武田 2001).

このように民主化全般への関心が高まる中で，個別分野でも優れた研究が発表された．その代表例といえるのが，台湾土着の地方勢力である地方派閥の研究である (朱 1989；陳明通 1995；趙 1997). なかでも陳は，李登輝が保守派との権力闘争において，本省人勢力である地方派閥と手を結んだことを指摘している (陳明通 1995). 地方派閥については，台湾の政治学者のみならず社会学者による業績 (陳東升 1995；王 1996) も蓄積されているほか，大学院生の手によって各地の地方派閥の実態に関する個別的な研究が数多く発表されている．

総統直接選挙の実施によって民主化が一応の完成をみると，いくつかの新たな議論が展開されるようになった．1つは，民主主義の定着に関する議論である．林によると，「改革型」の民主化の帰結として，民主主義体制にいくつかの「権威主義の遺産」が存在することが，民主主義の定着という問題を複雑化させている (Lin 1998). そして，朱 (Chu, Yun-han) は，民主主義を定着させるためには，「黒金政治」と呼ばれる政治腐敗や金権政治，国家の正統性の危機といった課題を克服する必要があると指摘している (Chu 1996).

もう1つは，民主化がもたらした影響を問う議論である．近年，台湾でも民主化と経済との関係というテーマが盛んに研究されているが (朱・包 2000；鄭 1999), 民主化と金融システムとの関係を分析した佐藤は，民主化により国会の権限と選挙の重要性が増大し，地方派閥や一部のビジネス・グ

ループが自律性と影響力を増したことが,不良債権の増加につながったことを明らかにした(佐藤 2001;Sato 2002).このほかにも,若林は戦後台湾国家の変容という視点から,民主化とともに国家と国民の再編が起こったと指摘している(若林 2000).

(3) 本章の課題と分析視角

本章では,これまでの議論を踏まえて,とくに民主化以後の台湾政治にはびこる「黒金政治」の問題を取り上げる.台湾の政治といえば,国家アイデンティティ(「国家認同」)やエスニシティ(「族群」)といった角度から語られることが多いが(Wachman 1994;若林 1992, 2001a, 2001b, 2002, 2003, 2004;何 2003),本章ではそれらとは異なった視点から台湾の民主化の姿を描写してみたい.

「黒金政治」とは,暴力団と癒着した政治腐敗や金権政治を意味する言葉として,台湾で使われている用語である.「黒」とは「黒道」と呼ばれる暴力団による政治への介入を指し,「金」は金権政治を意味する.地方派閥や一部のビジネス・グループがその担い手とされ,国民党が経営する「党営事業」もまた「黒金政治の元凶」として批判されてきた.とりわけ,李登輝政権下の民主化の過程では,ヤクザや暴力団関係者とされる政治家が中央政界にも進出するなど,問題はより深刻化していった[1].言い換えると,「黒金政治」とは台湾の民主主義の「質」に関わる問題であり,その排除は民主主義を定着させるために必要な課題の1つでもある.

それでは,なぜ「黒金政治」がこれほどまでに深刻化したのか.この問いかけに答えるためには,政治の民主化と経済の自由化の同時進行,すなわち「二重の移行」(dual transitions)(Encarnación 1996)との関係に目を向ける必要がある.これまでの民主化に関する議論では,経済発展ないし経済状況はもっぱら民主化の背景的要因として捉えられていた(Tien 1989;Haggard and Kaufman 1995).1980年代後半以降,台湾では政治の民主化と経済の自由化がほぼ同時に進行した.ところが,それらの相互作用やその後の民主主

義体制に与えた影響が議論されることはほとんどなかった[2]．

　本章では，主として台湾人研究者による業績，および現地の雑誌や新聞の報道に依拠しながら，「二重の移行」と「黒金政治」との関係を分析し，「黒金政治」が民主化以前の権威主義体制との連続性で捉えられるべき問題であることを明らかにしたい．そこで，まずは権威主義体制下において，地方派閥やビジネス・グループ，および「党営事業」といったアクター間に構築された関係を明らかにする．つぎに，それらのアクターのあり方が「二重の移行」の過程で如何に変容したのかについて分析する．そして，2000年の政権交代に焦点を当てて，民主政治と「黒金政治」との関係を検討する．

2　権威主義体制下の政治経済体制

(1)　国民党政権と本省人勢力

　国民党政権が台湾で存続していく上で，実質的な脅威となる相手が2つ存在した．1つは共産党が建国した中華人民共和国，もう1つは土着の本省人勢力であった．本章の議論において重要となるのは，国民党政権と後者との関係のあり方である．

　国民党政権は，本省人勢力を中核領域から排除して過度な発展を抑制する一方，周辺領域で彼らを懐柔した．権威主義体制下の政治経済体制は，そのための手段として巧妙に設計されていた．以下では，この点について政治領域と経済領域の2つに区分して考察するが，各領域で国民党政権の抑制と懐柔の対象となったのは，それぞれ地方派閥と本省人資本家であった．

(2)　政治領域：地方派閥との関係

　中央レベルの選挙は停止されていたが，台湾省議会および県市レベル以下の首長・議会の選挙については戦後直後から実施されていた．統治の正統性の調達を図ろうとする国民党政権にとって，地方選挙は本省人社会からの支持を得る絶好の機会であった．しかし，国民党政権は本省人社会に基盤を持

たなかったことから，土着の地方勢力である地方派閥を育成し，彼らに政権への支持を取り付ける役割を課したのである（陳明通1995）．

地方派閥は選挙において，国民党公認の候補者を自ら送り出したり，あるいは応援することによって台湾社会から国民党政権への票を集め，そうすることで国民党は本省人から一定の支持を確保した．選挙時には，地方派閥のボスは「椿脚」と呼ばれる配下を使って激しい選挙買収を行った（Bosco 1994；陳明通1995；詹1999）．

国民党政権が地方派閥の忠誠に対する代価として与えたものが，地方レベルの政治権力と経済特権であった．彼らが享受する特権には，「基層金融機構」と呼ばれる「農漁会信用部」（農協，漁協に相当），「信用合作社」（信用組合に相当）や運輸など地方独占的な事業，台湾省営金融機関からの低金利融資，公共事業の受注など地方政府との取引，地方政府の公権力の濫用などがあった（朱1989）．地方派閥はこれらをベースに，その勢力を築き上げていった．つまり，経済的レントと政治力が互いに保証しあう関係は，権威主義体制下において地方レベルで既に成立していたのである．

国民党政権はこのように地方派閥を籠絡する一方で，彼らを強い統制下に置いた．各派閥の勢力を当該地域に封じ込め，中央レベルへの進出や派閥間での連合を許さなかった．また議会選挙については中選挙区制を採用し，同一選挙区内で複数の地方派閥を育成しながらも，相互に牽制させることで，その過度な発展を抑制したのである（陳明通1995）．

国民党による彼らに対するコントロールは，徐々に緩む傾向にあったとはいえ，権威主義体制下では基本的に維持されていた．1970年代以降，増加定員選挙と呼ばれる国会の一部改選が実施されると，国会議員を送り込む地方派閥も現れた．しかし，派閥同士が連合することは許されず，また非改選の「万年議員」が圧倒的多数を占める中で，本省人議員である彼らの影響力は大幅に制限されていた（蕭1995）．

その一方で，地方レベルでは「黒道」の政治参加が見られるようになった．反対勢力の台頭により地方選挙での競争が激化すると，地方派閥は選挙買収

を効果的に行うために「黒道」の手助けを求めるようになった．さらに，「黒道」の集票力と資金力に目をつけた国民党政権が，彼らを地方議員にすることで，地方レベルの支持基盤を固めて権力の保持を図るようになった．地方政府は「黒道」の温床となっている風俗業，ギャンブルや密売など違法な経済活動を取り締まる権限を有していたし，地方議会には警察当局に対する質疑や監督を行う権限があった．それゆえ，「黒道」は地方レベルの政治権力を握ることで，違法行為に対する取り締まりから逃れ，その経済力を拡大することができた．こうして，民主化以前から地方レベルでは「黒道」と政界との癒着が見られたのである（趙1997）．

(3) 経済領域：本省人資本家への対応

国民党政権は経済発展を目標として掲げていた．それは「大陸反攻」の実現にとって不可欠であった．さらに，戦後の経済復興を支えたアメリカ援助の廃止が展望されると，経済発展は1960年代以降より明確に統治の正統性を調達するための手段となった．とはいえ，経済発展は必然的に土着資本の発展を伴うことになる．国民党政権は，本省人資本家の経済力が過度に発展し，政治力へと転換されることに警戒感を抱いていた（Fields 1995）．そこで，経済領域でも国民党政権による権力の独占が行われた．日本から接収し公営化されていた，エネルギー部門を中心とした基幹産業や銀行などの金融機関は，そのまま国家部門として維持され続けた（劉1975）．こうして台湾経済の「管制高地」（commanding heights）を掌握した国民党政権は，インフレ抑制を最優先しつつ経済開発を進めていったのである（Fields 1995）．

台湾では，1950年代の輸入代替工業化の下で，基幹産業を占める公営事業の復興と新興産業における民間企業の成長が見られた．50年代末以降，輸出指向工業化へと転換されると，自由貿易の飛躍的拡大という国際環境も手伝って，外資導入と輸出拡大により民間部門の急激な発展がもたらされた（隅谷・劉・涂1992）．このような経済開発の過程で，国民党政権は戦後の土地改革を契機に資本家に転身した元大地主や，経営能力に長けた新興の本省

人資本家を選択的に取り込んでいった．これら一部の資本家は国内市場の寡占による超過利潤という経済的レントを享受することができた．大多数の中小企業がいわば放任状態で，輸出市場での激しい競争の中で成長した（佐藤1996）のとは対照的に，政府の手厚い保護を受けた一部の民間企業が急速に大型化して大企業にまで発展し，70年代にはビジネス・グループへと成長を遂げていったのである（王1988）．

輸出指向工業化の成功により，1970年代に入ると台湾経済は産業構造の高度化と金融システムの多角化を迫られた．外交危機で失墜した威信を取り戻すべく，国民党政権は重化学工業化やノンバンクの開設といった経済開発に取り組んだ．このとき，石油化学産業の川中部門や金融システムの周辺領域への参入を許されたのは，上述のビジネス・グループであった（Cheng 1993）．そして，いずれの分野でも独占・寡占体制が形成され，新規参入者には超過利潤が保証されていた（松本2002a）．

しかし，権威主義体制下では，本省人資本家は銀行経営から排除され，産業の川上部門への上昇は認められなかった．しかも，開放された新たな経済領域でも，民間企業一社単独による独占は許されず，国民党「党営事業」との合弁事業，あるいはそれとの寡占体制の形成が条件とされた．

「党営事業」とは国民党が独自で営む営利事業のことである．国民党は「世界一の金持ち政党」と称されるほど，莫大な党資産を所有する世界でも類を見ない政党であったが，「党営事業」はその党資産の中核をなすと同時に，国民党の主要な財源でもあった．「党営事業」は法的には民間企業であったが，国民党と国家との癒着を背景に，国家からの特権的な資源調達と国内市場での独占的な資本蓄積によりその礎を築いていった．さらに，権威主義体制下での「党営事業」は，国民党政権が籠絡した本省人資本家をコントロールする手段でもあった（松本2002a）．

以上見てきたように，政治領域か経済領域かを問わず，国民党政権は本省人勢力を中核領域から排除する一方，周辺領域で懐柔することで彼らの政治的支持を確保したのである．

3 「二重の移行」と「黒金政治」の深刻化

(1) 地方派閥とビジネス・グループの影響力の増大

これまで地方レベルで封じ込められていた「黒金政治」は,「二重の移行」の過程で一気に国政レベルにも広がった．その背景には，民主化に伴う権力構造の変化，すなわち地方派閥や一部のビジネス・グループの国民党政権に対する自律性と影響力の増大があった．

民主化，とりわけ政治的自由化が始まるや否や，増加定員選挙で選出された議員が既に一定数存在していた国会（立法院）では，早くも地方派閥による連合が形成されるようになった．国会が本来の権限と機能を回復しつつある中で，民進党が議員団を結成して激しい議会行動をとるようになると，国民党でも増加定員議員が自律性を高め，「万年議員」主導による議会運営に対抗して，発言力を強化するために集団を組み始めたのである．

その一方で，国民党中央の権威は徐々に低下していった．蒋経国の死去により総統職を継いだ李登輝は，その後正式に党主席に選出された．しかし，所詮李登輝は蒋経国たりえず，党内で彼の権威が確立されない以上，党中央の権威が後退するのは必然であった．

そんな中で，国会の活性化を通じて露呈されたのは，政治資源と権力分配をめぐる既得権益層と新興勢力との矛盾であった．権威主義体制期に国民党政権の内部で周辺的地位に置かれていた本省人政治エリートが，中核部分にいた外省人政治エリートに対して権力闘争を開始したのである（若林1992）．このような政治的要因に大きく左右されたのが，経済の自由化の展開であった．

経済自由化の背景としては，以下のような事情があった．1980年代後半，台湾経済では対米輸出の急増に伴い累積した貿易黒字によって，深刻な過剰流動性問題が発生した．国家による独占体制下にあった国内金融システムは硬直的でリスク回避の傾向が強く，銀行も預金の急増に対応した貸付の増加

を行うことができなかった．そのため，行き場を失った余剰資金は株式市場・不動産市場へと流れ込み，経済のバブル化が生じたのである．他方，貿易赤字が拡大するアメリカからは，台湾元の切り上げと金融分野を含む市場の開放を迫られた．このような問題への対応策が経済自由化であった（朱 1999）．本章の議論において重要なのは，金融システムの改革，とりわけ証券会社と民間銀行の新規設立の開放である．

戒厳令が解除された翌月の 1987 年 8 月，国民党の増加定員議員・劉興善をはじめとした超党派の国会議員 10 数名が，独占の打破と特権の排除を訴え，新規参入が凍結された銀行や証券など 38 業種で新会社設立の自由化を要求した（朱 1999）．新たな金融機関の設立は，保守派が権力の拠り所とする独占体制の解体につながる．したがって，国民党の増加定員議員には党内保守派の権力基盤を切り崩す狙いがあった．そして，このような権力闘争にとって有利である限り，自由化は増加定員議員のスローガンであり，双方の思惑がどうであれ，野党勢力との一致を見ることにもなった．

当初，国民党政権は，1 年半から 2 年以内を目処に証券会社の新規設立を認める方針を打ち出していたが，政権内外からの圧力が強まる中で，翌 88 年 8 月には証券会社の新規設立の開放に踏み切った（朱 1999）．一定の条件さえ満たせば会社設立を許可されたことから，地方派閥やビジネス・グループが挙って証券業界へと参入した．

彼らにとって，証券会社の経営とは権威主義体制下での構造的な制約を打破することを意味していた．地方派閥は全国的な経済活動が可能となったし，ビジネス・グループは念願の自前の金融機関を手に入れることができたからである（臧 1993）．そして，証券会社の経営によって得られた資金は，その多くが不動産市場や株式市場での投機に使われた．さらに，反対勢力の台頭により選挙での競争が激化すると，買収の効果が大幅に低下する一方，そのコストは急激に高まっていた．そのため，地方派閥は証券会社という新たな資金源を手中に収めたことで，買収工作へさらに資金を投入できるようになった．他方，一部のビジネス・グループは，政治資金を提供して地方派閥と

の関係を深めたり，トップ自らが選挙に出馬して，その莫大な資金力をバックに政治的な影響力を拡大しようとした（陳明通 1995）．

さて，政治体制の移行が単なる自由化から民主化の方向へと進むにつれて，国民党上層部でも李登輝と保守派との権力闘争が表面化し，国会における闘争もこれと連動するようになった．1990年の総統選挙をきっかけに，李登輝を支持する党内勢力（主流派）と彼に反発する保守派（反主流派）との派閥対立の構図は政権全体を彩るようになった．

民間銀行の新規設立の自由化は，このような政局の流れと並行して展開した．1989年の銀行法改正に始まり，翌年には新銀行設立基準が制定され，最終的には91年に15行の設立が許可された．李登輝は民主化への抵抗勢力でもあった保守派の権力基盤を切り崩すべく，新銀行の設立を強く推進した．他方，国会に代表を送り込んでいた地方派閥とビジネス・グループは，その条件をめぐる政策決定において影響力を存分に発揮した（李 1994；王 1996）．

政府の金融当局は，当初3から5行程度の新銀行を認める方針であったが，実際には15行もの新銀行が認可された（曾 1991；朱 1999）．しかも，そのほとんどのバックには地方派閥やビジネス・グループがあった．このように多数の新規参入が認められたのは，彼らが李登輝に圧力を加えたからだといわれる（曾 1991）．李登輝としては，彼らの要請を拒絶できなかったものと思われる．蒋経国の死によってリーダーとなった李登輝も，政権内部では1人の本省人として周辺的なエリートであった．李登輝が権力闘争を乗り切るためには，同じ本省人である地方派閥やビジネス・グループの支持が必要だったのである．

このように，証券会社と民間銀行，さらにはその後保険会社の設立も自由化されたことで，金融システムにおける独占体制は打破された．しかし，自由化後の金融システムでは，バブル経済期に経済力をつけた地方派閥やビジネス・グループが，その集中度を大幅に高めると同時に寡占体制を形成することになった．こうして，「二重の移行」の過程で地方派閥とビジネス・グループの政治力と経済力は全国レベルにまで拡大したのである（臧 1993）．

皮肉なことに,「二重の移行」の過程では「黒道」にも国会への途が開かれた. 民主化の過程で, 政界との癒着の「うまみ」を知った「黒道」は地方レベルでの政治参加を拡大させるとともに, 国会の全面改選が実現すると, 国会議員という免罪符と更なる影響力を求めて中央政界へと進出するものも現れた (陳明通 1995).

　「二重の移行」に伴う地方派閥とビジネス・グループの影響力の増大は, 様々な弊害をもたらした. なかでも深刻な問題は, 公共事業が地方派閥の利権と化したことである (陳東升 1995; 王 1996). 地方派閥は, バブル経済期にビジネス・グループと結合して, 建設業や金融業を中心に全国的に展開するようになっていた. 彼らは地方政治を牛耳ることで, 都市計画や都市整備事業に介入する権限を手に入れ, 乱開発や土地投機によって莫大な利益を得たのである. 地方派閥とつながりを持つとみられる「黒道」の入札への介入も頻発した. その過程で必要となる資金については,「基層金融機構」からの融資で賄われたほか, 政府系や一般の金融機関に対しても国会議員などの地位を利用して融資で便宜を図るよう圧力をかけることで調達された. その結果,「基層金融機構」や銀行では大量の不良債権が発生した (佐藤 2001; Sato 2002). また, 地方派閥やビジネス・グループは国会での政策決定においても影響力を行使し, 証券取引税の税率引き上げなど彼らの利権に関わる法案は成立が困難となった (蕭 1995).

(2)　「党営事業」と地方派閥との「戦略提携」

　国会の全面改選が実現すると, 選挙の重要性が飛躍的に高まり, 政党間の競争もさらに激化した. 中央政界への門戸が開かれたことで, 地方派閥は大挙して国会へと進出した. 国民党が選挙に勝利するためには, 依然として地方派閥に依存して選挙戦を戦うしかなかった. しかし, 権力闘争の長期化により党中央の権威はますます低下し, 彼らに対するコントロールは失われていった. 他方, 野党・民進党の挑戦が一段と強まり, 地方派閥同士の競争も激しくなるにつれて, 地方派閥の集票能力にも陰りが見え始めていた. 財力

にまかせた彼らの選挙買収は激しさを増す一方であった．

　国民党政権のリーダーである李登輝にとって，彼が思い描いた民主化を推進し完成させるためには，ただ選挙に勝つだけではなく，政権運営においても強力なリーダーシップを発揮する必要があった．そのためには，地方派閥に安定した経済基盤を与えるとともに，党中央が失った彼らに対するコントロールを取り戻さねばならなかった．そこで，李登輝は「党営事業」を利用して地方派閥との関係の立て直しを図ったのである．

　「二重の移行」の過程で「党営事業」はさらに発展を遂げていた．特権的な資源調達や独占的な資本蓄積が困難となる中で，各社を7つの持株会社の下に再編する一方，ビジネス・グループとの合弁事業を積極化させ，経済自由化の過程では新たなビジネス・チャンスを摑むべく証券会社や銀行を設立した．またバブル経済期には，不動産ブームを背景に建設業界に進出したほか，「党営事業」株の売却により多額の収益を上げていた．

　1993年春，李登輝は権力闘争に勝利して党の主導権を握ると，すぐさま「党営事業」の体制固めに着手し，専管機構として党営事業管理委員会（以下，党管会）を設置，本省人経済学者で腹心の劉泰英をそのトップに据えた．そして，「党営事業」では民主化の進展に伴って高まる党の資金需要に対応すべく，より効率的な利益の獲得が図られた．ビジネスのウエイトを経営から投資へと移行させ，投資の規模と範囲を大幅に拡大させる一方，株取引への依存を一層強めていった．こうして「党営事業」が急速な発展を遂げるとともに，国民党は「党営事業」への財政的依存をさらに深め，そこから捻出された莫大な資金は次々と選挙に投入されたのである[3]．

　さらに，「党営事業」には新たな役割が与えられることになった．李登輝は「党営事業」を通じて地方派閥への利益供与を行い，それと引き換えに彼らの政治的支持を得ることで，安定した政権運営を行おうとしたのである．ビジネス・グループと結合して経済力を高めていた地方派閥にとっても，それは派閥運営のための安定的でより強力な基盤を得ることにつながった．

　その最たる例が，党管会委員のビジネス・グループとの「戦略提携」であ

った．党管会委員には李登輝や劉泰英との関係が深い民間資本家が含まれていたが，彼らはいずれも資本家としての顔を持つ一方，地方派閥の中心的人物あるいはその関係者，または地方派閥に属さずとも政治的動員力を備えた人物であった．「戦略提携」では，「党営事業」株の安価での売却，土地開発など大型プロジェクトでの合弁事業，党管会委員のビジネス・グループへの資金援助など様々な形で，「党営事業」を通じた利益供与が行われた．このほかにも，1998年後半，地方派閥の経営する企業がアジア経済危機の余波を受けて相次いで経営難に陥ると，国民党は「党営事業」による金融支援で彼らを救済した．

　こうして，李登輝は地方派閥が必要とする経済資源の唯一の供給者になった．さらに，「党営事業」が地方派閥に与えた資源には，「党営事業」各社の従業員やその家族，ひいてはその取引先の票もあった．「党営事業」を通じて得られた資源を動員することで，地方派閥が送り出した候補者の当選の可能性は大いに高まった．その結果，党中央が地方派閥へのコントロールを失う一方，党主席である李登輝個人は彼らに対する影響力を高め，民主化の推進において強力なリーダーシップを発揮することが可能になったのである．

　平和的な民主化を実現させたという点で，李登輝は大きな功績を残した．しかし，地方派閥や「党営事業」といった「権威主義の遺産」を利用した彼の手法が，これまで見たように「黒金政治」をより深刻なものにしたのもまた事実である．「黒金政治」の拡大とは，平和的民主化という「奇跡」の裏側だったのである（松本2002a；Matsumoto 2002）．

4　政権交代と「黒金政治」

　2000年3月，台湾では2度目の総統選挙が実施され，民進党公認の陳水扁が当選を果たした．この選挙では与党・国民党が分裂した結果，李登輝の後継者とされた国民党の連戦，国民党を離党して立候補した宋楚瑜，そして陳水扁を加えた三つ巴の選挙戦となった．結果は，投票率が82.69％という

高い数字を示す中，陳水扁が39.30％の得票率で宋楚瑜（37.47％）を僅差で破り当選し，連戦（23.10％）は大敗した．半世紀にわたる国民党政権に終止符が打たれたという意味で，劇的な政権交代の実現であった．

本章での議論との関わりでいえば，「黒金政治」に対する国民の不満こそがこの政権交代を促した大きな一因であった（Diamond 2001；若林2001b）．国民党の利権体質とは無縁な陳水扁に，国民から大きな期待が寄せられたのである．陳水扁は「黒金」の一掃を選挙公約に掲げ，それは同年5月の総統就任演説にも盛り込まれた．

「黒金政治」の民主政治への影響が政権交代であったとすれば，逆に政権交代が「黒金政治」に与えたインパクトとは何であろうか．まず第1に，新政権による「黒金」の排除に向けた取り組みに一定の成果が見られた．立法委員をはじめとする民選の議員や官職に就く者に対する摘発が行われ[4]，新政権発足後に実施された選挙では，買収行為の摘発など選挙違反の厳しい取り締まりが行われた（松本2002b）．

第2に，選挙に敗れた国民党では，与党であるが故に享受できた資源が失われた．政権交代後，銀行業界は「党営事業」やそれと関係の深い民間企業を対象に，すぐさま優遇された融資条件の見直しを開始した．その結果，「党営事業」の「戦略提携」のパートナーであった地方派閥の関連企業やビジネス・グループの中には，経営危機に陥るものが現れた．一方，「党営事業」もまた過度な政治的運用の結果として膨大な負債を抱え，今後の資金繰りの悪化も予想されたことから，大規模なリストラを余儀なくされた．さらに，党主席となった連戦が総統選挙で公約に掲げた「党営事業」の「信託化」が不可避となった（松本2002a）．

第3に，地方派閥の政治システムからの排除が進んだ．2001年末の立法委員選挙では，国民党が歴史的敗北を喫したことで，国民党系の地方派閥が送り出した候補者の多くが落選した．さらに，経済基盤を失った地方派閥も政治システムからの退出を余儀なくされた[5]．そのほか，「黒金」の取り締まりが強化され，また「黒道」と政界との癒着に対する世論の批判が高まる

中で,「黒金」イメージの濃厚な政治家も国会から姿を消した[6].

このように,政権交代の結果,「黒金」の一掃に向けた動きが前進したといえる．また，地方派閥を取り巻く環境も大きく変化している．都市化の進展や若年層人口の増加に伴い，地方派閥の勢力が衰退傾向にあることに加えて，政権交代と国会選挙を経て彼らの基盤は崩されつつある．とはいえ，地方派閥の影響力は依然として存在しているし，政党が彼らへの依存体質を払拭できない限りは，今後も彼らが生き延びる余地は残されている．実際に，政権交代後の選挙で民進党がとった戦略の1つは，地方派閥に接近して勢力拡大を図ることであった（松本 2002b；張 2003）．

「黒金」の排除を進めるためには，第1に国民党の党資産問題の解決，第2に地方派閥の政治システムからの排除が課題となろう．「黒金政治の元凶」を取り除き，また政党間の公正な競争を保証するためにも，第1の課題の実現は不可欠である．そして第2の課題では，地方派閥による政界進出のルートを絶つこと，あるいは彼らの経済基盤を奪うことで，その政治力を封じ込めることが必要となる．方策としては，前者については現行の中選挙区制から小選挙区制への選挙制度改革，後者については「基層金融機構」等に対する改革を柱とした金融システム改革の推進が考えられる．

しかし，台湾の民主政治の現状を考えると，その実現は容易ではない．与党・民進党は立法委員選挙を経て第1党に躍り出たものの，過半数の議席を制するには及ばず，これまで分割政府の状況が続いてきた．その結果，例えば国民党の党資産問題については，その処理に関する政府・与党案が国会に提出されたが，重要法案の審議が滞る中で実質審議には及ばなかった．選挙制度改革についても，小選挙区制は国会改革の方向性とは一致するものの，十分な議論がなされていない．そして，新政権の行政運営の不手際も重なって「基層金融機構」改革は挫折した．そんな中で迎えた2004年の総統選挙では，陳水扁が再選を果たした．陳水扁政権は引き続き残された課題に取り組むことになろう．

「黒金政治」を民主主義的な枠組みの中で排除することは容易ではない．

しかし，それを放置することは民主主義への国民の信頼を失うことにつながりかねない．「黒金政治」の打破は，陳水扁政権はもとより，台湾の民主主義の定着にとっても避けては通れない課題なのである．

◆註
1) 1996年の法務部（法務省に相当）による調査では，県市議会議員858名のうち「黒道」出身者，あるいは前科者は286人に達した（『中國時報』1996年11月16日）．2000年の総統選挙直前には，立法委員225名のうち少なくとも15名は「黒道」関係者といわれ（『朝日新聞』2000年2月29日），財界との関係の深い議員，あるいは自らが何らかのビジネスに携わる議員は92名を占めた（康・鄭1999）．
2) 最近では，佐藤らの研究が，政治体制の民主化を経済構造の変化とともに社会の諸領域に影響を及ぼした中核的変動と捉えて，1990年代以降の台湾社会の諸変動を考察している（Sato ed. 2002）．
3) 1990年代末には，「党営事業」の資産総額は6,000億元（約2兆1,000億円）を超えるといわれ（梁・田等2000），当時「党営事業」の利益の中から党中央に上納される資金は，党の歳入の80％以上を占めていた（『聯合報』1998年11月16日）．そして，国民党が選挙に投入した資金は，1996年の総統選挙向けには10億元（約35億円）（『中國時報』1996年3月2日），98年の立法委員・台北市長・高雄市長のトリプル選挙では60億元（約210億円）以上といわれる（『工商時報』1998年10月30日）．また，2000年の総統選挙で「党営事業」が捻出した資金は50億元（約175億円）を超えていたとされる（『中國時報』2003年3月19日）．
4) 2003年11月までに，「黒金」関連で起訴された者は1万1,309人にのぼり，そのうち立法委員ら政治家の数は469人に及んだ（行政院法務部2004）．
5) 例えば，高雄市三大派閥の1つ王派は，2000年に総帥・王玉雲が董事長（会長に相当）を務める中興商業銀行の不正融資が摘発された後，急速にその勢力を失った．そして，屏東県の張派の中心人物で，東港信用合作社の預金横領の罪で摘発された郭廷才は，無所属で出馬したものの落選した．
6) 汚職で起訴されて係争中の伍澤元は無所属で出馬したものの落選，暴力団「天道盟」の大ボスとされる羅福助も土壇場で自ら出馬を断念した．

◆参考文献
日本語文献
石田浩．2003．『台湾経済の構造と展開：台湾は「開発独裁」のモデルか　第2版』

大月書店.
井尻秀憲. 1993.『台湾経験と冷戦後のアジア』勁草書房.
岡田充. 2003.『中国と台湾:対立と共存の両岸関係』講談社現代新書.
小笠原欣幸. 2000.「2000年台湾総統選挙:国民党総治の終結」『アジ研ワールド・トレンド』58:29-35.
小笠原欣幸. 2003.「陳水扁政権:権力移行期の台湾政治」『問題と研究』33(1):63-85.
何義麟. 2003.『二・二八事件:「台湾人」形成のエスノポリティクス』東京大学出版会.
岸川毅. 1996.「政党型権威主義体制と民主化」白鳥令・砂田一郎編『現代政党の理論』東海大学出版会:253-289.
佐藤幸人. 1996.「台湾の経済発展における政府と民間企業」服部民夫・佐藤幸人編『韓国・台湾の発展メカニズム』アジア経済研究所:87-118.
佐藤幸人. 2001.「台湾の民主化と金融システム:不良債権問題に焦点を当てて」佐藤幸人編『新興民主主義国の経済・社会政策』日本貿易振興会アジア経済研究所:25-60.
隅谷三喜男・劉進慶・涂照彦. 1992.『台湾の経済:典型NIESの光と影』東京大学出版会.
武田康裕. 2001.『民主化の比較政治:東アジア諸国の体制変動過程』ミネルヴァ書房.
藤原帰一. 1994.「政府党と在野党:東南アジアにおける政府党体制」萩原宜之編『講座現代アジア3:民主化と経済発展』東京大学出版会:229-269.
升味準之輔. 1993.『比較政治III:東アジアと日本』東京大学出版会.
松田康博. 1994.「中国国民党の『改造』:領袖・党・政府」『法学政治学論究』21:97-129.
松田康博. 1999.「中国国民党の地方統制試論:1950年代初頭の台湾を中心に」小島朋之・家近亮子編『歴史の中の中国政治 近代と現代』勁草書房:299-333.
松本充豊. 2002a.『中国国民党「党営事業」の研究』アジア政経学会.
松本充豊. 2002b.「立法委員・県市長選挙と『黒金政治』」『アジ研ワールド・トレンド』79:39-46.
李登輝. 1999.『台湾の主張』PHP研究所.
劉進慶. 1975.『戦後台湾経済分析』東京大学出版会.
林成蔚. 2003.「台湾の国家再編と新興福祉国家の形成」宇佐見耕一編『新興福祉国家論』日本貿易振興会アジア経済研究所:43-84.
若林正丈. 1992.『台湾:分裂国家と民主化』東京大学出版会.
若林正丈. 1994.『東洋民主主義:台湾政治の考現学』田畑書店.
若林正丈. 1997.『蔣経国と李登輝:「大陸国家」からの離陸?』岩波書店.

若林正丈.2000.「台湾における国家・国民再編と中台関係」『国際問題』11:2-15.

若林正丈.2001a.「台湾をめぐるアイデンティティの政治:民主化・エスノポリティクス・ナショナリズム」毛里和子編『現代中国の構造変動7　中華世界:アイデンティティの再編』東京大学出版会:255-279.

若林正丈.2001b.『台湾:変容し躊躇するアイデンティティ』ちくま新書.

若松正丈.2002.「台湾政治の色彩学:2001年選挙のアイデンティティ・ポリティクス」『東亜』416:10-20.

若松正丈.2003.「現代台湾における台湾ナショナリズムの展開とその現在的帰結:台湾政治観察の新たな課題」『日本台湾学会報』5:142-160.

若松正丈.2004.「96年以後:総統選挙がつくってきた台湾独立世論」『中央公論』199(4):98-106.

渡辺剛.2001.「陳水扁政権1年目のパフォーマンス」『アジ研ワールド・トレンド』70:33-39.

英語文献

Bosco, Joseph. 1994. Taiwan Factions: *Guanxi*, Patronage, and the State in Local Politics. In Murray A. Rubinstein (ed.). *The Other Taiwan : 1945 to the Present*. Armonk, N.Y.: M. E. Sharpe.

Cheng, Tun-jen. 1989. Democratizing the Quasi-Leninist Resime in Taiwan. *World Politics* 42 : 471-499.

Cheng, Tun-jen. 1993. Guarding the Commanding Heights: The State as Banker in Taiwan. In Stephan Haggard, Chung H. Lee, and Sylvia Maxfield (eds.). *The Politics of Finance in Developing Countries*. Ithaca: Cornell University Press: 55-92.

Cheng, Tun-jen, and Stephan Haggard (eds.). 1992. *Political Change in Taiwan*. London: Lynne Rienner.

Chu, Yun-han. 1992. *Crafting Democracy in Taiwan*. Taipei: Institute for National Policy Research.

Chu, Yun-han. 1996. Taiwan's Unique Challenges. *Journal of Democracy* 7 : 69-82.

Diamond, Larry. 2001. Anatomy of an Electoral Earthquake: How the KMT Lost and the DPP Won the 2000 Presidential Election. In Muthiah Alagappa (ed.). *Taiwan's Presidential Politics : Democratization and Cross-Strait Relations in the Twenty-first Century*. Armonk, N.Y.: M. E. Sharpe: 48-87.

Diamond, Larry, Marc F. Plattner, Yun-han Chu, and Hung-mao Tien (eds.). 1997a. *Consolidating the Third Wave Democracies : Regional Challenges*. Baltimore: Johns Hopkins University Press.

Diamond, Larry, Marc F. Plattner, Yun-han Chu, and Hung-mao Tien (eds.). 1997b. *Consolidating the Third Wave Democracies : Themes and Perspectives.* Baltimore : Johns Hopkins University Press.

Encarnación, Omar G. 1996. The Politics of Dual Transitions. *Comparative Politics* 28 : 477-492.

Fields, Karl J. 1995. *Enterprise and the State in Korea and Taiwan.* Ithaca : Cornell University Press.

Haggard, Stephan, and Robert R. Kaufman. 1995. *The Political Economy of Democratic Transitions.* Princeton : Princeton University Press.

Huntington, Samuel P. 1991. *The Third Wave : Democratization in the Late Twentieth Century.* Oklahoma : University of Oklahoma Press (坪郷實・中道寿一・藪野祐三訳. 1995.『第三の波：20世紀後半の民主化』三嶺書房).

Lin, Chia-lung. 1998. Paths to Democracy : Taiwan in Comparative Percepective. Ph.D. diss. Yale University.

Linz, Juan J., and Alfred Stepan. 1996. *Problems of Democratic Transition and Consolidation : Southern Europe, South America, and Post-Communist Europe.* Baltimore : Johns Hopkins University Press.

Matsumoto, Mitsutoyo. 2002. Political Democratization and KMT Party-Owned Enterprises in Taiwan. *The Developing Economies* 40 : 359-80.

Rigger, Shelley. 1999. *Politics in Taiwan : Voting for Democracy.* London : Routledge.

Sato, Yukihito. 2002. Democratization and Financial Reform in Taiwan : The Political Economy of Bad-Loan Creation. *The Developing Economies* 40 : 226-51.

Sato, Yukihito (ed.). 2002. Special Issue : Taiwan's Multidimensional Transformation in the 1990s. *The Developing Economies* 40 : 215-380.

Tien, Hung-mao 1989. *The Great Transition : Political and Social Change in the Republic of China.* Stanford : Hoover Institution Press (中川昌郎訳. 1994.『台湾の政治：民主改革と経済発展』サイマル出版会).

Tien, Hung-mao (ed.). 1996. *Taiwan's Electral Politics and Democratic Transition : Riding the Third Wave.* Armonk, N.Y. : M.E. Sharpe.

Wachman, Alan M. 1994. *Taiwan : National Identity and Democratization.* Armonk, N.Y. : M.E. Sharpe.

中国語文献

王宏仁. 1988.「戰後臺灣私人獨占資本之發展」國立臺灣大學社會學研究所碩士論文.

王振寰. 1996.『誰統治臺灣？：轉型中的國家機器與權力結構』巨流圖書.

朱雲漢. 1989.「寡占經濟與威權政治體制」蕭新煌・朱雲鵬・許家猷・吳忠吉・周添城・顏吉利・朱雲漢・林忠正『壟斷與剝削：威權主義的政治經濟分析』前衛出版社.

朱雲漢・包宗和編. 2000.『民主轉型與經濟衝突：九〇年代臺灣經濟發展的困境與挑戰』桂冠圖書.

朱雲鵬. 1999.「經濟自由化政策之探討」施建生編『一九八〇年代以來臺灣經濟發展經驗』中華經濟研究院：135-169.

行政院法務部. 2004.「法務部執行『掃除黑金行動方案』四十一個月成效統計」. 行政院法務部ホームページ・新聞稿 (http://www.moj.gov.tw/chinese/c_news_more.aspx)

李宗榮. 1994.「國家與金融資本：威權侍從主義下國民黨政權銀行政策的形成與轉型」私立東海大學社會學研究所碩士論文.

周玉蔲. 1993.『李登輝的一千天』麥田出版（本田伸一訳『李登輝の一千日』連合出版）.

康添財・鄭金川. 1999.「立委金權關係全面解剖」『商業周刊』586・587：32-38.

張世嘉. 2003.「邱義仁兵法：阿扁勝選的終極寄託」『新新聞』860：46-49.

陳明通. 1995.『派系政治與臺灣政治變遷』月旦出版社（若林正丈監訳. 1998.『台湾現代政治と派閥主義』東洋経済新報社）.

陳東升. 1995.『金權城市：地方派系, 財團與臺北都會發展的社會學分析』巨流圖書.

梁永煌・田習如等編. 2000.『拍賣國民黨：黨產大清算』財訊出版社.

曾嬿卿. 1991.「財團與政治力量左右新銀行審查？：新銀行上榜與落榜內幕追擊」『財訊』113：86-91.

詹碧霞. 1999.『買票懺悔錄』商周出版.

趙永茂. 1997.『臺灣地方政治的變遷與特質』翰蘆出版社.

鄭敦仁. 1999.「臺灣政治民主化的經濟意涵」施建生編『一九八〇年代以來臺灣經濟發展經驗』中華經濟研究院：173-205.

臧聲遠. 1993.「從金錢遊戲與金融解嚴看臺灣金權政治之形成」國立臺灣大學社會學研究所碩士論文.

蕭有鎮. 1995.「立法委員為誰立法：臺灣地區民選立委的權力結構分析」私立東海大學社會學研究所碩士論文.

第7章

中　国
レジーム変容の可能性

菱 田 雅 晴

1　中国は「民主化」されていない？

(1)　「民主」の多義性

　序章（岸川論文）においては，本書全体を見渡すべく，ダール（Robert A. Dahl）の「手続き的民主主義」(procedural democracy) 論を援用する形で，「公的異議申し立て」（＝自由競争）と「包括性」（＝参加）の2つの基本要素を保障する制度手続の成立をもって「民主化」プロセスと定義されている．その制度手続とは，選挙権，被選挙権，指導者が票を求めて競争する権利，自由で公正な選挙，組織を結成し参加する自由，表現の自由，情報源の複数性等であるが，これらの各項目をそのまま中国の現況にあてはめた場合，「中国は"民主化"されてはいない」というのが理の当然の結論となるであろう．

　だが，本書のそこかしこで繰り返し何度となく強調されているように，「民主」とは極めて多義的な概念である．例えば，1,000人の研究者に問うて見よう．その場合には，少なくとも1,000個の相異なる「民主」の定義が存在すると言っても過言ではない．逆に，その一方で，「民主」を追求すべき目標価値として，これを全否定するには少しばかりの叛逆精神とかなりの政治的勇気が必要となる．少なくとも，スローガンのレベルでは，あらゆるひとびとが例外なく"民主派"であるといってよい．21世紀の今日，如何な

る政治発展の遅れた政体にあっても，民意こそが政権の合法性の根拠とされ，最良の民意の発現形態たるべき「民主」システムは，今やある種の《時代精神》となっているといっても過言ではない．

　かくして，本来多義的な概念であるが故にこそ，「民主」がしばしば政治的に用いられることも不可避的とならざるを得ない．すなわち，「非民主的」な政体の統治者が「民主」なる外衣をまとい，その「非民主」を"民主の一形態"として，あるいは時には同政体こそが"真の民主"であると主張することさえ可能となる．

　従って，冒頭に掲げた「中国は"民主化"されてはいない」という結論も，あくまでわれわれの現代政治学という領域においてはほぼ共有されている民主主義に関する基本的了解に従った帰結でしかないことになる．

　では，中国自身の自己認識を見よう．フランス革命以来の西側の民主のあり方を形式的な資本主義（ブルジョア）民主と批判する中国は，それとは異なる社会主義（プロレタリア）民主こそが実質的民主と主張する．より具体的には，「4つの基本原則」と「3つの代表」論によって，"中国的特色をもった民主"が既に実現されているというのが中国当局の公式的立場である．前者は，①社会主義の道，②人民民主（プロレタリア）独裁，③共産党の指導，④マルクス・レーニン主義と毛沢東思想の四者を社会主義政治体制の「4つの基本原則」として堅持すべきものとされる．1979年3月の中央理論工作会議で鄧小平によって提起されて以来，現行82年憲法および党規約等にもその主要な内容が盛り込まれており，中国の現行政治体制の骨格をなすものである．

　また，「3つの代表」論（The Three Representatives）とは，中国共産党が，①先進的生産力の発展要求，②先進的文化の進路，③広範な人民の根本利益を代表するというもので，江沢民が2002年に提起して以来，2003年段階の憲法改正で憲法にも盛り込まれた．党の定義を「労働者階級の前衛隊」と「中国人民と中華民族の前衛隊」から拡大し，党の基盤を「広範な人民」に置くというものである．いわば，執政党たる中国共産党が，かつての労農同

盟に基礎をおく階級政党から包括政党（catch-all party）へとウィングを拡げるものとも言える．

従って，こうした立場を掲げるならば，中国において「民主」は"既存"のものであり，達成すべき新たな目標ではないことになる．逆に謂えば，特に，「4つの基本原則」は，しばしば急進的な政治改革に対する牽制，あるいは反体制的な言説，活動に対する取り締まりに法理論的な根拠を与えるものともなっている．これに対し，こうした立場を必ずしも自明のものとせず，「中国は民主化されていない」との立場から，中国共産党の一元的な統治の現状に疑問を呈するところからさまざまな民主化の動きがスタートする．

(2) 「民主化」の系譜

中国を舞台とした民主化論・活動の系譜として，古くは，1957年の"双百"（＝百花斉放，百家争鳴）運動にも遡ることができる．儲安平，章伯鈞らに代表されるように，党があらゆる分野，領域で独占的に権力を握る情況への"ノー"であったが，これら正面切っての一党支配体制批判に対して，毛沢東が行ったものは，反右派闘争という名の民主諸党派，知識人に対する粛清の嵐であった．これを機に，党による一党支配の構造への異議申し立てに対し，「右派」なるラベルを貼ることにより，これを断罪，封殺する政治手法が中国政治の裡にビルトインされていく．文革時代には遇羅克ら一部紅衛兵による出身血統論批判等の体制告発も行われたものの，結局は権力掌握を行った四人組らにより弾圧・封殺される．74年11月には，「李一哲」なる集団筆名で"民主と法制"を求める大字報（＝壁新聞）が広州に貼り出され，「封建的ファシズム専制国家」と批判するも，直ちに筆者グループは逮捕・投獄の憂き目に逢っている．76年の第1次天安門事件を経て，改革開放の初期段階では，鄧小平への政治的期待感を背景に，「北京の春」（1978～79年）と呼ばれる民主化要求運動が活性化した．「4つの近代化」（農業・工業・国防・科学技術）に加えての「"第5"の近代化」として，政治の民主化を求めた魏京生あるいは徐立礼（《五四論壇》を主宰）らの民主化運動である．こ

れらは，インフレの昂進および官僚腐敗への"ノー"に端を発し，最終的には人民解放軍による武力鎮圧という悲劇を招いた第2次天安門事件（1989年）の学生らの運動（あるいは非合法組織とされる民主党の建党など）に至る滔々たる「民主化」要求の流れを形成している．

　一般に，こうした知識人，学生らによる「下からの」民主化運動は，現体制との緊張関係が不可避的であり，当局側の厳格な規制の下にあっては，しばしば右派，すなわち"反体制派"との政治的ラベルが貼られ，摘発，弾圧の対象とされる．なぜならば，これらの「下からの」民主化運動とは，現体制の変革，すなわち，体制転覆の謀略とリーダーシップによって解され，反革命罪を構成するものとされたからである．

　その一方で，第2の「民主化」の系譜としては，知識人層を主体とする政治体制改革論がある．いわば，前者の「下からの」民主化運動に対しての「上からの」民主化論と謂ってもよい．最も典型的なものとしては，1980年廖蓋隆が提起した庚申改革案があり，建国以来の党の歴史を総括した上で，司法の完全独立化，全国人民代表大会の二院制化など「高度な民主化」を最終目標としたものであった．これを受け，党内には政治体制改革をめぐる激しい論争が起こり，その後の政治改革論議に大きな影響を与え，80年代央には，鄧小平らが経済改革の一層の推進のために政治改革が必要であると提起したことから，さまざまな民主化論議も擡頭した．

　ただ，これらは，現行の政治システムの効率化を主題とし，体制内変革，改良主義の色彩も濃い．体制内変革の政治プログラムとして，リーダーシップによって部分的に採用されるケースもある一方で，その段階における政治情況によっては，上述の第1のグループとも同一視され，当局の追及の対象とされるケースもある．「上からの」あるいは「内からの」民主化論が，「下からの」民主化要求を刺激し，運動として盛り上がりを見せた段階では，86年末の各地の大学での民主化運動あるいは最も典型的には89年の天安門事件に見られるように，それに同情的であった指導者の失脚という政治ドラマの展開をも含め，混乱の収拾が目指されることになる．

更には，もちろん純学術的立場から，中国の民主化を主題テーマとして，分析，総括を行った内外の研究作業もある．近年のものとしては，蕭功秦「中国后全能型的権威政治」，康暁光「未来3-5年中国大陸政治穏定性分析」，Min Xinpei. "Is China Democratizing?" はじめ鄧正大，Andrew Nathan等の著作がある（詳細は章末参考文献リスト）．だが，これらの先行研究，特に外部世界からの観察による作業として展開されたものの多くは，民主化「期待」論の色彩がきわめて濃厚とも言える．いわば，冒頭に述べた民主化への過大なまでの理想化といってよい．贅言を要するまでもなく，所得格差，貧富の差の拡大による両極化現象，腐敗現象の蔓延，それらに伴う社会的統合力の低下等々に至るまで，経済発展を謳歌する中国が豊かさの獲得の一方で大きな課題に直面していることは紛れもない事実であるが，それらが「民主化」によってすべて解決され得るとするのは余りに過大な楽観であろう．ここにいう「民主化」とは単なる政治システムの変更に過ぎず，それが経済，社会領域に対する即効的な万能膏薬ではあり得ないからである．その一方で，この範疇の学術論議ではあっても，中国国内での民主化論には「当面の政治安定のために」という用具的側面も色濃いのは上述の通りである．既存の体制的枠組みを不変とした体制内変革の試みという傾向が強いが故である．

(3) 検討すべき課題

現代中国を舞台としたこれら民主化論のさまざまな分岐と民主化運動の限界等に留意するならば，冒頭に掲げた「手続き的民主主義」論の立場は必ずしもここでは有益ではない．畢竟するに，導入 (introduction) と定着 (consolidation) からなる民主化プロセスのうち，制度面に着目する限り，中国ケースでは，前者の入口にもさしかかっていないからである．寧ろ，中国の民主化を主題とする本章では，"民主"を以下のように定義し，検討することとしたい．

すなわち，中国共産党による一元的な統治構造，これを党＝国家体制 (Party-State system) として規定した上で，ここからの変革，すなわち，政

治的多元システムへの移行の可能性を，中国の民主化の可能性として把握することとしよう．こうした定義の下，政治的多元システムへの移行の可能性を，レジーム変容のいくつかのシナリオとしてその実現の蓋然性を検討する．

具体的には，かかる意味で把握された「民主化」に関し，いくつかの社会存在を取り上げ，多元化傾向の尺度として計測する．すなわち，村民委員会・居民委員会あるいは業主委員会等の基層「自治」組織，社会団体，業界団体あるいは労働者組織等の新旧「利益集団」等を対象として，それらの組織（あるいは制度）が，党＝国家システムからどこまでの自律性を獲得しているかを測定し，《下からの》利害表出チャンネルの制度化の程度を問う．その際には，「権精英」(power elite)，「銭精英」(money elite)，「知精英」(intellectual) 間における各種資源の分配関係を主眼とする．

裏返せば，今なお強固な「党＝国家システム」にどこまで"綻び"が発生しているのか，それとも「党＝国家システム」が新たな装いの統治ツールを獲得しているのかを検討することにもなる．

こうした作業フローの概要を，いわば鳥瞰図として下図（図7-1）に示し

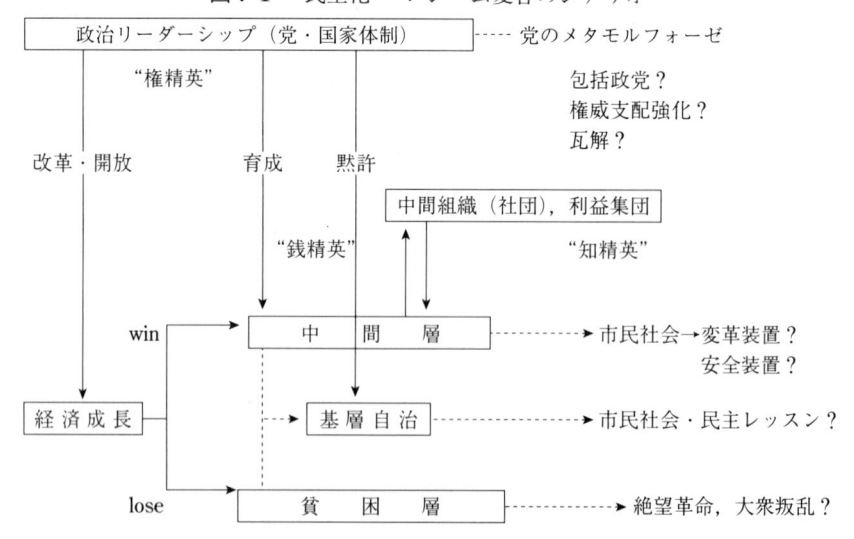

図7-1 "民主化"＝レジーム変容のシナリオ

ておいた.すなわち,上記の問いを再確認するならば,1978年以来の中国の改革・開放プログラムによってもたらされた経済成長は,いわゆるリプセット仮説に従う情況をもたらすものなのか,それとも反リプセット情況を創出することになるのか.ここにいう「リプセット仮説」とは,米国の政治学者リプセット (Seymour M. Lipset) に拠り,経済成長による所得向上から,社会の中に中間層が形成され,それを基盤として,当該社会に市民意識が醸成されることにより,市民社会が成熟し,中間層が変革の担い手となってその政治社会体制の変容が招来されるであろうと定式化することができる.これに対し,成長そのものが不均等にしてまだら模様となるところから,成長の配分が不平等となる結果,格差が極大化し,貧困層の一層の窮乏化が進行,その結果,いわば「絶望」による異議申し立て運動が「絶望革命」として大衆叛乱をひき起こすという形の変容プロセスを「反リプセット情況」とでも名付けることにしよう.

2 党による一元的統治構造——党＝国家体制

先ずは,中国共産党による一元的な統治構造を確認するところから始めよう.

現代中国にあっては,「党の国家化」による「党＝国家体制」が建国以来の基本的な統治構造となっていた.果たして,この基礎構造としての党＝国家体制に対し,1978年以来の経済改革はどのような変容をもたらしているのであろうか.党＝国家体制による一元的支配体制の変革,すなわち,政治的多元システムへの移行の可能性を,中国の民主化の可能性として検討するための準備作業として,「党＝国家体制」の従来のあり様を把握しておこう.

1978年以前のいわばプレ改革期としての社会主義期において,「党の国家化」による「党＝国家体制」,中国語原文では"以党代政"情況がもたらされた.かつてヴォーゲル (Ezra F. Vogel) は,「建国後の十年余で,中国共産党は,自律的な社会勢力を抑圧し,それを"党＝国家体制"の組織に代替

図7-2 党＝国家の社会制圧

(→二重の依存構造)

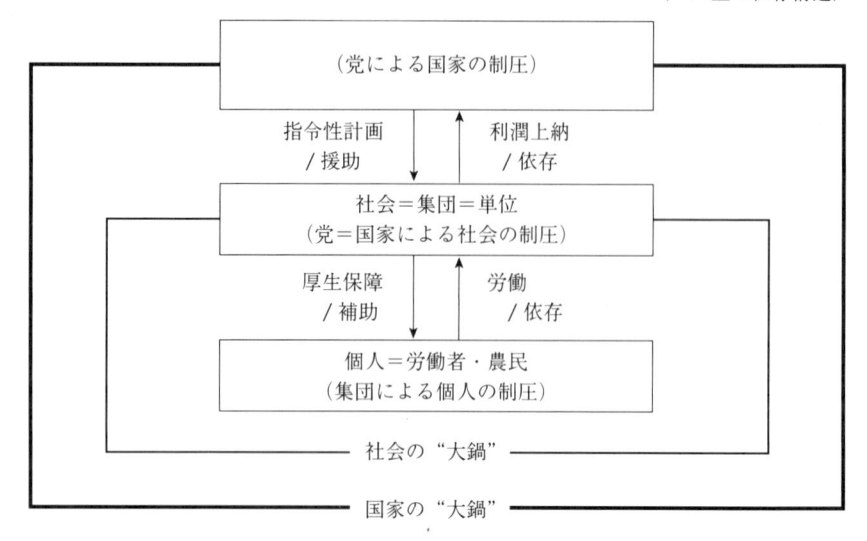

```
┌─────────────────────────────────────┐
│         (党による国家の制圧)          │
└─────────────────────────────────────┘
       指令性計画 ↓  ↑ 利潤上納
        /援助         /依存
┌─────────────────────────────────────┐
│          社会＝集団＝単位             │
│     (党＝国家による社会の制圧)        │
└─────────────────────────────────────┘
       厚生保障 ↓  ↑ 労働
        /補助       /依存
┌─────────────────────────────────────┐
│        個人＝労働者・農民             │
│     (集団による個人の制圧)            │
└─────────────────────────────────────┘
         ─── 社会の"大鍋" ───
         ─── 国家の"大鍋" ───
```

させることによって，"社会に対する政治的征服（political conquest）"を完成させた」(Vogel 1956) と指摘した．中国にあっては，安定的な行政組織構造は生み出されることはなく，これに替り「封建的全体主義体制（feudalistic totalitarian regime）」が成立した．このためにこそ，文革期に典型的な個人崇拝的色彩の濃い国家による社会の"全面嚮導"がもたらされたこととなった．

別掲図（図7-2）は，こうした党＝国家による社会の制圧を理念的に示そうとしたものである．個人としての労働者，農民はそれぞれの所属する企業，人民公社等の集団から生活のあらゆる側面に亙る補助を受け，その結果，全面的な集団への依存を余儀なくされた．全人民所有制，すなわち国有国営企業を中心に集団所有制をも裡に含む公的セクターがその集団組織であった．生活の全側面に亙る集団依存から，1次集団としての家族，宗族もこれらに包摂されることとなり，"単位"こそが諸個人にとって唯一の帰属集団であった．また，いわゆる「社会」保障が「企業」保障でしかなかった点に典型

的に見られるように,帰属集団としての"単位"こそが,「社会」であった.

一方,その集団自体が,党＝国家との「援助／依存」関係に立つ点では,諸個人と集団との間の「補助／依存」関係と同趣の構造であった.党＝国家はいわば「全智全能の神」として,指令性計画指標を各集団に下達し,計画達成に係るあらゆる意味での援助を無償で供与することの代償として,集団の活動成果を上納させる依存の構造がここに発生した.従って,「上から」,すなわち,党＝国家サイドからしても,「下から」,すなわち,諸個人のレベルからしても,社会とは,この集団でしかあり得なかった.党による行政組織のハイジャックとこうした計画原理の実現を通じた社会に対する"全面制圧"であった.

こうした党＝国家による社会の制圧から,行政,司法そして経済活動に至るまでのあらゆる領域で党組織が関与することとなる.特に,行政機構に対する党の代行主義が横行し,文革期には「党の一元的指導」が強調され,あらゆる決定を党が行う情況さえ生まれていた.党指導の貫徹のため,人民代表大会,人民政治協商会議,各行政機関,大衆団体等あらゆる組織に「党組 (party group)」が設置され,当該組織の事実上の最高意思決定機関として機能することとなった.

3 レジーム変容の可能性

こうした伝統的な党＝国家体制は,「第2の革命」とも称すべき経済改革によって如何なる変容を被っているのであろうか.前節の見取り図に示したいくつかの問いに分解することで,中国の政治体制の民主化に向けての多元化傾向の尺度として検討することにしよう.

(1) 中間層は変革の担い手たり得るか?

先ず,社会階層関係を見よう.現代中国における「中間層 (middle class)」とは,改革・開放前から存在していた国有セクターのアッパー・ホ

ワイトカラー層（「旧中間層」）と，改革・開放による新生事物としての私営企業家層および外資系セクターのアッパー・ホワイトカラー層（「新中間層」）の両者によって構成されている．前者が高学歴かつ共産党員を主体とした「体制エリート」的色彩が濃いのに対して，後者は，高収入かつ物質主義的にして改革・開放の受益者的な性格が強い．もっと端的に謂えば，78年から始まった改革・開放レースの勝者たちであり，この20年余で新たに生まれた新興富裕層（nouveau riche）である．『中国富豪100』（2003年，胡潤編輯）によれば，個人資産保有額トップとして，中国のナンバーワン大富豪とランクされた丁磊の個人資産は75億元にも達する．年齢は弱冠32歳，ポータルサイト，《網易》の総代表にしてチーフエンジニアという丁磊氏の個人プロフィルに，現代中国におけるマネービルディングの典型的コースを見出すこともできよう．若き優れた才能にとって，努力と機会にさえ恵まれるならば，かかる大富豪への途も決して見果てぬ夢ではない．果たして，丁磊氏に代表されるような新中間層は，将来の政治変革の担い手たり得る存在なのであろうか．

　われわれの観察に基づく暫定的結論としては，現段階における中国の中間層は，変革の担い手というより，寧ろ政治変動に対する緩衝装置の役割を果たすものと思われる（園田・菱田2004）．

　というのも，第1に，改革開放政策の直接の所産としてのいわゆる「新中間層」では，パワーエリート（"権精英"）とマネーエリート（"銭精英"）との相互依存関係が典型的に窺われる．両者間の相互依存とは，市場メカニズムが着実に浸透しつつあるとはいえ，権力サイドに今なお強固に残る各種行政認可権限あるいはさまざまな規制措置の設置・解除の権限とをとり結ぶ"権銭交易ネットワーク"である．これこそ，現代中国が直面する最大の課題としての腐敗の根源をなしている．上記丁磊ケースで謂えば，中国のIT産業自体，支柱産業として国家の産業政策の重要な一環を成しており，ネット接続等のプロバイダー業務自体が国家の集中的管理下にあることが最も示唆的であろう．リプセット仮説の原義にあるが如く，そもそも官僚層にその

経済的成功を依存する企業家なる存在自体，通常の「市民社会」範疇からは逸脱するものであり，ましてや歴史的役割としてのブルジョワジーでもない．寧ろ，字義通りの"銭精英"＝富裕層としての社会的上位者である．

　更に，刮目を要するのは，彼らのライフスタイルそのものである．というのも，ひとり中国のみならず，経済成長によって，「ヌーボリッシュ」なる新たなライフスタイルが，アジアの一部都市地域にも発生しつつあるからであり，「ヌーボリッシュ」層のボーダーレス化の可能性ともいえる．"中国夢"を実現した北京の私営企業家，個体戸事業者の生活様式，将来への希望，夢と，その他アジア各地域，例えば，ソウル，バンコク，台北，マニラの経済的成功者のそれに，今やどれほどの差異があるであろうか．各国に汎通するサクセス・ストーリーと勝者たちのライフスタイルの共通性から，各国に共通する価値意識といえるかも知れない．従って，失うべきものを既に獲得した，その限りでは進歩的であると同時に，各種の既得権益の保護に対する自己防衛本能から相対的保守化層ともなっている．

　とりわけ，次代の子女教育に対する意識を見る限りでは，その保守的傾向が極めて色濃い．概して，中国では，伝統的に教育には熱心であるが，今日の中間層における教育熱は一般層を遥かに上回る．自らがいわば体制外における成功を収めたが故にこそ，自らの子女を体制内エリートとして育てようと躍起である．特に，自らの経済的成功，社会的地位を今なお不安定的なものと感じている私営企業家層では，"権銭交易ネットワーク"等のよりパーソナルなネットワークを通じて現体制との接点を深めることで，自らの権益維持を図っているからである．

　従って，この意味では，現代中国における中間層の台頭は，国家との「対抗関係」でなく，国家といえば「共棲」する社会を生み出したことになる．本来ならば自律・自治の「市民社会」を担う存在たるべき，これら中間層は，市民社会論の従来の観察とは逆に，実態的には，「党＝国家体制」そのものの存続に加担する，まさしく中間的な媒介存在ともなっている．

　もちろん，現段階にあっては，腐敗ルートを通じて"蜜月"関係にある

"権精英"と"銭精英"との相互依存関係も，何らかの契機で相互対立に転じ，崩壊する可能性も否定はできない．世界第6位の石油富豪ともされたホドルコフスキー（Mikhail Khodorkovsky）の逮捕というロシアの恰好の事例にみられるように，"銭精英"が自らの政治資源を求めて"権精英"への挑戦を行おうとする時である．だが，われわれの調査結果では，中国の中間層の政治意識はそこまでの成熟を示してはいない．

一方，もう1つの予想される対立の契機とは，経済危機の出現である．すなわち，これまでの長期的な経済成長の持続が危殆に瀕し，"銭精英"が自らの権益保護のため，"権精英"との関係を再構築ないし精算しようとする時であろう．

(2) 貧困層の窮乏は「絶望」革命をもたらすか？

次に，貧困現象がもたらすものを見よう．貧困とは，第一義的には，個人の生存そのものに関わる問題であり，疾病，居住あるいは犯罪等社会問題にも直結する．冒頭に見た「反リプセット情況」が出現することとなるのであろうか．現実に存在する貧困世帯のさまざまな困難の度合を見てみよう．

先ずは，その中でも，貧困家庭の教育負担の現状に眼を向けよう．個別事例ではあるが，湖南省城市社会経済調査隊の調査によれば，同省全体における世帯当たり教育支出平均は，同世帯年間所得総額の50%以上に上っており，いわば貧困省としての湖南地域における教育負担の高さが看取される．だが，それ以上に，都市部および農村部別に見た場合には貧困世帯の教育費負担の重さがより明らかとなる．都市部貧困世帯では，年間の教育費支出が2,408元と年間所得3,885.2元の62%にも上る．農村部では，貧困世帯の年間総所得が2,523.8元と都市部の7割程度の水準に留まるにも関わらず，教育費は都市部のそれにほぼ匹敵する2,324元が支出されるため，農村貧困世帯における教育負担水準（総所得に占める年間平均教育支出）は92.1%にも達している（唐啓賢2002）．得られた所得の大部分が，子女の教育費に費やされていることを意味する．

では，貧困家庭におけるこうした圧倒的な教育費負担の大いさを軽減する途はあり得ないのだろうか．通常，われわれが先ず想起するのは，直接には学費の減免，間接的には政府援助等による所得補助等のルートであるが，現代中国にあっては，必ずしもこれらチャンネルは有効に機能してはいない．

この結果，こうした過重な教育費負担は，いうまでもなく"失学"現象，すなわちフォーマル教育からのドロップアウトをもたらすこととなる．先の湖南省の貧困世帯における"失学"率は全体で17.8%にも達する．これは，入学しつつもほぼ5人に1人が学業半ばで志を捨てていることになる．居住地別では，農村部貧困学生の失学率は30.4%と都市部のほぼ3倍近くの水準に達している．就学段階別では，農村部が小学校段階でのドロップアウトが最も高く，およそ4割であるのに対し，都市部での"失学"現象のピークは高級中学段階での29.5%である．農村貧困層における義務教育の未達成情況は極めて深刻といわねばならない．

このため，兄弟姉妹の一方が就学を放棄，"打工（＝出稼ぎ）"労働に従事することで家計を支え，他方の就学をかろうじてサポートするというのが農村貧困家庭のいわば通例パターンともなっている．

貧困層にとって，貧困脱却の途として，就業，所得拡大から将来投資としての子女教育への期待に至るまで各種ルートが選択されるが，その教育費負担の大いさから，その最後のチャンネルも閉ざされつつある．儒教的伝統に拠るアジア的価値ともいうべき子女教育が前節で見た豊かな中間層では実現されつつあるのに対し，貧困層にあっては，子女教育の重視，期待感が実現困難となっているからである．現世代の貧困が，次世代の貧困脱却ルートの閉塞をもたらしている．「貧困の固定化」あるいは貧困の拡大再生産の様相を呈することにもなりかねない．

もちろん，現在時点の貧困とは，直截には，当面の生活危機，眼前の生活困難をもたらすものであることはいうまでもない．中国社会科学院社会政策研究中心が上海，武漢，天津，蘭州，重慶の5都市において実施した貧困世帯（2,500戸）調査結果によれば，教育面のほか，食品，衣類，医療面の困

難が浮き彫りとなっている（唐欽 2002）。食生活では，肉類消費はほぼ皆無，5都市全体で野菜中心の窮乏生活となっており，栄養摂取に欠けるところから，慢性的な罹患が拡がっており，たとい発病したとしても医療サービスを受けることは困難である。医療面では，農村部がヨリ深刻な低水準情況にあり，42県126村の1,050世帯に対する河北省農村社会経済調査隊調査によれば，医療施設が設置されてはいるものの，回答者の92.6％が頭痛，風邪といった"小病"治療を期待するのみと答えている。貧困人口は，「"既害怕生病，又偏偏容易生病"（＝病気になることを最も恐れつつ，しばしば病気になりがちな）高疾病リスク・グループ」となっている。加えて，居住も劣悪な条件下にある。北京市の事例では，貧困世帯の1人当たり住宅建築面積は10.45m²に過ぎず，北京市の平均17.07m²を遥かに下回る（尹 et al. 2000）。農村部でもほぼ同様であり，江蘇省の低所得世帯調査事例では，1人当たり住宅面積は23.1m²（2001年末）に過ぎず，全省農村全体の平均水準の68.5％にとどまっている（章・曽・黄 2002）。

　かくして，貧困現象は新たな不平等を更に発生させる深刻な不公平事象となっている。豊饒の中にあって「貧しさ」に喘ぐひとびとは，改革レースの敗者として，単なる財・サービスの享受水準のみならず，豊かさを謳歌する"主流"に対する"亜流"の社会存在として，不公平，不公正な立場に追いやられた"社会的弱勢群体"の座に貶められている。

　だが，中国はあまりに大きい。貧困層の「絶望」革命も，90年代初頭に見られた窮乏農民の叛乱の勃発に典型的に窺われるように，地域を限定した個別の叛乱現象の域にとどまるであろう。たしかに，貧困層の核としての困難企業の労働者ストから年金生活者のデモに至るまで，昨今では社会不安の高まりを予感させる事象も頻発傾向にはある。だが，あくまでそれらは散発的な動きに過ぎず，聚合の核たる指導者と糾合の理念を欠くところから，個別の局部叛乱にとどまっている。寧ろ，農民叛乱に危機意識を抱いた党＝国家リーダーシップの対応が扶貧政策として実施されているように，党＝国家体制のガバナンスの向上努力がもたらされている。全国規模に拡大した「絶

望」革命，大衆叛乱への拡大こそ党＝国家体制が最も恐れる悪夢であり，貧困も地域毎の個別対応に努力が傾注され，個別的な局部現象にとどめられ得るであろう．

(3) 新組織，制度は「下からの」利害表出チャンネルとなり得るか？

次に，改革・開放によって生まれた新たな組織，制度の機能的側面を検討しよう．村民委員会・居民委員会あるいは業主委員会等の基層「自治」組織あるいは各種の社会団体，業界団体あるいは労働者組織等の新旧「利益集団」等は，党＝国家システムからどこまでの自律性を獲得しているのであろうか．

中でも，86年の「中華人民共和国村民委員会組織法（試行）」の制定以来，全国各地で推進されている村民委員会主任（＝村長）選挙は，中国における基層民主の小実験とされ，内外から大きな注目を浴びた．というのも，移行期中国の農村にあっては，差額競争選挙，無記名秘密投票形式の"民主形態"の村長選挙制度の浸透により，一般的理解を遥かに凌駕するテンポで"民主化"が進展しつつあり，これこそ閉塞的な中国の政治体制に開けられた"民主化の風穴"であるとの評価が根底にある．農村社会における「住民自治組織」（憲法111条）としての村民委員会レベルにおける民主の"レッスン"は，タテ・ヨコ2方向へのインパクトが不可避的であろうとする民主化期待論の立場の典型とも言える．すなわち，タテ方向には，農村住民自治組織の「民主」選挙は，次のレベルとしての郷鎮政府の首長（郷長，鎮長あるいは県長）選挙等へと拡大され，また，ヨコ方向としては，憲法111条によって同様に都市社会における住民自治組織として規定された居民委員会主任選挙へと拡大されることとなり，これらインパクトが最終的に帰着するところとしては国家および党の最高指導者の民選，直選へと繋がるであろうとの期待感である．

だが，村長選挙の実態は，その所在地，経済発展段階・類型，宗族・家族形態等の社会文化伝統等の差異により，かなりの地域差が見られる．われわ

図7-3 農村における政治構造

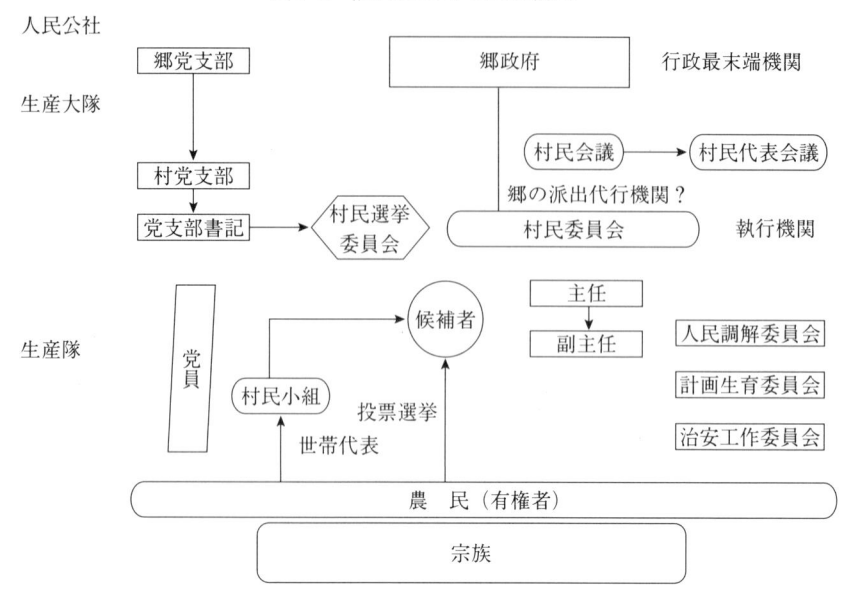

人民公社　　郷党支部　　　郷政府　　　行政最末端機関
生産大隊
　　　　　　　　　　　　　　　　村民会議 → 村民代表会議
　　　　　　村党支部
　　　　　　党支部書記 → 村民選挙委員会
　　　　　　　　　　　　　郷の派出代行機関？
　　　　　　　　　　　　　村民委員会　　執行機関

生産隊　　党員　　　　候補者　　主任
　　　　　　　　　　　　　　　　副主任　　人民調解委員会
　　　　　村民小組　投票選挙　　　　　　　計画生育委員会
　　　　　　　　　　世帯代表　　　　　　　治安工作委員会

農　民（有権者）

宗族

れが行った調査の結果として謂えば，党支部系列強化の一環として，村民委員会の重要性を強調するという側面が最も濃厚のようにも見受けられる．

　図7-3に示したように，中国の農村社会には，性格，機能が相異なる2つの組織が併立している．1つは，村民全体の選挙によって選出された村民委員会であり，他方は村内の党員によって選出（あるいは上級組織によって任命）された党支部組織である．「民主の小実験」の中で，後者が優位に立つ構造が鮮明となりつつあるとも言える．選挙管理機構の構成を見ても，党支部書記はほぼ常設ポストであり，かつまた選挙機構自体が候補者の選出，確定プロセスに党支部系列が直接関与するという選挙形態からも，そして，各村内部における村長から村党支部書記へという昇進ルートの形成に至るまで，党支配強化と村民自治の一体化というまさに両義的な事態が一般的のようにも思われる．

　更には，村内部のみならず，上級組織との関係においても，徴税から治安

機能に至るまで，郷鎮政府の代行機関たる側面が拭い難い村民委員会の事例も散見され，まさしく国家と社会の中間的性格が色濃く，両者の相互依存，相互利用の場として村民委員会なる組織を概括することもできる．

　ほぼ同趣の事態は，社団と総称される社会団体組織に見出すことができる．これらは，国家中央に対する市民社会側からの"組織化された利益表出"として把捉することももちろん可能であるが，その一方で，国家の行政機能の代行という側面も拭い難い．

　とりわけ，社会団体組織形態の代表例とされる行業協会は，"決策者"とされる党＝政府に対し，"執行者"と位置付けられ，行政改革，政策決定，執行の中間参加者として，その仲介機能は官民共営の市場経済における"代行"にあるともされている．社団成立に関する実態的経緯に注目する限り，温州等の事例に見られるいわゆる民営企業家自身が結成する文字通り「自発的」な行業協会と，広州，上海，北京，天津等の大都市に一般的な，従来の政府行業主管部門が主導して政策意図的に結成される行業協会の二者が存在する．前者は，いわば"体制外"における"組織化された利益表出"として捉えることは充分可能であるにせよ，後者は"体制内"，すなわち政府の行業管理機能が一部譲渡委任された形態であり，数量的にも前者は依然主流とはなり得ていない．

　従って，改革開放によって生まれた新たな組織も，「下からの」利益表出の全きチャンネルとして捉えるのは，やや時期早尚のようにも判断される．まさしく李景鵬・北京大学教授が喝破するように，「合法的なチャンネルは無効であり，有効なチャンネルは非合法である」という判断こそ中国の現実を掬うものである．

4　政治的多元化への途

(1)　国家と社会の"共棲"関係：改革期

「党＝国家体制」の内部から発せられた改革開放プログラムの進展の結果

を見てきたが，それによってもたらされた基本的な事態とは，以下の2つに集約される．

1つは，市場メカニズムの着実な浸透である．上述したかつての「党＝国家体制」による社会制圧を支えた計画原理は今や形骸化の一途を辿り，替って市場メカニズムによる資源配分と価格決定が経済，産業，企業の殆どの領域に浸透しつつある．図7-2における党＝国家と集団＝企業間の「援助／依存」関係を支える基本構造が揺らぎ，いわば"体制外"存在としての「その他」セクター（すなわち私営・個人セクター，外資系セクター）が中国全体を支えるまでに伸長している．

国有および集団の公的所有制度が「党＝国家体制」のいわば"最後の砦"との様相を呈しつつあり，かつての計画原理を最も体現する国有企業セクターの不活性な情況こそが外ならぬ残された最重要の改革目標となった．このため，財，サービスに関する所有制自体も，市場メカニズムのヨリ一層の作動のための改変が余儀なくされている．従って，こうした市場メカニズムの浸透により，図7-2で見た"国家の大鍋"がいわば縮小すると同時に，旧来システムにとっての「体制外」セクターが伸長するにつれ，"社会の大鍋"領域が次第に拡大，"国家の大鍋"から「浸み出して」いく（図7-4）．極端な比喩が許されるならば，企業家精神と先取の気風に富んだ諸個人といわば

図7-4　国家から浸み出す社会

―― 国家 ――
体制内エリート
権精英（Power Elite）
↕ 腐敗：権銭ネットワーク
銭精英（Money Elite）

体制外エリート
―― 社会 ――

かつての「体制の敵」そのものであった外国資本によって嚮導されたこの「浸み出した」セクターこそが，開放期中国のダイナミズムの最大の根源であり，逆に体制内セクターこそ今や桎梏に転じている．

　これら2つの事態に関し，前者の事態にヨリ注目を寄せる立場からするならば，現代中国社会の変容とは，国家に対する社会領域の自律性の高まりとして描き出されることとなる．その帰着するところは，とりわけ欧米における中国研究にしばしば特徴的に窺われる「市民社会」の再生，復興論である．一方，後者の事実，すなわち，「党＝国家」体制の権力メカニズムは，弛緩しつつあるにせよ，今なお厳然と強固に存在している．この点を踏まえて，市場メカニズムの浸透に伴う社会領域の自律性の高まりを見た場合には，国家と社会との間に両義的な"共棲"関係が成立しつつあるものと判断されることになる．

　この両者間の「怪しげな胡散臭い関係」とは，第1に国家・社会両領域間の領域自体が曖昧であること，第2に，その系として，両者間における相互浸透（filtration）が見られること，そして第3には各個別ケース毎に不確定であることに特性が求められる．前節で見た「新たな装い」の社会組織・集団の存在様態も，改革開放プログラムによる「新たな」社会意識，階層等と同様に，こうした意味合いでの両義性を備えたものとなる．

(2) 変容シナリオ

　これらの検討の上に，最後に，レジーム変容のシナリオを検討することで本章のまとめとしよう．

　予想される政治多元化への道筋としては，①自己崩壊型，②激震型，③微震移行型，④漸進変革型の4シナリオが想定される．①の自己崩壊型とは，現有システム自体が，いわば膝から崩れ落ち，政権を投げ出す形で自ら崩壊するというものであるが，このシナリオは，これまでの検討結果からすれば，実現可能性は極めて低い．改革により社会の自律性が高まりつつあるものの，それは決して直截には国家の撤退を意味していないからである．②の激震型

シナリオとは，中国共産党に対抗する外部勢力が形成され，その結果として，両者間での闘争，ないしはさまざまな"バーゲニング"の結果として中国に激震をもたらすような変容の類型を指している．現在時点，7,300万人の党員数を誇る中国共産党とは，全国規模のピラミッド型組織構造を持ち，かつベスト＆ブライテストの人材を糾合した中国唯一の組織である．果たして，これに対抗的な外部組織が成立可能であろうか．この関連では，逆に中国共産党自身のメタモルフォーゼの意味するところが大きい．先に見た「3つの代表」論により，今や階級政党たることをやめ，包括政党化した中国共産党は，より多くの党員，シンパを吸収することとなろう．経済改革の進展から，かつての「政治の季節」から「経済の季節」へとひとびとの意識，行動も変化するにせよ，執政党としての党メンバーたることの意義には，文字通りの社会的エリートへの上昇ルートとして従前にも増して大きなものがあろう．

　この関連では，③の微震移行型も，その本質は実は同根である．この微震移行型シナリオとは，上記の外部対抗勢力との直接対決ではなく，その党外組織集団との，あるいは党内改良勢力との間で，何らかの形で制度に則った形で行われる体制移行をイメージするもので，ポーランド等の事例にみる「移行協定」が締結されるというケースである．そのカギ的事象は，野党あるいは中国共産党の現主流派に対する「党内野党」の成立如何にあるが，上述の共産党自身のメタモルフォーゼのもたらす吸収力の増強がここでも有効に作用するであろう．

　ただ，その一方で拡大する産業利害，集団利益等の分岐は，党が立案，執行する政策の分岐をももたらすことにもなろう．この関連では，党内における政策分派の可能性も高い．そうした情況とは，「一党制下の疑似多党制」とも称することができよう．これを補強するものとして，従来の「議行合一（＝立法と行政の一体化）」体制への改革あるいは党委員会組織改変の動き等も顕在化し，いわば「上からの」民主化の可能性も高まろう．

　従って，見渡し得る範囲で考えるならば，④の漸進変革型，すなわち政治体制改革をも含めた現体制内部の制度変革が最も蓋然性が高いシナリオとな

る．いわば，その途とは，国家・社会間の"共棲"関係の基礎の上に，党＝国家体制から「ポスト全体主義・テクノクラート・新権威主義（＝Post totalitarian technocratic Neo-authoritarian Regime）」への過渡期として描き出すことができよう．

◆参考文献
日本語文献
川原彰編．1993．『ポスト共産主義の政治学』三嶺書房．
中兼和津次．1999．『中国経済発展論』有斐閣．
毛里和子．1997．『現代中国政治』名古屋大学出版会．
菱田雅晴編．2000．『社会：国家との共棲関係』東京大学出版会．
唐亮．2001．『変貌する中国政治：漸進路線と民主化』東京大学出版会．
園田茂人編．2001．『現代中国の階層変動（中央大学社会科学研究所叢書11）』中央大学出版部．
園田茂人・菱田雅晴．2004．『経済発展と社会変動』名古屋大学出版会（近刊）．
朱建栄．2002．『中国　第三の革命』中公新書．
英語文献
Alock, P. 1993. *Understanding Poverty*. London: Macmillan Press.
Banfield, Edward C. 1958. *The Moral Basis of a Backward Society*. New York: Free Press.
Booth, C. 1889. *Labour and Life of the People: East London*. London: Williams and Norgate.
Bova, R. 1991. Political Dynamics of the Post-Communism Transition: A Comparative Perspective. *World Politics* 44(1): 113-138.
The Committee of European Community. 1989. *Interim Report on a Specific Community Action Program to Combat Poverty*.
Dahrendorf, Ralf. 1990. *Reflections on the Revolution in Europe*. Random House（岡田舜平訳．1991．『ヨーロッパ革命の考察』時事通信社）．
Gans, H. 1968. *The Urban Villagers: Group and Class in the Life of Italian-Americans*. New York: Free Press.
Harrington, Michael. 1962. *The Other America: Poverty in the United States*. New York: Macmillan Company.
Harrington, Michael. 1984. *The New American Poverty*. New York: Reinhart and Winson.
Karl, T. L. and P. Schmitter. 1991. Modes of Transition in Latin America,

Southern and Eastern Europe. *International Social Science Journal* 128.
Lewis, Oscar. 1959. *Five Families ; Mexican case Studies in the Culture of Poverty*. New York : Basic Books.
Lipset, Seymour M. 1960. Some Social Requisites of Democracy : Economic Development and Political Legitimacy. *American Political Science Review* 53.
Lu, Xiaobo. 2000. *Cadres and Corruption : The Organizational Involution of the Chinese Communist Party*. Studies of the East Asian Institute. Columbia University. Stanford University Press.
Lynes, T. 1979. *Cost of Children*. London. New Society. vol. 15.
Naughton, Barry. 1995. *Growing Out of the Pain : China's Reform 1978-1993*. University of California Press.
O'Donnel, Guillermo, and Philippe C. Schmitter. 1986. *Transition from Authoritarian Rule, Tentative Conclusions about Uncertain Democracies*. Baltimore : Johns Hopkins University Press（真柄秀子・井戸正伸訳．1986．『民主化の比較政治学：権威主義支配以後の政治世界』未来社）．
Palma, G. Di. 1990. *To Craft Democracies*. University of California Press.
Rowntree, M. 1901. *Poverty : A Study of Town Life*. London : Macmillan.
Skilling, Gordon H., and Franklyn Griffiths (eds.). 1971. *Interest Groups in Soviet Politics*. Princeton University Press（中西治監訳．1988．『利益集団と共産主義政治』南窓社）．
Touraine, Alain. 1980. *l'Apres socialisme*. Grasset（平田清明・清水耕一訳．1982．『ポスト社会主義』新泉社）．
Vanhanen, Tatu. 2003. *Democratization : A Comparative Analysis of 170 Countries*. Routledge.
Vogel, Ezra F. 1956. *Canton under Communism*. Harvard University Press.
Vogel, Ezra F. 1989. *One Step Ahead in China : Guandong Under Reform*. Harvard University Press（中嶋嶺雄監訳．1991．『中国の実験：改革下の広東』日本経済新聞社）．

中国語文献
陸学藝主編．2002．「当代中国社会階層研究」課題組『当代中国社会階層研究報告』社会科学文献出版社．
陸学芸・李培林主編．1997．『中国新時期社会発展報告（1991～1995)』遼寧人民出版社．
李培林．1995．『中国社会結構転型：経済体制改革的社会学分析』黒龍江人民出版社．
李培林主編．1995．『中国新時期階級階層報告』遼寧人民出版社．
鄭杭生・李強等．1993．『社会運行導論：有中国特色的社会学基本理論的一種探

索』中国人民大学出版社.

鄭杭生等. 1996. 『転型中的中国社会和中国社会的転型：中国社会主義現代化進程的社会学研究』首都師範大学出版社.

鄭杭生主編. 1996. 『中国人民大学社会発展報告（1994-1995）：従伝統向現代快速転型中的中国社会』中国人民大学出版社.

魏礼群主編. 1996. 『1996-2010年中国社会全面発展戦略研究報告』遼寧人民出版社.

李英明主編. 1995. 『転型期的中国：社会変遷―来自大陸民間社会的報告』時報文化出版.

中共中央宣伝部編. 1990. 「四項基本原則村資産階級自由化的対立」人民出版社.

劉漢清. 1989. 『論以権謀私』中国卓越出版.

劉光顕・張泗漢. 1986. 『貪汚賄賂罪的認定與処理』人民法院出版社.

鄭利平. 2000. 『腐敗的経済学分析』中共中央党校出版社.

樊鋼. 1995. 『樊鋼集』黒龍江教育出版社.

呉敬璉. 2003. 「中国腐敗的治理」『戦略與管理』第2期.

王新生. 2003. 『市民社会論』広西人民出版社.

李守庸・彭敦文. 2003. 『特権論』湖北人民出版社.

劉軍寧編. 1989. 『民主與民主化』商務印書館.

劉光顕・張泗漢. 1986. 『貪汚賄賂罪的認定與処理』人民法院出版社.

唐欽. 2002. 「社会政策的基本目標：従克服貧困到消除社会排斥」『社会学』C4（9），中国人民大学書報資料中心：10-15.

張和清・向栄・高万紅. 2002. 『弱勢群体的声音與社会工作介入』中国財政経済出版社.

多吉才譲. 2001. 『中国最低生活保障制度研究與実践』人民出版社.

洪大用. 2003. 「改革以来中国城市扶貧工作的発展歴程」『社会学研究』1：71-86.

周怡. 2002. 「貧困研究：結構解釈與文化解釈的対塁」『社会学研究』3：49-63.

関信平. 1999. 『中国城市貧困問題研究』湖南人民出版社.

尹志剛等. 2000. 『北京市城市居民貧困問題研究』課題研究報告.

唐啓賢. 2002. 「貧困家庭急需教育援助：対城郷貧困家庭教育負担情況調査」『調研世界』10（109）：28-29.

河北省農村社会経済調査隊. 2002. 「農民呼声　謀百姓利益：対42個県126個村1050戸農民問巻調査的評析」『調研世界』12（111）：27-29.

都陽. 2001. 『中国貧困地区農戸労働供給研究』華文出版社.

章国栄・曽玉平・黄秉成. 2002. 「聚焦低収入群体」『調研世界』9（108）：29-30, 11.

国家統計局農村社会経済調査総隊・国務院扶貧弁外資項目管理中心. 2001. 『貧困監測報告2000（内蒙古　甘粛，総第2号）中国西部扶貧世行貸款項目』経済科学出版社.

国家統計局農村社会経済調査総隊・国務院扶貧弁外資項目管理中心．2002．『貧困
　　監測報告 2000（総第 4 号）中国秦巴扶貧世行貸款項目』経済科学出版社．
国家統計局農村社会経済調査総隊・国務院扶貧弁外資項目管理中心．2002．『貧困
　　監測報告 2000（総第 6 号）中国西南扶貧世行貸款項目』経済科学出版社．
何雲峰・李静・馮顕誠．2003．『中国人的心態歴程』科学出版社．
攀懐玉・郭志儀・李具恒・栄立・馬順福・曹洪民．2002．『貧困論：貧困與反貧困
　　的理論與実践』民族出版社．

第8章

ベトナム

二元的構造における政治変動・政治発展

中 野 亜 里

1　政治的民主化問題の視点

(1)　政治と社会に対する視点

　現在のベトナム社会主義共和国は，1945年の独立宣言以後，フランスに対する独立戦争と国土の南北分断，アメリカとの戦争（ベトナム戦争）を経て，1976年の南北統一によって成立した．これらの闘争の最大指導勢力は，ホー・チ・ミン（Ho Chi Minh）が率いる共産主義勢力であったが，30年にわたる民族解放闘争の過程では，それ以外の多様な民族主義勢力の貢献も大きかった．特に，南ベトナムの非共産主義的民族主義者をも包摂した諸組織は，イデオロギー的に中立な南ベトナム国家の自治を標榜していた．これら組織は自律的な市民運動として国際的支持を獲得したが，北ベトナムによる南ベトナム「解放」後には消滅するか，または北の組織に吸収されてしまった．

　ハノイの共産主義政権に対する各地方の民族主義勢力の自立度については，まだ充分な史料に基づく検証がなされていない．いずれにせよ，南北統一後は共産党一党体制が確立し，その他の政治・社会組織は存在を許されず，弾圧の対象とさえなった．現在に至るまで，あらゆる国家機関，地方行政単位，国営企業，社会団体の末端まで党の組織が浸透しており，党・政府と市民社会とが対立する構造にはなっていない．

わが国における現代ベトナムの政治研究では，白石昌也，五島文雄らによる政治機構の分析，古田元夫による革命政策史の研究，鮎京正訓による法理論研究などの先行業績がある．ただ，基本的に共産党の一元的支配を前提とした既存の政治枠組みに基づくものであり，政治変動・政治発展（民主化）という動態に迫る本格的な研究は今後の課題である．本章では，党の統一的な支配に対して，多様な社会勢力が下から作用している具体的な事象を検討し，政治（表）と社会（裏）という二元的な構造でベトナムの状況を捉え直すことを試みる．

　ベトナムの政治状況は，視点の据え方によって全く異なって見える．一面的な見方を避けるためには，異なる政治的立場からの多様な情報を分析する必要がある．本章は，①党・政府公刊文献，②国内の批判勢力からの発信，③在外ベトナム人組織の報道・論究，④筆者が現地調査で得た情報，に依拠し，民主化問題に多角的に光を当て，立体的な実像を結ぶよう努める．

(2)　民主化問題に関する諸要素

　現在のベトナムは，政治面では共産党による一党支配体制を維持し，経済面では1986年末に始まるドイ・モイ（刷新）路線の下に，対外開放と市場経済化を進めている．つまり，経済活動の自由化が進む一方で，政治的自由は制限されている．社会主義国家計画経済から市場経済に移行した国家としては，旧ソビエト連邦（以下「ソ連」）および東欧諸国や中国と同様だが，ベトナムの民主化問題については，次のような諸要素とその変化が既存の理論的枠組みの適用を困難にしている．

　第1は，同国の社会主義体制が，かつての東欧諸国のようにソ連によってもたらされた外在的な枠組みではなく，民族主義者ホー・チ・ミンが自発的に選択したものであるという前提条件である．ベトナム共産党は，社会主義志向路線の正当性の根拠として，それがホー・チ・ミンとベトナム民族が自ら選んだ道であることを主張し，マルクス・レーニン主義とホー・チ・ミン思想を党の指導理念としている．

民族解放闘争期を通じて，ハノイ指導部はソ連が指導する社会主義陣営の一員を自認し，中国をモデルに社会主義国家建設を推進した．しかし，一方で両大国の過度の影響力を回避し，中ソ対立下でも両国との等距離外交に努めた．ベトナムが対ソ依存を明確にしたのは，中国との対立が決定的となった1978年以後のことである．
　しかし，1991年のソ連の崩壊によって「先進的社会主義国」のモデルは消滅した．同じ年に中国との関係を正常化したベトナムは，現在は再び同国の国家建設をモデル視しているが，それはあくまで一党体制と経済発展を両立させたモデルとしてである．社会主義とは何か，ベトナムの社会主義建設とは何かについては，党内で議論されているが，統一的な理論は形成途上にあり，「ベトナム的社会主義的民主主義」の内容も定まっていない．党内の分裂を防いでいるのが「ホー・チ・ミン思想」であり，民族主義者としてのホー・チ・ミンの言行を規範とすることが最大公約数的な合意となっている．
　第2は，ベトナム戦争期に膨大な数の国民が犠牲になったため，その戦争を指導した体制を容易に変更できないことである．冷戦期のベトナムは，社会主義政権のベトナム民主共和国（北ベトナム）と，アメリカに支援されたベトナム共和国（南ベトナム）とに分断され，革命勢力は社会主義陣営の最前線としてアメリカ・南ベトナム連合軍と闘争した．従って，社会主義の放棄は数百万に上る戦死者やその遺族，傷病兵らの犠牲の意味を否定することになる．ハノイ指導部がソ連・東欧の社会主義放棄に倣わなかった理由を考察する時，党の支持基盤として革命に貢献した人々の存在を無視することはできない．
　しかし，近年では，この容易に変更を許さない体制の下で市場経済化・グローバル化が進行し，政治と経済・社会生活との懸隔が広がった結果，様々な局面で緊張が発生している．また，後述のタイ・ビン事件のように，党官僚の腐敗に対して古参の党員や革命貢献者を含む住民が抗議行動を起こし，党から離脱する者も出るようになった．国民が血で贖った社会主義革命の成果自体が，今や問題視されているのである．

第3に，ベトナム的社会主義的民主主義の論理が完成する以前に，同国の民主化や人権問題に対して国外からの批判が高まり，それに対して指導部が俄か作りの論理で対処してきた経緯がある．それは，東洋では個人より共同体の権利を重視するという「アジア的価値」論や，民主主義・人権の理念は各国の歴史的条件によって異なるという主張，さらに，ベトナムへの批判を社会主義体制転覆の陰謀と見る「和平演変」論などである（中野 1995, 1996）．しかし，1997年以降のアジア経済危機で発展・近代化に関する東アジア・モデルの説得力は低下した．一方，ハノイ指導部は，ソ連ブロックの崩壊後は「国際共同体への積極的参入」「グローバル経済への参画」を標榜しているため，独自の歴史的条件を免罪符とする論理にも限界がある．

2　「社会主義的民主主義」に関する諸論点

(1)　ソ連ブロック崩壊の影響

　王朝時代のベトナムでは，「王命も村の垣根まで」と言われるほど，中央の権力に対する農村の自立性が高く，政治と社会の二元的な構造が存在したと理解できる．しかし，独立以後のベトナムは，北部では1950年代末，全国レベルでは1975年以降，共産党政府による統治が定着し，農村の末端まで党組織が浸透するようになった．政府機関の主要な地位は党幹部が占め，党政治局員である首相を頂点に，地方の各級行政機関が統一的に管理されているため，地方自治という概念はない（白石 2000）．また，長期にわたる戦争に国民を動員してきたため，国会が作る法よりも国家主席や首相，政府の決定，指示が有効に機能してきた．社会活動の面でも，国民は党傘下の「ベトナム祖国戦線」に属する各大衆団体，職能団体に編入されている．

　すなわち，表向きは政治と社会が対立し得ない体制が成立していると言えよう．政治思想の分野でも，党が決定する思想工作路線に基づく政策が末端レベルまで統一的に実施される．民主主義の理念についても，党が一定の解釈を施し，国家機関と社会活動の各局面でそれが適用される．

ベトナムにおける民主主義のあり方が本格的に議論されるようになったのは，ソ連ブロック崩壊後の1990年代のことである．1980年代末，東欧諸国の社会主義体制の動揺に直面したハノイ指導部は，同諸国がマルクス・レーニン主義から逸脱したことが混乱の原因であるとし，東欧的民主化を「資本主義的民主主義への後退」と批判した（中野 1991）．

　旧ソ連・東欧諸国の体制が崩壊し，同諸国における強権的支配や人権侵害の事実が国際社会で広く知られるようになると，残存社会主義諸国の民主主義・人権問題にも国際的関心が注がれた．社会主義路線の維持を選択したハノイ指導部は，自国の民主主義についても理論的な再構築を迫られるようになった．社会主義的民主主義の優越性を論理的に証明することは，まず国内で共産党支配の正統性を維持するために，さらに資本主義諸国による批判に対抗するためにも，指導部にとっては焦眉の急であった．

(2) 「社会主義的民主主義」論

　ソ連ブロック崩壊から現在までの間に，政治エリートの間で議論された民主主義に関する論点と，それについて得られた合意をまとめると概ね次のようになる．

　第1の論点は，資本主義的民主主義と社会主義的民主主義の関係と相異点である．民主主義は人類共通の価値であるが，同時に階級性と切り離すことはできない．社会主義的民主主義は，資本主義的民主主義の価値を継承して発展したより高度な理念である．後者は権力が資本家階級に属する少数者のための民主主義であるのに対し，前者は政治権力が多数者である人民階級に属している点で優越している．ベトナムは資本主義的民主主義の段階を経ずに社会主義的民主主義に到達する．

　第2の論点は，民主主義の実現度に関するもので，これには2つの側面がある．1つは文化相対論とでも呼ぶべきもので，民主化のレベルは各国の歴史の発展と各時代の歴史的・文化的条件によって異なると考える．もう1つは発展度論とでも呼ぶべきもので，各国の経済・社会の発展状況によって，

民主主義の伝統の定着度，政治指導者と人民の意識の高さ，法・制度の完成度も異なると考える．ベトナムは発展が遅れているため，まだ民主化が実現していないと認める．つまり，経済発展を民主化の前提とする論理である．

第3の論点は，一党支配体制と党の指導性をめぐるもので，一党制は非民主的で多党制（複数政党制）は民主的かという問題である．一党制か多党制かの選択は，各国の具体的な歴史的条件によって決定されるものであり，外国が干渉すべきものではない．多党制が必ずしも民主主義の規準とはならない．ベトナムでは共産党が人民の利益代表であるため，党の指導の強化がすなわち民主化ということになる．

(3)「民主集中原則」の再確認

ソ連・東欧諸国の政治変動の時期，ベトナム共産党は第7回全国大会の準備期にあり，民主主義問題をめぐって政治エリートの中で比較的自由な意見が表出したこともあった．しかし，党指導部は東欧革命の影響を恐れ，1990年3月の第6期第8回中央委員会総会（以下「中総」）で，社会主義志向の堅持を再確認した．翌年6月の第7回党大会に向けて社会主義的民主化路線が構築され，「民主集中原則」が再定立された．

民主集中原則とは，すべての党員は民主的な議論と選挙に参加する権利がある（民主），しかし，党の指導・決議・規律に反することはできず，個人は組織に従い，少数派は多数派に従い，下位レベルは上位レベルに従い，地方は中央に従う（集中），という原則である．社会主義的民主主義においては，民主と集中は切り離せないものとされる．

第7回党大会の民主化路線の骨子は，①経済面の民主化，すなわち各経済セクターの自主権拡大，生産・経営・分配および居住・移動などの自由の実現を最優先すること，②政治面の民主化，すなわち党と国家の役割分化，法体系の整備と「社会主義的適法性」（後述）の強化，国家機構改革，立法・行政・司法の三権の統一と分業，中央と地方行政機関の責任分担，民主主義や法理に関する意識の向上，官僚主義・汚職との闘争，③社会主義的民主主

義は，集中，規則・規律，公民の責任，適法性と共にあり，独断・独裁の対極にある一方，「無政府主義的自由」「個人主義」とも対立すると認定する，④「極端な民主主義」，資本主義的民主主義，複数政党制を断固拒否する，というものであった[1]．

社会主義的適法性とは，「社会主義的」という枠で適法性を制限することで，議会が制定した法に対する党権力の超越性を認める概念である（鮎京1998）．また，ここで言う個人主義とは，党官僚が人民の利益を省みず，職権の濫用や職務怠慢に陥ったり，汚職によって不当に利益を得ることを意味している（中野2000）．

3　末端行政単位の民主化と党建設・整党運動

(1)　「人民の主人権」発揮

1996年6月に開かれた第8回党大会の政治報告では，前大会と比して民主集中原則への言及が増加し，社会主義的民主主義の確立のために「人民の主人権」の発揮が謳われた．人民の主人権とは，旧北ベトナムで定立された「勤労人民の集団主人権」を修正，発展させたものである．勤労人民の集団主人権とは，①平和，独立，民族自決を至上の権利とし，②民族や階級という集団の権利を保障することが個人の利益と一致するとし，③公民の権利と義務を不可分とみなす理念である．

ドイ・モイ下で個人の利益が尊重され，労働者・農民以外に知識人階層の役割も重視されるようになると，前述の第7回党大会で勤労人民の集団主人権は人民の主人権と置き換えられた．人民の主人権の実現形式には，「直接民主制」と「間接民主制」（3節(3)参照）があり，「民が知り，民が議論し，民が行い，民がチェックする」というスローガンで語られる．

第8回党大会では，①人民の民主的権利の実現，②立法・行政・司法の三権の統一と分業，③民主集中原則の貫徹，④社会主義的適法性の強化，⑤国家に対する党の指導的役割の強化，という基本理念が再確認された[2]．②の

三権の統一と分業という考え方は，三権分立を「ブルジョア的」と否定し，これに対置させている概念で，統一的な国家権力の下に三権が分業と協調を行うというものである．人民の主人権発揮が改めて強調された背景には，全国各地の農村において，党官僚が支配する行政当局に対し，農民による異議申し立ての行動が顕在化していたことが考えられる．このような動きは，1997年にタイ・ビン省で発生した農民暴動を契機として内外の関心を集めるようになった．

(2) 農村住民の抗議行動

ハノイにほど近いタイ・ビン省では，1994年頃から農村住民の行政当局に対する抗議行動が繰り返されていたが，1997年5月には数千人規模の暴動が発生し，国外にも知られるところとなった．同省では，農村住民が道路や橋の建設という名目で税金以外の金銭や労働力の提供を強いられた上，官僚による公的資金の横領など，汚職が蔓延していたが，住民がそれをチェックすることはできなかった．不満を爆発させた住民は，省の人民委員会や検察庁を包囲し，党幹部の自宅を焼き討ちした．村長が殺害された村もあったと言われている．

程度の差はあれ，同様の抗議行動は，それまでの数年間に全国各地で発生していた．タイ・ビン事件後，全国の農村から中央政府に対して，タイ・ビン住民と同様の不満を訴える陳情書が寄せられた．党当局は，農村住民の異議申し立てが全国でかなり普遍的な現象となり，各地で「ホット・スポット」が発生していることを認めた．その原因としては，①官僚主義的な行政システム，②党官僚の汚職，③非民主的な業務方式（民衆蔑視，派閥主義など），④社会的不公平などによって，人民の正当な利益が侵害されてきたことが指摘された．

各地の農村の事件は中央の党・政府を動かし，村落レベルの民主化政策を促した．抗議行動には，革命に功績のある年金生活者や革命戦争の犠牲者の家族なども参加していたため，党中央は古参幹部の意見を重視し，革命犠牲

者の遺族への福祉政策にも配慮するようになった．第8回党大会は，伝統的な農村郷約に基づく村落の自治を肯定し，それを人民の主人権の1つの表れと認定した．

(3) 末端行政単位の民主化

タイ・ビン暴動後の1997年6月に開催された第8期3中総では，①社会主義的民主主義の理念に沿った末端行政単位の民主化と，②質の高い党要員の養成が決議された．①の中には，末端レベルの財政についての情報公開も民主化の課題として含まれていた．②では，党要員は労働者階級の理念を貫徹すると同時に「愛国・民族団結の伝統」を発揮し，党員・非党員の差別，民族・宗教による差別，在外ベトナム人への差別をなくすことも明記された[3]．これは，後の第9回党大会で「全民大団結」路線として提示された．

党中央委は1998年2月，「末端行政単位における民主システムの建設と実現に関する決議30/CT-TU」（以下「30号決議」）を採択した．その中では，人民の主人権発揮のための間接民主制と直接民主制の実現，特に後者の実現が強調された．間接民主制とは選挙に基づく代表民主制で，直接民主制とは行政当局が法規則や決議，財政，開発計画などの情報を公開し，人民が行政機関の管理に参加し，政策について議論や意見提供を行い，地方議会や行政機関をチェックするシステムである．前述の第8回党大会の決定が，タイ・ビン事件を契機に具体性を帯びるようになったと言えよう．

30号決議に基づいて，同年5月，「村落における民主主義実現のシステムに関する政府決定29/ND-CP」および「首相指示22/1998 CT-TTg」がうち出された．末端レベルの民主化政策は国営企業にも適用され，1999年2月には政府が「国営企業における民主実現システムに関する7号議定書」を，同年6月には財政省が「国営企業の財政公開のガイドライン」をうち出した．これらは，社員が経営状態の管理・チェックに参加するという意味の直接民主システムを企業に定着させることを目的としていた．

しかし，30号決議の意味は，①「党が指導し，国家が管理し，人民が主

人になる」という体制の枠内における末端行政機関の民主化,②国会・地方議会の改革,③経済・社会発展,人民の知的水準の向上と結びついた民主化,④法の枠内における民主化,というものであった.民主主義は規律・秩序と共にあること,権限と責任,利益と義務の結びつきも再確認された.つまり,上からの民主化政策によって従来の政治支配構造を強化することが真の目的であった.

　一方,党内では,タイ・ビン省出身でホー・チ・ミンと共に革命戦争を指導したチャン・ド (Tran Do) 将軍が,公開で党を批判し,早急な民主化を求めたために党から除籍され,それに抗議した古参党員たちが党員証を返上するという事態がもち上がっていた.党中央委は,1999 年 2 月に異例の「第 2 次」6 中総（第 1 次は前年 10 月開催）を召集し,5 月 19 日のホー・チ・ミン生誕記念日から向こう 2 年間,党員の「批判・自己批判」と「党建設・整党」運動を展開することを決定した[4].

　これらの政策によって,農村住民の直接的な抗議行動はむしろ顕著になった.批判・自己批判運動の開始から 2 日後,ハノイの国会議事堂前で近隣各省の農民数百人が,党官僚の汚職に抗議するデモを行った.8 月にはダク・ラク省（南部）で官僚の横暴に反抗した民衆が行政機関事務所に押し入り,医療センターに放火する事件が発生した.9 月にはカイン・ホア省（南部）で,1,000 人に及ぶ住民が人民委員会前で,不公平な収税に反対する声を上げた.2000 年 4 月の党第 8 期 8 中総の最中には,ドン・タップ省（南部）の農民がハノイの党本部前のデモに参集し,民主化を訴えた.5 月にはホー・チ・ミン市（南部）,フエ（中部）,ヴィン・フック省（北部）,ハー・テイ省（北部）などの農民が,国会議事堂前で連続してデモを行い,党官僚の汚職や土地の強制収容に抗議した.6 月にはナム・ディン省（北部）の一村の住民が,村の人民評議会議員選挙の結果に抗議して県人民委員会に押しかけ,委員らを監禁する事件が発生した.10 月にはナム・ディン省からクァン・ナム省に至る地域（北部）の農民数百人が,ハノイで党官僚の汚職と耕地の強制収用に反対するデモを行った.1999 年には陳情・直訴の件数は 11 万

4,115件に上ったとされている.

このような現状に対応して,2000年12月の第10期第8回国会は,陳情や告発に対処する法規の整備,公務員の権限の明確化,騒乱の抑止措置,法規違反者の処罰などを記した2001年の任務を採択した.しかし,党指導部はこのような住民の自発的異議申し立てを,直接民主主義の表れというよりも,党・政府による民主化政策の不徹底とみなした.2001年5月の第9回党大会は,党建設・整党工作の強化,国家機関の改革推進という路線を再確認した.大会政治報告は,政治・思想・組織という3つの面における党建設・整党工作の強化と,党の指導能力と戦闘力向上の方針を策定した[5].

この大会の直前に,4節で述べる少数民族の大規模な抗議行動が発生している.大会以後も各地の住民の陳情・直訴は絶えず,2001年11月と12月にはハノイで群集が党書記長の自宅を包囲し,党高級幹部を名指しで告発し,書記長に直談判を要求した.近年では,2003年6月に,ハノイ市人民委員会前で約30名がデモを行い,道路拡張のため収用された土地と家屋の補償金に対する不満を訴え,党幹部の汚職や貧富の格差を批判している.これら抗議の直接の動機は,土地や税金問題,党官僚の腐敗,治安当局の横暴などであるが,その根源には党支配構造に対する不満が蓄積されていたことは否めまい[6].

4　少数民族の抗議行動と全民大団結路線

(1)　中部高原少数民族の抗議行動

2001年2月,ダク・ラク,プレイク,コン・トゥム各省を含む中部高原(テイ・グエン地域)で少数民族による暴動事件が発生した.これは,地元の少数民族のキリスト教徒が警察に逮捕されたことに端を発し,逮捕に抗議した少数民族住民数千人が地方の人民委員会前でデモを行い,警察と衝突して暴動に発展した事件であった.デモの中心になったのは,バナ,ラデ,ザ・ライなどの少数民族で,暴動はプレイク,ブオン・マ・トゥットなどの主要

都市をはじめ近隣地域に飛び火した．群集は国道の封鎖，郵便局の破壊，党幹部の身柄拘束などの行為に及び，軍と警察は少数民族の村落を包囲し，交通を遮断した．

事件の背景には，テイ・グエンの地政的，民族・宗教的な複雑さや，移住政策・土地問題と近年の国際市場参入が絡む様々な矛盾がある．テイ・グエンは旧南ベトナムに属し，カンボジアと国境を接する地域で，上記の少数民族が約60万人居住している．住民の多くはプロテスタントで，南ベトナム政権下の1950年代にはカトリックも増加した．少数民族住民は，土地の所有権や民族語・慣習法などの尊重を要求して南ベトナム政府と対立し，1963年には「被抑圧民族解放統一戦線（FULRO）」を結成，ベトナム戦争期にはアメリカのCIAから武器の供給も受けた．

南北ベトナムが統一された1976年以後，この地域に新経済区が設置され，北部から多数民族であるキン族（狭義のベトナム民族）と北部の山岳民族が多数移住した．先住の少数民族は土地を接収され，その補償問題が発生していたと言われる．少数民族の伝統的な土地所有や相続の制度は，社会主義体制下の全人民所有制度とは相容れないものであった．党・政府は移住農耕民族の生活を「後進的」とみなし，定住定耕政策を実施してきたが，それを忌避するエスニック・グループもあった．

しかし，矛盾が顕在化したのは，市場経済が発展した1990年代以後のことであった．1991年～2001年にこの地域でコーヒー栽培が発展し，北部からの移住者が増加した．しかし，入植は先住民との充分な協議がないまま行われ，先住民は数年間で数千km^{2}に及ぶ土地を失う結果となった．2000年8月には，ダク・ラク省で約150人の少数民族が土地の返還を求めて暴動を起こし，警官らが負傷する事件が起こっていた．

経済・社会的不公平の問題に加えて，テイ・グエンでは党・政府の宗教政策に対する不満が潜在していた．近年この地域ではプロテスタントの諸派が活発に活動していたが，党・行政当局は「内外の敵」による「宗教活動を利用した和平演変」を警戒し，信仰活動の制限や牧師・司祭への弾圧，教会の

閉鎖を強行した．そのため，2001年2月のデモの主体となった人々は，接収された土地の返還の他に，少数民族の人権と宗教的自由の保障，自治権の付与という要求を掲げていたとも報告されている[7]．

(2) 少数民族地域への工作

事件に対する党・政府の対策を次のように整理すると，情報公開と報道の自由，司法の独立という面では民主化に逆行する一方，民族間・地域間の格差是正が緊急の課題として認識されるようになったことがわかる．

①報道統制　事件に関する公式な説明では，暴動の原因はFULROの残党および在米の反共主義的亡命者一味による和平演変と体制転覆の陰謀にあるとされた．これらグループが新宗派「デガ・プロテスタント」の結成と「デガ自治国」の樹立を企図し，住民を扇動して暴動を起こし，社会を混乱させ，民族団結の路線に違犯した，というものである．

国内のメディアは当局の説明と同じ内容を報道し，新聞は全紙が同じ文章を掲載した．事件後の数カ月間は，外国人がテイ・グエンに立ち入れないようにする措置が事実上とられた．当局はプレス・ツアーを組織し，外国の報道陣を予め決められた村落に案内し，特定の人物にのみインタビューを許可した．

②首謀者の処罰　ダク・ラク省とザ・ライ省の人民裁判所は，事件の首謀者として起訴された被告に対し，1日だけの非公開審理で有罪判決を下し，禁固6〜11年の刑を宣告した．理由は「公共施設を破壊し，治安当局に反抗し，政治・社会的秩序を乱し，治安状態を不安定にした」こと，「外国の敵勢力にそそのかされ，住民を扇動し，社会不安と反政府活動をひき起こした」ことであった．

③貧困地域への支援　事件後の応急的な措置としては，人民軍の中部高原兵団が工作部隊をザ・ライ，コン・トゥム両省に派遣し，党・政府の政策の宣伝，インフラ整備，食糧・医薬品の援助などを実施した．兵士の殆どは少数民族の言語や風俗習慣に通じていなかったが，「共に食べ，共に住み，共

に働く」というスローガンを掲げて大衆工作を展開した．

中・長期的な政策としては，2001年10月にファン・ヴァン・カイ（Phan Van Khai）首相の決定として，中部高原4省の域内総生産の年間成長率を2005年までに9%（対2000年比2倍）に引き上げること，また貧困率を13%に抑制するため，1人当たり年間所得を対2000年比1.5倍に引き上げる目標が設定された．この決定に基づき，副首相を委員長，農業・農村開発相を副委員長とする「中部高原地域経済・社会発展管理委員会」が設置された．中部山岳地帯では，2001年7月から銀行借款の金利免除，紙や医薬品などの物資の無料供給，耕地不足の世帯に対する土地の割り当てが実施された．北部と南部の少数民族・貧困地域についても経済発展，生活環境・教育・保健の改善が図られた．

④宣伝・教育・思想工作　少数民族語によるラジオ放送が拡大された．「ベトナムの声」放送局は，1990年代初めからモン語，クメール語，エデ語，ザ・ライ語，バナ語，セダン語による7番組を山岳地帯に発信し，テイ・グエン向けには1993年から放送を開始していた．政府は2001～2003年の計画で，民族語放送に財政援助を提供することを決定し，2001年7月からは「新たな情勢の要求により」コーホー語による放送開始も決定された．

2001年8月，ダク・ラク省は2001～2002年度より小学校3年生段階でエデ語教育を始めることを決定し，エデ族の教師を対象に訓練プログラムを実施した．その後，全国で少数民族のための寄宿学校の整備も図られている．

民族語放送や民族語教育の拡充の目的は，少数民族に対して，党の路線，国家の法と政策の理解を促し，当局の発信する情報を伝え，「敵による事実の歪曲，民族分裂工作」を防ぐこと，および民族文化の保存，「遅れた風俗・習慣」の解消にあった．少数民族に対する工作は，物質生活の改善をめざすと同時に，報道・教育・思想に対する管理を強化するものでもあった．

(3)　思想・理論工作決議と民族工作決議

テイ・グエン事件直後に開催された第9回党大会は，あらゆる民族，宗教，

階級，階層，経済セクターを包摂し，男女，世代，地域，党員・非党員，現役・退職者，国内・国外在住者を区別しない「全民大団結」路線を採択した．これは，市場経済体制下での社会階層の分化，民族・地域間の格差，在外ベトナム人の資本や情報の流入といった変化，そして党内の綱紀粛正が急務となっている現実などを反映したものと考えられる．少数民族については「極端な民族思想を防止する」，宗教については「国家の法と政策に反し，人民の分裂を扇動するために，宗教的信仰を利用することを厳禁する」という路線が提示された．

　党大会決議に基づき，2002年3月の第9期5中総は，「新たな情勢下での思想・理論工作の主要任務」をうち出した．それは，①社会主義とベトナムにおける社会主義への道に関する理論の明確化，②緊急の経済・社会問題の解決，個人主義などネガティヴな思想への対抗，道徳・生活様式の退廃防止，③敵の和平演変戦略と体制転覆の陰謀への対抗，④「悪質な資料，デマ，無節操な情報，悪質な内容の匿名・偽名の書簡」への対処，⑤大衆宣伝，報道・出版・文化・芸術，対外情報工作の向上，というものであった[8]．①からは，社会主義についての理論が未だに統一されていないことを伺わせる．④は，党内外の知識人が公開書簡などの手段で党・政府を批判していたことへの対策と考えられる[9]．

　少数民族に対しては，2003年1月の第9期7中総で「新時代の民族工作」がうち出された．それは，①飢餓一掃・貧困減少，土地不足の解消，②文化・情報・宣伝活動の強化，各民族の価値・伝統の維持と発揮，職業訓練・人材養成，医療・保健政策の強化，という内容を含んでいた[10]．党指導部は，少数民族住民の不満の原因を，社会的な不公平，党の指導の不徹底，党と人民の乖離にあると見ていた．それらの状況と宗教活動を利用した内外の敵が和平演変・体制転覆を謀り，彼らに扇動された不満分子・悪質分子が社会秩序を攪乱した，というのが統一的な見解であった．いずれにせよ，テイ・グエン事件後の諸政策は，指導部が自国を多民族国家と認定しながらも，1990年代までは特にこの地域における実質的な少数民族政策を欠いていたことを

物語っている．事件後は，それまで理念上のものであった少数民族地域の発展が，現実の政策の視野に入るようになったと言えよう．

5 民主主義と経済発展・社会的公平

ベトナムの社会主義的民主化路線は，①ソ連ブロック崩壊の影響を回避して社会主義志向と一党体制を維持し，②党内の統一を図り，③資本主義諸国からの批判に対処し，④市場経済体制下で多様化した国民の要求に対応し，⑤対外開放による思想・文化的影響を制限して国内の安定を維持する，という現実的な要求に応じて発展した．

共産党・政府による上からの民主化路線の内容は，次のように集約される．すなわち，①党建設・整党，批判・自己批判，党内の団結，反汚職闘争，②国家機関における三権の統一と分業・協調，社会主義的法治国家建設，社会主義的適法性の強化，国家機構改革，③末端行政単位における人民の主人権の発揮，直接民主制と代表民主制（特に前者）の強化，④社会的公平の実現，党員・公務員の官僚主義，汚職，職権濫用，道徳的衰退，退廃的生活，人民からの乖離などのネガティヴな現象との闘争，法・規律違反者の適切な処罰，⑤民族・地域間格差の是正，⑥敵の各勢力による和平演変，体制転覆の陰謀との闘争，である．

ただし，民主化は党の指導下で民主集中原則に従って実行されなければならない．党は人民の利益代表という建前であるため，民主化とはすなわち党の指導の強化を意味している．少数民族地域を含む末端行政単位の民主化は，人民が党の路線・国家の法と政策をよく理解し，その実現に貢献することを目指している．経済生活の底上げや，知的水準の向上政策もその目的に沿ったものである．また，人民の権利は常に義務と切り離せないことも，社会主義的民主主義の前提である．従って，陳情やデモなどの自発的な異議申し立ては，上からの民主化政策の不徹底の結果と理解されるのである．

しかし，現実には農村住民や少数民族による下からの圧力が作用して，

党・政府の路線・政策に修正が施されている．本章で扱う紙数はないが，党内外の知識人による公開書簡などの手段による異議申し立ても続いている．法治国家建設を標榜しながら，実際には党・行政機関が法を超越しているため，法に則った訴訟よりも権力者への直訴の方が有効性をもつのである．それは，現在の政治体制では存在するはずのない，いわば幽霊のようなものであろう．しかし，公式には否定されながらも確かに存在し，党・政府はそれらを見つめながら路線や政策を決定，修正するのである．

　民主的政治が法の支配，情報公開，自由選挙などを基本とし，民主的社会が言論の自由，メディアの独立性，自律的市民による権力チェックを保障するものとすれば，ベトナムの政治と社会の民主化度は決して高くない．しかし，政治イデオロギーで統一・管理される表の世界に対して，国民が独自の手段で情報を共有し，権力をチェックし，自律的な運動で政策を変更させ得る裏の世界もまた存在する．日常，表面的に上からの政治的動員に応じる人々が，不満や要求がある臨界点に達した時に裏の顔を表すのである．

　このような二元性は，王朝時代のように村落の内と外という空間的に仕切られるものではなく，中央の政治エリートから地方の村落住民に至るまで，個々の人間がもつ表の顔と裏の顔，または本音と建前とも言うべきものである．党官僚の特権化，国民の階層分化や格差拡大など，社会には分裂要因が多数存在しながらも，ベトナムはこれまで一党体制を維持してきた．今後このような政治体制に何らかの動態的な要素を見出すならば，政治的な建前を社会の本音が変えてゆくという二元的なメカニズムではないだろうか．

◆註
1)　第7回党大会については，Dang Cong san Viet Nam, *Van kien Dai hoi dai bieu toan quoc lan thu VII*, Nha xuat ban Su that, Ha Noi, 1991.
2)　第8回党大会については，Dang Cong san Viet Nam, *Van kien Dai hoi dai bieu toan quoc lan thu VIII*, Nha xuat ban Chinh tri Quoc gia, Ha Noi, 1996.
3)　第8期3中総については，Dang Cong san Viet Nam, *Van kien Hoi nghi lan thu ba Ban chap hanh Trung uong khoa VIII*, Nha xuat ban Chinh tri Quoc

gia, Ha Noi, 1997.
4) 第8期6中総（第2次）については，Dang Cong san Viet Nam, *Van kien Hoi nghi lan thu sau*（*lan 2*）*Ban chap hanh Trung uong khoa VIII*, Nha xuat ban Chinh tri Quoc gia, Ha Noi, 1999. 中央委総会が2回にわたって行われるのは異例のことであったが，近年では現実の変化に対応して「第2次」総会が実施される例もある．
5) 第9回党大会については，Dang Cong san Viet Nam, *Van kien Dai hoi dai bieu toan quoc lan thu IX*, Nha xuat ban Chinh tri Quoc gia, Ha Noi, 2001.
6) 一連の抗議行動については，在外ベトナム人組織の機関紙 *Hiep Hoi*, 6-2000, 11-2000, 7-2003, *Viet Nam Dan Chu*, 5-2000, *Than Huu*, so 27-1999, 32-2000, 34-2000 の諸報道による．
7) テイ・グエン事件については，ベトナム駐在の日本の報道関係者からの情報，現地在住日本人からの聞き取り，*Viet Nam Dan Chu*, 3-2001, *Hiep Hoi*, 2-2001 の諸報道などによる．
8) 第9期5中総については *Tap Chi Cong San*, so 7, 3-2002.
9) この時期，特に1999年12月に締結された中国・ベトナム陸上国境画定条約に対して国内知識人や在外ベトナム人組織からの批判が起こっていた．
10) 第9期7中総の少数民族工作に関する決議は *Tap Chi Cong San*, so 11, 4-2003.

◆参考文献
日本語文献
鮎京正訓．1993．『ベトナム憲法史』日本評論社．
鮎京正訓．1998．「ベトナムの『人権』をめぐる用語について」作本直行編『アジアの民主化と法』アジア経済研究所：225-259．
稲子恒夫・鮎京正訓．1989．『ベトナム法の研究』日本評論社．
五島文雄・竹内郁雄編．1994．『社会主義ベトナムとドイモイ』アジア経済研究所．
木村汎，グエン・ズイ・ズン，古田元夫編．2000．『日本・ベトナム関係を学ぶ人のために』世界思想社．
グエン・スアン・オアイン．2003．白石昌也監訳『ベトナム経済：21世紀の新展開』明石書店．
白石昌也．1993．『ベトナム：革命と建設のはざま』東京大学出版会．
白石昌也編．2000．『ベトナムの国家機構』明石書店．
白石昌也・竹内郁雄．1999．『ベトナムのドイモイの新展開』アジア経済研究所．
タイン・ティン．1997．中川明子訳『ベトナム革命の内幕』めこん．
タイン・ティン．2002．中川明子訳『ベトナム革命の素顔』めこん．
竹内郁雄・村野勉編．1996．『ベトナムの市場経済化と経済開発』アジア経済研究

所.
坪井善明. 2002. 『ヴェトナム現代政治』東京大学出版会.
中野亜里. 1991. 「ソ連・東欧諸国の政治変動とベトナム共産党の社会主義路線建設」三田ASEAN研究会編『現代アジアと国際関係』慶応通信：409-430.
中野亜里. 1995. 「ベトナムの対外関係と人権問題：「人権」と「民主化」をめぐる国内の論評を中心に」『法学研究』1995年11月号：277-300.
中野亜里. 1996. 「ヴェトナムの［全方位外交］と人権論の発展」『アジア研究』1996年12月：71-98.
中野亜里. 1998. 『ベトナム：「工業化・近代化」と人々の暮らし』三修社.
中野亜里. 2000. 「ベトナムの対外開放と民主化政策：『社会主義的民主化』をめぐる内外環境」『国際政治』125：31-44.
中野亜里. 2002. 「社会運動：一元的統治と多様な国民の共生」唐木圀和・後藤一美・金子芳樹・山本信人編『現代アジアの統治と共生』慶應義塾大学出版会：183-199.
西原正, W. ジェームズ・モーリー. 1996 『台頭するベトナム・日米はどう関わるか』中央公論社.
古田元夫. 1991. 『歴史としてのベトナム戦争』大月書店.
古田元夫. 1995. 『ベトナムの世界史』東京大学出版会.
古田元夫. 1996. 『ホー・チ・ミン：民族解放とドイモイ』岩波書店.
三尾忠志編. 1993. 『ポスト冷戦のインドシナ』日本国際問題研究所.

ベトナム語文献

Bui Xuan Dinh. 1997. Dai hoi VIII va nhung tu tuong ve van de tu quan o co so, *Dai hoi VIII Dang Cong san Viet Nam va nhung van de cap bach cua khoa hoc ve Nha nuoc va phap luat*, Nha xuat ban Khoa hoc Xa hoi.

Dang Dinh Phu. 1999. Bac Ho noi ve 'dan chu tap trung', *Tap Chi Cong San*, 10-1999：28-32.

Dao Duy Quat. 2000. Dan chu xa hoi chu nghia la van de thuoc ban chat cua nha nuoc ta, *Quoc Phong Toan Dan*, so 9-2000：28-30, 19.

Do Muoi. 1998. Phat huy quyen lam chu cua nhan dan o co so, *Tap Chi Cong San*, so 20, 10-1998：3-8.

Do Muoi. 1999. Bai hoc su kien Thai Binh, *Tap Chi Cong San*, so 4, 2-1999：11-16.

Do Quang Tuan. 1998. Co so ly luan-thuc tien cua phuong cham "dan biet, dan ban, dan lam, dan kiem tra", va may van de ve xay dung quy che dan chu o co so, *Tap Chi Cong San*, so 8, 4-1998：9-12.

Duong Trung Y. 2003. Nang cao su lanh dao cua cac to chuc co so Dang thuc hien hieu qua dan chu o co so, *Tap Chi Cong San*, so 14, 5-2003：41-49.

Ha Thanh. 2001. Truyen thong yeu nuoc, doan ket trong su nghiep dung nuoc va giu nuoc cua cac dan toc Tay Nguyen, *Quoc Phong Toan Dan*, so 3-2001: 77-79.

Hoang Minh. 1997. Mo rong dan chu truc tiep thiet thuc, dung huong va co hieu qua, *Tap Chi Cong San*, so 22, 11-1997 : 30-33.

Huong Giang. 2001. Thuc hien tot chinh sach dan toc cua Dang la co so de cung co khoi dai doan ket dan toc trong su nghiep xay dung va bao ve to quoc, *Quoc Phong Toan Dan*, so 3-2001 : 17-20.

Ksor Phuoc. 2001. Gia Lai tang cuong doan ket cac dan toc, gop phan xay dung va bao ve to quoc, *Quoc Phong Toan Dan*, so 6-2001 : 14-17.

Le Huu Nghia. 2001. Doi moi phuong thuc lanh dao cua Dang va su quan ly cua chinh quyen o co so, *Tap Chi Cong San*, so 19, 10-2001 : 18-22.

Le Minh Viet. 2002. Qua 3 nam thuc hien quy che dan chu co so o nong thon, *Tap Chi Cong San*, so 18, 6-2002 : 48-53.

Le Minh Hong. 2001. Phat huy noi luc tu thuc hien quy che dan chu trong doanh nghiep nha nuoc, *Tap Chi Cong San*, so 13, 7-2001 : 41-45.

Le Quang Minh. 2003. De thuc hien dan chu o co so, *Tap Chi Cong San*, so 11, 4-2003 : 39-44.

Le Quoc Hung. 2001. Ke thua va phat huy nhung mat tich cuc cua huong uoc co trong viec xay dung va thuc hien quy che dan chu o xa, *Tap Chi Cong San*, so 12, 6-2001 : 44-46, 54.

Luong Gia Ban. 2002. Chung quanh nhung van de ve quy che dan chu co so o nuoc ta hien nay, *Tap Chi Cong San*, so 13, 5-2002 : 34-38.

Luong Ngoc. 1998. Thuc hien "dan biet, dan ban, dan lam, dan kiem tra" o nong thon va xay dung quy che dan chu o xa, *Tap Chi Cong San*, so 7, 4-1998: 24-27.

Luu Han Thanh. 2001. Nguoi dan sac toc, hai lan nan nhan, *Viet Nam Dan Chu*, 3-2001 : 16, 31.

Nguyen Phu Trong. 1990. Nguyen tac tap trung dan chu, *Tap Chi Cong San*, so 10-1990 : 11-15.

Nguyen Thi Vy. 2000. Mo rong va phat huy dan chu truc tiep o nuoc ta hien nay, *Tap Chi Cong San*, so 24, 12-2000 : 28-32.

Nguyen Tien Phon. 1994. Thuc hien nguyen tac tap trung dan chu trong su nghiep cong nghiep hoa, hien dai hoa dat nuoc, *Tap Chi Cong San*, so 11-1994 : 42-45.

Nguyen Van Lang. 2001. Mot so van de thuc hien chinh sach dan toc o Dak Lak, *Tap Chi Cong San*, 6-2001 : 41-44.

Nhat Tan. 1999. Cong tac thuong binh-liet si o tinh Thai Binh, *Tap Chi Cong San*, so 14, 7-1999 : 50-53.

Nhi Le. 1999. Loai bo nhung hinh thuc lam bien dang nguyen tac tap trung dan chu, *Tap Chi Cong San*, so 24, 12-1999 : 28-31.

Pham Quang Nghi. 2002. Phat huy quyen lam chu cua nhan dan xay dung he thong chinh tri o co so vung manh, *Tap Chi Cong San*, so 21, 7-2002 : 13-16, 42.

Phan Van Khai. 2002. Gan viec thuc hien quy che voi cung co chinh quyen co so, *Quoc Phong Toan Dan*, so 4-2002 : 1-4.

To Huy Rua. 1999. Nhan thuc dung va thuc hien nghiem tuc nguyen tac tap trung dan chu trong Dang, *Tap Chi Cong San*, so 4, 2-1999 : 22-26.

Tran Duy Huong. 1998. Thuc hien quyen dan chu cua nhan dan : nhung van de dat ra hien nay, *Quoc Phong Toan Dan*, so 4-1998 : 35-38.

Tran Duy Huong. 1999. Xay dung Dang trong sach, vung manh : nhan to hang dau lam that bai chien luoc "dien bien hoa binh" cua cac the luc thu dich, *Quoc Phong Toan Dan*, so 8-1999 : 19-22.

Tran Quang Nhiep. 1998. Thuc hien dan chu o co so, *Tap Chi Cong San*, so 13, 7-1998 : 19-24.

Tran Quang Nhiep. 1999. De thuc hien quy che dan chu o co so, *Tap Chi Cong San*, so 2, 1-1999 : 25-28.

Tran Trong Nghia. 2001. Nguyen nhan va hau qua cuoc noi day cua dong bao thuong tai cao nguyen trung phan, *Viet Nam Dan Chu*, 3-2001 : 13-15.

Trinh Ngoc Anh. 2003. Phat huy quyen lam chu cua nhan dan, xay dung he thong chinh tri o co so vung manh, *Tap Chi Cong San*, so 11, 4-2003 : 45-49.

Truong Quang Duoc. 2002. Tiep tuc day manh viec xay dung va thuc hien quy che dan chu o co so, *Tap Chi Cong San*, so 12, 4-2002 : 6-11.

Vu Ngoc Lan. 1996. Nguyen tac tap trung dan chu : mot bieu hien suc song cua Dang, *Tap Chi Cong San*, so 24, 12-1996 : 9-12.

終 章

民主化研究における地域研究と現代政治学の役割

岩崎正洋

1 民主化の多様な姿

　本書を通読したとき，結果的に，本書が地域研究の方法を解説しようとした書物なのか，それとも世界各地で生じた民主化の多様な姿を紹介する書物なのかをめぐり，意見が分かれるのではないかと思われる．

　一方で，本書を地域研究の書物として捉える立場があり，他方では，民主化研究の書物として捉える立場があるかもしれない．終章を執筆している現時点で既に，本書には，異なる2つの捉え方がなされる可能性があると予想している．

　その理由は，まさに序章で，岸川毅が「研究者であれ学生であれ，自らを地域研究に位置づける人々と政治科学に位置づける人々との間の対話はあまりうまくいかないことが多い」と指摘している点と関連しており，「地域の政治研究に携わってきた執筆者が，自らの研究成果を織り込みつつ，地域研究の視点から民主化を論じる」という性格を，本書がもっているからである[1]．

　本書の各章は，20世紀の最後の四半世紀に，さまざまな地域で目撃された「民主化」という政治現象を取り扱っている．各章において，「民主化」は，それぞれ異なる立場から解釈がなされている．そのため，「民主化」という用語には，極めて広範囲にわたる政治現象が包含されている．

もちろん，各章の議論の出発点において，「民主主義」や「民主化」を論じるときに頻繁に用いられる「手続き的な意味での民主主義」の定義が紹介され，シュンペーター (Joseph A. Schumpeter) による民主主義の定義に言及がなされる場合もみられる．あるいは，ダール (Robert A. Dahl) による「民主主義的な政治体制」としての「ポリアーキー (polyarchy)」へ至る過程が民主化という政治的な変化の前提になっている場合もある．

　地域研究では，各地域の政治現象について，各論者が，それぞれ異なる視角から，地域の実情に即したかたちで研究を行うのだとすれば，本書の各章が表現する「民主化」とは，ある共通した1つの政治現象として捉えるべきものではないかもしれない．また，異なる地域の出来事を，単一の意味内容の用語で一括りにしようとするのは，性急な考えなのかもしれない．

　そう考えると，本書の各章で使用されている「民主主義」や「民主化」という用語が，それぞれ異なっているのは当然のことであり，異なっているからこそ，地域の多様性が如実に反映され，それだからこそ，本書の副題も「民主化の多様な姿」となっているのだということができるだろう．

　地域研究の豊かな成果を見ると，さまざまな地域の実情を詳細に把握することができる．そのため，地域研究には，各地域の多様性を視野に入れることができるという利点がある．しかし，地域研究という学問分野においては，ともすれば，地域ごとに研究成果なり研究者の棲み分けがなされており，蛸壺的な状況が生じているといえなくもない．いいかえるならば，地域横断的なかたちで，普遍的な議論を積み重ねていこうとする志向性が地域研究は弱いといえるだろう．

　本書もまた，さまざまな地域の「民主化」に注目しているとはいえ，地域横断的な視点から「民主化」とは何かという問題に対して，普遍的な意味づけを試みているわけではない．各地域における「民主化」の特徴は異なっていたとしても，「民主化」と表現される1つの政治現象に共通する何らかの特徴が浮かび上がり，それらが収斂したとき，地域研究は，個別具体的な蛸壺的状況を脱し，地域横断的なかたちで，ある政治現象にみられる特異性と

普遍性とを取り扱うことができるだろう．

2　現代政治学における「民主主義」の定義

　本書で取り扱われている各地域の「民主主義」は，各執筆者によって，それぞれ異なって捉えられているが，ここでは，現代の民主主義理論の蓄積を紐解きつつ，「民主主義」や「民主化」とは何かを考えてみたい．
　現代政治学においては，「民主主義」に関するいくつかの異なる視点が存在する．そのため，民主主義とは何かという問題をめぐる議論だけでも，膨大な数に上る．
　この点は，本書の各章で，民主主義についての異なる定義が採用されていることからも明らかであろう．ここで注意するべきことは，地域研究だからこそ，地域の多様性を反映し，地域ごとに民主主義の定義が存在するわけではないという点である．地域研究が地域ごとに蛸壺的な状況にあるため，基本的な用語についての合意が形成されず，その結果として定義の問題も解決されないというばかりではない．むしろ「民主主義」という政治現象がもつ性格に由来しているといえる．
　編集の過程で，すべての章に共通した「民主主義」の定義づけを行っていたならば，そこでは議論が紛糾したかもしれない．地域研究をテーマとした本書では，各執筆者の取り扱う地域の事情が異なっており，その地域を説明するのに最も適した意味合いで民主主義を規定したことで，結果的に，地域ごとに民主主義の意味が異なり，執筆者の間でも民主主義に対する理解に差異が生じたのである．
　その点に関連して，次に引用する今から20年ほど前になされた指摘は，現在においても妥当性をもっていると思われる[2]．

　　「民主主義」（デモクラシー）という言葉は，ある種の魔法の言葉である．
　　誰も「民主主義」に反対することはできない．すべての人びとが「民主主

義」に賛成する．だが，同時に，人びとはすべて，他の人が賛同し，受けいれている「民主主義」が，自分の「民主主義」と同じ内容をもっていると考えている．私とあなたが「民主主義」に賛成するとき，私の「民主主義」とあなたの「民主主義」とが，まるで違った内容をもっているとは夢にも考えない．

　だが，現実には，すべての人びとが考えている「民主主義」の内容は，ひとによってまったく異なっている．だから，同じように「民主主義」に賛成している人びとのうちのひとりが，「これが私の民主主義だ」と叫ぶと，とたんに隣の人が「それは誤りだ，本当の民主主義はこれだ」と叫ぶことになる．こうして，すべての人びとが「民主主義」に賛成しながら，すべての人びとが「民主主義」をめぐって対立することになる（白鳥・曽根 1984）．

「民主化」について論じるときには，まず，「民主主義とは何か」という定義の問題に直面する．なぜなら，民主化という政治現象は，民主主義への変化の過程を指すものであり，ある状態から（それが全体主義であれ権威主義であれ，あるいは民主主義であったとしても），さらに「民主主義」の度合いが高まっていくことを前提としているからである．そう考えると，民主化過程の前提となる「民主主義」とは何か，民主主義の基準をどのように定めるのかという論点が抽出される．

　そのため，民主主義をどのように定義するかという問題は，避けて通ることができないのである．そもそも「民主主義」という用語は，現代政治学においても極めて論争的な概念の1つである[3]．現代政治学は，いわば，現代民主主義を研究対象としてきたのであり，民主主義をどのように捉えるかをめぐって研究が蓄積されてきたということもできるだろう．

　「民主主義」という言葉を，すべての人々が毎日のすべての政治的決定作成へと参加するシステムとして定義づけると，現代においては，世界中を探しても，「民主主義」などみつからないかもしれない（Powell, Jr. 1982）．

「民主主義」についての定義が，より広範な政治的条件，例えば，人々の表現の自由，特定の政党に対する差別の不在，あらゆる利益のための結社の自由，軍部への文民統制などの条件を含むかたちで拡大されて解釈されるなら，本書で取り扱っている国々の中でも，「民主主義」に該当しない事例が出てくるだろう．

そこで，民主化研究においては，「手続き的な意味での民主主義」という定義が採用される．以下では，その点に関連する現代民主主義理論に言及しつつ，「民主主義」の定義について検討する．

既に述べたように，「手続き的な意味での民主主義」の捉え方は，かつてシュンペーターが「もう1つの民主主義」として現代の民主主義を定義したときにまで遡る（Schumpeter 1942）．シュンペーター流に現代民主主義を理解するモデルの1つとして，「競合的エリート民主主義（competitive elitist democracy）」のモデルを挙げることができる．

ミラー（David Miller）は，選挙競合の有無によって民主主義体制と非民主主義体制とを区別することができると指摘しており（Miller 1983），ウィナー（Myron Weiner）もまた，競合的エリート民主主義のモデルという観点から民主主義を説明している（Weiner and Özbudun 1987）．

有名なシュンペーターによる民主主義の定義とは，「民主主義的方法とは，政治決定に到達するために，個々人が人民の投票を獲得するための競争的闘争を行うことにより決定力を得るような制度的装置である（Schumpeter 1942）」というものである．彼によれば，従来の古典的民主主義理論において，民主主義の第一義的な目的は，人々に政治的問題の決定権を帰属させていたことであり，第二義的な目的が代表を選ぶことであった．

彼は，2つの目的を逆にして考えた．現代において，政治的決定に到達する制度的装置とは選挙を意味している．選挙を通じて人々は，第一義的に自分たちの代表を選び出し，代表は議会へと送り込まれる．その後，代表（＝政治的エリート）が議会における政治的問題についての決定権をもつことで，第二義的な目的として，決定がなされるというように，目的を逆転させて解

釈したのである．

　さらに，サルトーリ（Giovanni Sartori）もシュンペーターのように，民主主義におけるリーダーシップに注目した．サルトーリは，競合的な選挙を重視し，政治が究極的には，「統治する者」と「統治される者」とに分けられると考えた．彼の考えでは，読者から名作と呼ばれるような文学作品が生まれるのでもなく，コンサート会場に集まった大勢の聴衆から名曲が生まれるのではない．

　彼によれば，政治についても同様に，大衆が良い統治を行うというよりも，大衆にとって重要なのは，いかに統治されるかという問題だという．そこで提示されたサルトーリによる民主主義の定義は，「選挙によって選ばれたエリートによるポリアーキー（elective polyarchy）」である．民主主義理論とはいえ，あくまでも選挙によって選ばれた政治的エリートの役割を重視し，大衆の役割は，エリートを選出し，受動的に統治されることだと主張するのが，競合的エリート民主主義モデルの特徴である（Sartori 1962）．

　もちろん，このような考え方に対する批判がないわけではない．例えば，競合的エリート民主主義モデルが，統治者としてのエリートの役割を過度に強調しており，被治者である平均的な市民を無能と考え，市民の脱政治化を認めているという批判がみられる（Walker 1966）．

　現代民主主義理論の系譜の中では，ペイトマン（Carole Pateman）が参加民主主義理論の立場から競合的エリート民主主義モデルを批判している．その趣旨は，シュンペーターやサルトーリらの議論が過度にエリート主義的であり，政策決定者の選択への参加のみというかたちで限定された大衆の政治参加は，何の特別の，あるいは中心的な役割をもたないという内容の批判であった（Pateman 1970）．

　民主主義における参加の問題については，参加民主主義モデルが古典的な都市国家における政治参加という文脈に位置づけられており，現代の社会で採用する際には不適切であるという反論や，参加の形態がどのようなかたちでなされるのかという問題，ダールらによる規模の面での民主主義の実現可

能性の問題，ハンチントン (Samuel P. Huntington) らが 1970 年代に「統治能力 (governability)」の危機として言及したように，過度の参加がむしろ民主主義を不安定にするという問題などがある．

そのため，現代政治学においては，一概に民主主義における参加の問題を手放しで肯定する議論ばかりではない．そのときの状況に応じて，民主主義の問題は，競合に重点が置かれることもあれば，参加に重点が置かれることもあり，それらの中で民主主義理論の系譜がつくられてきた．

つまり，競合的エリート民主主義モデルと参加民主主義モデルとの間の論争は，容易に決着することはできないのである．前者が「自由」を重視し，後者が「平等」を重視しているという見方も可能である．自由にせよ平等にせよ，いずれも民主主義を支える根本的な原理である以上，どちらか一方を無視することはできず，論者ごとに重点の置き方が異なるのである．

それゆえ，いずれか一方の民主主義モデルに優劣をつけることはできず，現実の民主主義の姿への妥当性を模索することが必要となる．

3　民主化過程の諸段階

それでは次に，現代政治学において，「民主化」そのものがどのように論じられてきたかを検討する[4]．

民主化は，非民主主義的な国家（あるいは政治体制）が民主主義へと向かう傾向のように，ある連続体上に沿った明確な変化の方向性を意味するだけではない．もちろん，そのような意味での変化に向けた政治の動きを意味すると共に，民主主義国家におけるさらなる民主化といった変化の過程をも意味する．そのため，民主化という概念は，どのようなシステムにも適用可能なものであり，独裁政治や権威主義体制からの変化にのみ限定されるのではない．

しかし，本書で「民主化」という用語を使用する場合は，主に前者の意味で用いている．つまり，ここでいう民主化とは，非民主主義から民主主義へ

と向かう変化の過程が対象であり，民主主義となる過程を指すのである．

　厳密にいえば，「民主化」と「政治発展」とは同義ではないが，場合によっては，多分に重なり合う視点が多いため，ときには，置き換え可能な用語として理解することもできるだろう[5]．

　ハンチントンは，民主主義的な政治体制を「制度化」と「参加」という点から論じた．ハンチントンによれば，政治的安定は，制度化と参加との比率に依存するという．政治参加が増すに従い，その社会の政治制度がもつ複合性，自立性，適応性，凝集性などは，政治的安定が維持される限り，増大するに違いないとされた．

　政治的な制度化の度合いと，政治参加の度合いとの両者が高い程度にあるとき，その政治体制は，「市民政治体制」と呼ばれる．市民政治体制の発達は，近代化や政治参加の段階と関連性をもっている．彼によれば，近代的な政治体制に特異な制度は，政党であり，政治参加の拡大を組織する主な制度的手段は，政党や政党システムだという．

　ハンチントンが論じたのは，1960年代における政治発展論であるが，彼の議論は，現在においても民主化の過程を考える際には，示唆に富む内容である．民主化の第三の波において，多くの国々で自由選挙の実施と複数政党制の導入がなされた．とりもなおさず，これは，競合的エリート民主主義モデルの採用であり，ハンチントンが制度としての政党に注目した点と重なる．

　選挙において，複数の政党が競合を行うことは，多様な民意を反映させるためには欠かせない．複数の政党が競合により相互作用することで政党システムが形成され，選挙を通じた政権形成・政権交代が行われ，徐々に民主主義が浸透することになる．その意味では，政党が制度化を促進する役割を果たすと考えることができる．

　1970年代のダールによる「ポリアーキー」に関する議論は，民主主義的な政治体制を念頭に置いたものである．ダールは，政府とその批判者との間に公然たる対立，あるいは敵対や競争を容認するような政治システムを発達させることが，民主化の重要な側面であると指摘した．

ダールは，民主化の過程を「公的異議申し立て」と「参加の権利」という2つの次元から説明している．これらの次元において，高度な段階に達したものが「ポリアーキー」と表現される民主主義的な政治体制となる．

　ポリアーキーへと至る過程は，オドーネル（Guillermo O'Donnell）とシュミッター（Philippe C. Schmitter）がダールの議論を援用して提示した民主化の過程でもある．その過程は，既存の権威主義体制の（あるいは，より広義な意味で表現すると，非民主主義体制）の正統性の浸食に始まり，それがやがて正統性の喪失へと至った場合に，非民主主義体制から民主主義体制への「移行（transition）」が引き起こされる．狭義に捉えると，この段階こそが非民主主義的なものから民主主義的なものへと政治が「移行」する段階であり，字義通りの「民主化」の過程なのである．

　体制移行後の新政府の設置は，実質的に新体制の開始段階を意味し，以前の体制が有していた性質を変化させる（Baloyra 1987）．この段階においては，手続き的な意味での民主主義が整備されるのであり，制度化の過程だといえる．

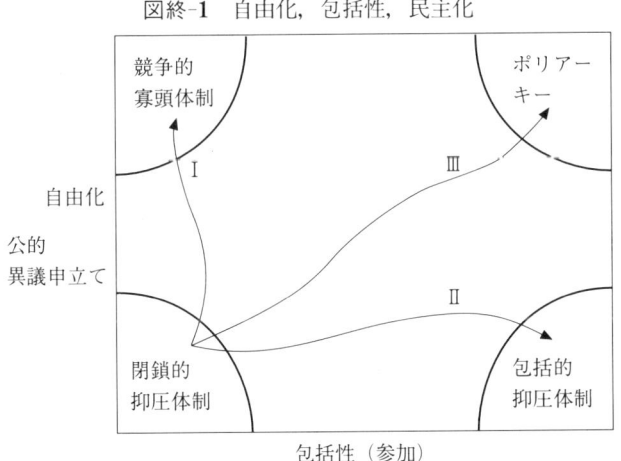

図終-1　自由化，包括性，民主化

出典：Dahl 1971, 邦訳書 11 頁．

いいかえるなら，制度としての民主主義が開始する段階であり，当然のことながら，競合的エリート民主主義のモデルが前提とするような競合的指導者選出の過程が，そこでは重要になる．同時に，制度化がなされるのは，例えば，新しい憲法の制定，あるいは既存の憲法の修正，民主主義的な選挙制度の導入，政党の結成，選挙の実施（より具体的には，複数政党制と自由選挙

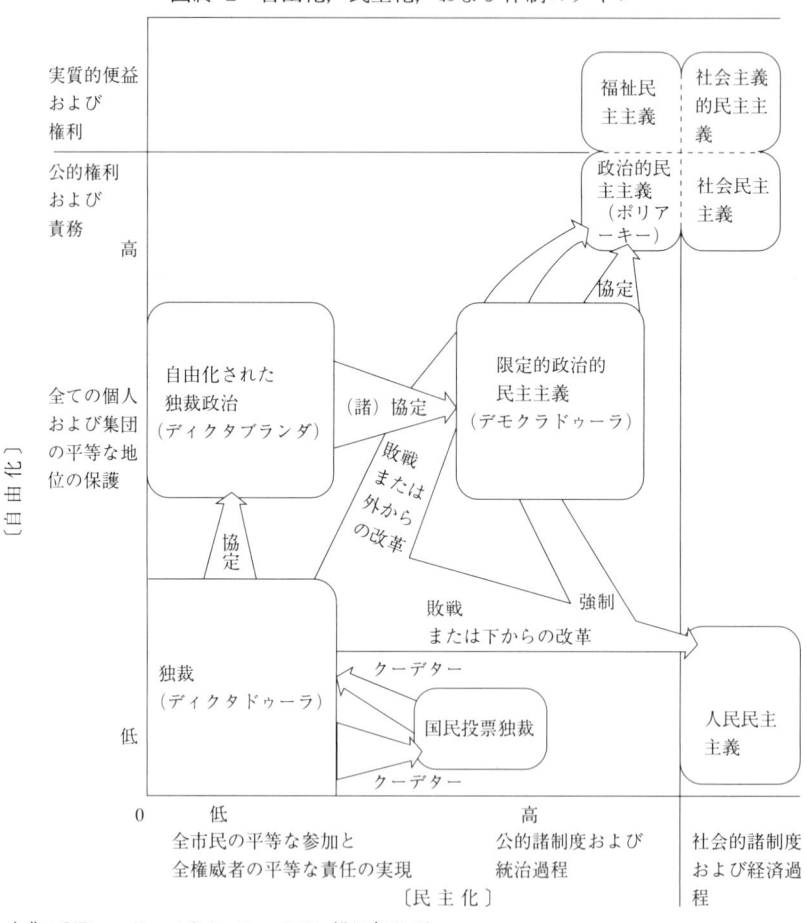

図終-2　自由化，民主化，および体制のタイプ

[自由化]

実質的便益および権利				福祉民主主義	社会主義的民主主義
公的権利および責務	高			政治的民主主義（ポリアーキー）	社会民主主義
全ての個人および集団の平等な地位の保護		自由化された独裁政治（ディクタブランダ）	限定的政治的民主主義（デモクラドゥーラ）		
	低	独裁（ディクタドゥーラ）	国民投票独裁		人民民主主義
		0　低	高		
		全市民の平等な参加と全権威者の平等な責任の実現	公的諸制度および統治過程		社会的諸制度および経済過程

［民主化］

矢印注記：協定／（諸）協定／敗戦または外からの改革／強制／敗戦または下からの改革／クーデター／クーデター／協定

出典：O'Donnell and Schmitter 1986, 邦訳書51頁．

の実施），議会の召集，内閣ないし政権の形成などである．

この段階で，民主化を経験した国家においては，メンバーシップの規定が明確化され，法律上，市民権や国籍などの問題が取り扱われる．1つの国家において，複数の民族が存在する場合には，法律による少数派の拒否権が承認されたり，比例代表制や連立政権，さらには連邦制といった政治制度上の解決策が模索される．

体制移行後に順調に「移行」の段階から民主主義の「定着（consolidation）[6]」の段階へと進むときには，政治的安定のために，どのようなリーダーシップを規定するかという問題も発生する．統治形態として，大統領制を採用することで，1人の指導者による強力なリーダーシップの発揮を期待し，トップダウンの統治を目指すのか，それとも手続き的には決して迅速で簡便だとはいえないとしても，さまざまな段階を経て，最高責任者を生み出す方式とでもいえる議院内閣制による統治を目指すのかという問題である．

この段階では，民主主義を定着させることが優先課題であり，ときには強力なリーダーシップが必要な場合もある．それに対して，移行前の体制が1人（ないし少数）の指導者による非民主主義的な独裁政権であった場合に，民主化後の指導者に求められるのは，強力なリーダーシップよりもむしろ合意形成能力や調整能力である．民主主義の定着を目的としながらも，巨力なリーダーシップの行使が逆に人々の拒絶反応を引き起こし，民主主義の定着どころか，不安定化をもたらす要因となる可能性さえ存在する．

シュンペーターが民主主義を支える条件の1つとして挙げているのが，政治指導者の資質であるというのは，興味深い点である．彼の考える民主主義が競合的エリート民主主義モデルに基づくものだからだといえば，それまでである．しかし，民主主義が根付くか否かという点から考え直してみても，そこでは，リーダーシップの問題を避けて通ることはできないのである．指導者の資質が民主主義の定着においても，「定着」後の「変容（change）」の段階においても絶えず問題となるのは明らかである．

競合的な選挙が導入された後，定期的に選挙が実施され，選挙を通して政治的エリートが選出され，政権交代もなされ，ルールに則ったかたちで統治がなされるようになれば，民主主義の「定着」の段階に一区切りついたことになる．つまり，民主主義（体制ないし民主主義国家）の一応の誕生であり，ある体制がポリアーキーの段階へと到達し，安定して存続している状態として捉えることができる．

　その後は，民主主義そのものの「変容」の段階として位置づけることができるだろう．

　例えば，1970年代の先進民主主義諸国で顕在化した統治能力の危機は，第2次世界大戦後に一貫して行われてきた統治が，それまでのように有効になしえなくなったためにもたらされた，一種の民主主義の「変容」である．

　現代民主主義において，「変容」は絶えず生じうる．「ポリアーキー」後の「ポスト・ポリアーキー」という問題を視野に入れると，民主主義のさらなる民主化という点も民主主義の「深化」を示しているのであり，その意味で，民主主義の「変容」として理解することができる[7]．

　狭義に捉えると，世界の民主主義諸国において，しばしば目撃できる政権交代も政権担当者の変更という意味では，民主主義の「変容」であると理解することができる．政権交代の結果誕生した新しい政権によって，以前の政権が行っていた政策とは大きく異なる政策への変更がなされる場合がある．政策内容の大幅な変更により，そこで実践される民主主義的な統治内容に大きな影響がもたらされるならば，それもまた一種の民主主義の「変容」として捉えることができる．

　このように考えてくると，狭義の意味での「民主化」が変化を示す政治現象だというのは明らかだとして，「民主主義」そのものも常に変化の可能性を含んでいることが理解できるだろう．それゆえ，民主主義とは何かという論争には，容易に決着がつかないともいえる．研究対象が絶えず変化しているならば，そう簡単に結論を下すことはできないだろう．もし暫定的な結論を下し，これが民主主義だと論じたとしても，違う角度からみた場合には，

異なる指摘がなされる可能性がある．

4 地域研究と現代政治学との共同に向けて

　それゆえ，地域研究が重要な役割を担っているのだといえよう．これまで述べてきたことからも明らかなように，現代政治学だけで政治現象の研究が完結するのではなく，同時に，地域研究だけで政治現象の研究が完結するわけでもないからである．

　もちろん，これまで現代政治学は，机上の空論ばかりを展開してきたのではなく，常に現実政治への妥当性を模索し，成果を蓄積してきた．現代政治学のさまざまな業績は，いわば，現実にみられた政治現象をどのように捉えるかという，膨大な数の政治学者たちによる知的貢献の顕れである．研究者たちが現実政治と対峙することによって導き出された産物である．

　この点は，地域研究にも共通しているだろう．そうだとすれば，現代政治学と地域研究の両者が共同することは，荒唐無稽な話ではないだろう．一方で，現代政治学が「民主主義」や「民主化」といった現象にみられる普遍的な特徴を把握する．他方で，地域研究が現実に世界各地でみられる多様な「民主主義」や「民主化」の姿を描くことで，結果的に，現代政治学と地域研究との研究成果が統合されるならば，より現実への妥当性をもった「民主主義」や「民主化」の研究が実現するだろう．

　そのためにもまず，明確にしなければならない比較的に容易な課題がある．

　地域研究という言葉が，「地域」とはいいながらも，地理的に特定の1つの領域を示す場合もあれば，地理的に近接する複数の単位の領域を示す場合もある．具体的には，1つの国家を取り扱う場合もあれば，アフリカ，ラテンアメリカ，ユーラシア，アジアなどのように，複数の国家を包含する場合もある．

　1つの国家であったり，複数の国家であったり，研究対象の範囲が異なることでもたらされる影響も，地域研究においては，無視できない問題である．

この点は，地域研究において，地域ごとの特異性と普遍性とを模索する鍵になるように思われる．研究対象の単位が国家なのか，それとも複数の国家なのか曖昧であったり，ばらばらであることで議論は錯綜する．

　実際に，本書では，国家単位で「民主化」を取り扱った．さらに欲をいえば，それらの国々を横断的にみわたすことで，特異性と普遍性とがより先鋭的に示される．終章において，あえて現代政治学で提示された「民主主義」や「民主化」に関する理論に言及したのは，地域横断的に政治現象を捉える必要性を指摘するためである．

　地域研究においては，地域横断的な視点や方法をどのようにつくり上げていくのかという点が今後の課題になると思われる．その課題に取り組むためにも，地域研究と現代政治学との共同が今までにもまして必要不可欠になるといえるだろう．

◆註
1) 序章では，「政治科学」と表現されているが，ここでは，「現代政治学」と表現する．
2) ここでの議論に関しては，以下の論考に依拠している（岩崎 1996a）．
3) この点に関しては，以下の書物の冒頭「はしがき」で，白鳥令が指摘している点とも関連するだろう（白鳥・曽根 1984：1）．
4) ここでの議論に関しては，以下の論考に依拠している（岩崎 2000a）．
5) 「政治発展」論と「民主化」論については，以下を参照（岩崎 1999c；岩崎・木暮 2002）．
6) 民主主義の「定着（consolidation）」については，以下を参照（Linz and Stepan 1996；岩崎 2001；岩崎・木暮 2002）．
7) 本書の続きともいえる『アクセス地域研究Ⅱ』は，主に先進民主主義諸国を対象として取り扱っており，この点をクローズアップしたものだといえよう．

◆参考文献
日本語文献
猪口孝．1988．「日本における比較政治学の発展と展望」日本政治学会編『年報政治学 1986　第三世界の政治発展』岩波書店．
猪口孝．2003．『日本政治の特異と普遍』NTT出版．
猪口孝・安清市．2004．「東・東南アジアにおける価値観の変化と民主的ガバナン

スの挑戦」『日本政治研究』1(1): 131-159.
岩崎正洋．1996a.「民主主義理論と民主化の過程」『杏林社会科学研究』12(1): 19-37.
岩崎正洋．1996b.「民主化と政党システム」『杏林社会科学研究』12(2): 22-41.
岩崎正洋．1999a.「政治制度と民主主義：政治制度をめぐる理論的潮流の検討」白鳥令編『政治制度論：議院内閣制と大統領制』芦書房．
岩崎正洋．1999b.『政党システムの理論』東海大学出版会．
岩崎正洋．1999c.「政治発展論から民主化論へ：二〇世紀後半の比較政治学」日本政治学会編『年報政治学　二〇世紀の政治学』岩波書店．
岩崎正洋．2000a.「民主主義とは何か：制度としての民主主義，制度化としての民主化」岩崎正洋・工藤裕子・佐川泰弘・B. サンジャック・J. ラポンス編『民主主義の国際比較』一藝社．
岩崎正洋．2000b.「民主化支援と国際関係」日本国際政治学会編『国際政治　「民主化」と国際政治・経済』125: 131-146.
岩崎正洋．2001.「民主主義の定着と民族共存の条件」日本比較政治学会編『民族共存の条件』早稲田大学出版部．
岩崎正洋．2002a.『議会制民主主義の行方』一藝社．
岩崎正洋編．2002b.『かわりゆく国家』一藝社．
岩崎正洋・工藤裕子・佐川泰弘・B. サンジャック・J. ラポンス編．2000.『民主主義の国際比較』一藝社．
岩崎正洋・木暮健太郎．2002.「政治発展論」河野勝・岩崎正洋編『アクセス比較政治学』日本経済評論社．
岩崎正洋・佐川泰弘・田中信弘．2003.『政策とガバナンス』東海大学出版会．
加藤普章編．1992.『入門現代地域研究：国際社会をどう読み取るか』昭和堂．
加藤普章編．2000.『新版エリア・スタディ入門：地域研究の学び方』昭和堂．
久保慶一．2003.『引き裂かれた国家：旧ユーゴ地域の民主化と民族問題』有信堂．
河野勝・岩崎正洋編．2002.『アクセス比較政治学』日本経済評論社．
木暮健太郎．2001.「民主化における国際的要因の諸相」日本国際政治学会編『国際政治　比較政治と国際政治の間』128: 146-159.
白鳥令．1968.『政治発展論』東洋経済新報社．
白鳥令編．1999.『政治制度論：議院内閣制と大統領制』芦書房．
白鳥令・曽根泰教編．1984.『現代世界の民主主義理論』新評論．
杉浦功一．2004.『国際連合と民主化：民主的世界秩序をめぐって』法律文化社．
武田康裕．2001.『民主化の比較政治：東アジア諸国の体制変動過程』ミネルヴァ書房．
富田広士・横手慎二編．1998.『地域研究と現代の国家』慶應義塾大学出版会．
林武．1988.「地域研究と政治学：中東の文化と社会」日本政治学会編『年報政治

学 1986　第三世界の政治発展』岩波書店.
廣瀬陽子. 2003.「紛争から民族共存へ：新しい国家像を求めて」香川敏幸・小島朋之編『総合政策学の最先端Ⅳ』慶應義塾大学出版会.
矢野暢. 1988.「政治発展論の再生を求めて」日本政治学会編『年報政治学 1986　第三世界の政治発展』岩波書店.
山影進. 1988.「地域研究にとって地域研究者とは何か：地域設定の方法論をめぐる覚書」日本政治学会編『年報政治学 1986　第三世界の政治発展』岩波書店.

英語文献

Baloyra, Enrique A. (ed.). 1987. *Comparing New Democracies*. London : Westview Press.

Crozier, Michel, Samuel P. Huntington, and Joji Watanuki. 1975. *The Crisis of Democracy : Report on the Governability of Democracies to the Trilateral Commission*. New York : New York University Press（綿貫譲治監訳. 1976.『民主主義の統治能力』サイマル出版会).

Dahl, Robert A. 1971. *Polyarchy : Participation and Opposition*. New Haven : Yale University Press（高畠通敏・前田脩訳『ポリアーキー』三一書房).

Dahl, Robert A., and Edward R. Tufte. 1973. *Size and Democracy*. Stanford : Stanford University Press（内山秀夫訳. 1979.『規模とデモクラシー』慶応通信).

Dahl, Robert A. 1989. *Democracy and Its Critics*. New Haven : Yale University Press.

Dahl, Robert A. 1998. *On Democracy*. New Haven : Yale University Press（中村孝文訳. 2001.『デモクラシーとは何か』岩波書店).

Diamond, Larry. 1999. *Developing Democracy : Toward Consolidation*. Baltimore : Johns Hopkins University Press.

Diamond, Larry, and Marc F. Plattner (eds.). 1993. *The Global Resurgence of Democracy*. Baltimore : Johns Hopkins University Press.

Diamond, Larry, Marc F. Plattner, Yun-han Chu and Hung-mao Tien (eds.). 1997. *Consolidating the Third Wave Democracies : Themes and Perspectives*. Baltimore : Johns Hopkins University Press.

Held, David. 1987. *Models of Democracy*. Cambridge : Polity Press.

Huntington, Samuel P. 1991. *The Third Wave : Democratization in the Late Twentieth Century*. Oklahoma : University of Oklahoma Press（坪郷實・中道寿一・藪野祐三訳. 1995.『第三の波：20世紀後半の民主化』三嶺書房).

Linz, Juan J., and Arturo Valenzuela (eds.). 1994. *The Failure of Presidential Democracy : Comparative Perspectives*. Vol. 1. Baltimore : Johns Hopkins University Press（中道寿一訳. 2003.『大統領制民主主義の失敗：その比較研

究』南窓社).
Linz, Juan J., and Alfred Stepan. 1996. *Problems of Democratic Transition and Consolidation : Southern Europe, South America, and Post-Communist Europe*. Baltimore : Johns Hopkins University Press.
Miller, David. 1983. The competitive models of democracy. In Graeme Duncan (ed.). *Democratic theory and practice*. Cambridge : Cambridge University Press.
O'Donnell, Guillermo, and Philippe C. Schmitter. 1986. *Transitions from Authoritarian Rule : Tentative Conclusions about Uncertain Democracies*. Baltimore : Johns Hopkins University Press (真柄秀子・井戸正伸訳. 1986. 『民主化の比較政治学：権威主義支配以後の政治世界』未来社).
Pateman, Carole. 1970. *Participation and Democratic Theory*. Cambridge : Cambridge University Press (寄本勝美訳. 1977. 『参加と民主主義理論』早稲田大学出版部).
Powell, G. Bingham, Jr. 1982. *Contemporary Democracies : Participation, Stability, and Violence*. Cambridge : Harvard University Press.
Sartori, Giovanni. 1962. *Democratic Theory*. Wayne State University.
Schumpeter, Joseph A. 1942. *Capitalism, Socialism, and Democracy*. New York : Harper and Row (中山伊知郎・東畑精一訳. 1962. 『資本主義・社会主義・民主主義』東洋経済新報社).
Walker, Jack J. 1966. A Critique of Elitist Theory of Democracy. *American Political Science Review* LX : 285-295.
Weiner, Myron, and Ergun Özbudun (eds.). 1987. *Competitive Elections in Developing Countries*. Durham : Duke University Press.
Wiarda, Howard J. (ed.). 1985. *New Directions in Comparative Politics*. Boulder : Westview Press (大木啓介・大石裕・佐治孝夫・桐谷仁訳. 1988. 『比較政治学の新動向』東信堂)

あとがき

　今から 2 年ほど前に『アクセス比較政治学』という書物をつくったが，本書は，その延長線上に位置づけることができる．いわば，同書の続きのような意味合いをもっている．

　『アクセス比較政治学』は，比較政治学のさまざまな理論をできるだけオーソドックスなかたちで 1 冊の書物にまとめるという方針の下で編集が行われた．その「あとがき」でも述べられているように，同書は，「現象や地域ごとではなく理論ごとに章立てを組んだ比較政治学」の書物であった．

　本書は，理論ごとではなく，むしろ現象や地域ごとに章立てを組んだ書物であり，その点を強調するために，「地域研究」というタイトルを採用している．特に，『アクセス比較政治学』の第Ⅰ部では，「比較政治学の系譜」というテーマの下に，政治体制論，政治文化論，政治社会論，政治発展論，政治変動論という 5 つの章が配置されていた．

　本書は，その中でも，政治体制論，政治発展論，政治変動論に関連する内容について，世界各地の事例をとり上げて 1 冊にまとめたものである．書物のタイトルは，「地域研究」であるが，読者の便宜を考え，内容を明確にするために，「民主化の多様な姿」というサブタイトルをつけた．

　それゆえ，本書と，『アクセス比較政治学』の特に第Ⅰ部とは関連しており，両者を併せて読むことにより，本書の意図がより明確に伝わるのではないかと思う．ぜひとも，理論と事例との両者を架橋する試みを，読者自身にもチャレンジして欲しいと思う．

　また，本書の続きとして，本書では取り扱っていない国々の事例を中心にまとめた「地域研究」の書物も現在編集中であり，近々，刊行される予定である．いわば，前著『アクセス比較政治学』，そして本書，さらに近刊予定の『アクセス地域研究Ⅱ』は，3 部作ともいえる．

本書の編集に際しては，前著で政治体制論に関する章を担当した岸川毅と，前著の編者の1人でもあり，同時に政治発展論に関する章を担当した岩崎正洋とが編者となり，「アクセス」シリーズの性格を理解した上で，編集したつもりである．それがどこまで徹底できたのかについては，読者の判断を仰ぐしかないが，3部作であるという意味も含め，珍しい性格の書物となったのではないかと思う．

　本書の企画がスタートしたのは，2003年4月のことであった．執筆者が確定し，最初の編集会議を上智大学で開催したのは，4月の半ば頃であった．わずか1年足らずの間に，執筆・編集作業が順調に進み，この「あとがき」を書く段階にまでなった．それもすべて各執筆者の協力の賜物であると同時に，出版社・編集者の強力なサポートの賜物である．

　日本経済評論社の栗原哲也社長と，編集担当の奥田のぞみさんには，ただただ感謝するばかりである．

　　　2004年4月6日

　　　　　　　　　　　　　　　　　　　　　　　　　　編　者

◆事項索引◆

3つの代表　22, 156, 174
4つの基本原則　22, 156-157
ADOC →文民野党民主同盟
AL →自由同盟
ANC →アフリカ民族会議
EU　21, 95, 128-129
FSLN →サンディニスタ国民解放戦線
FULRO →被抑圧民族解放統一戦線
HRC →南アフリカの人権委員会
IFP →インカタ自由党
IMF　82, 84, 86-87
KZN →クワズールー・ナタール州
NATO　95, 127
PA →アルヌルフィスタ党
PDC →キリスト教民主党
PLC →立憲自由党
PRD →革命民主党
TRC →真実和解委員会（南ア）
UNO →国民野党連合

ア 行

アクター　19-20, 51-53, 56-57, 63-67, 76, 96
悪の枢軸　95
アジア的価値　16, 167, 182
アパルトヘイト　19, 27-31, 33-35, 37, 39, 41-42
アフガニスタン　95
アフリカ民族会議（ANC）　19, 30, 37-40, 128-129
アルヌルフィスタ党（PA, パナマ）　83
安全保障ドクトリン　54, 66
移行　14-16, 18-19, 21, 27, 34-35, 37-38, 41, 51-53, 67, 73-75, 79, 81, 83, 88, 134-135, 174, 209, 211
イスラム運動　119

一次資料　5, 21, 108, 135
一党制下の疑似多党制　174
以党代政　161
インカタ自由党（IFP, 南ア）　19, 35, 37-38, 41
インターネット　8, 108
ウムコント・ウェ・シズウェ（MK, 南ア）　37

カ 行

解散　102-103, 106, 108
外省人　133, 135, 142
開発独裁　17
革命民主党（PRD, パナマ）　82, 87
カトリック　94, 190
関税協定　128
間接民主制　12-13, 185, 187
議院運営規則　106
議院内閣制　97
議行合一　174
基層金融機構　139, 145, 149
帰納　9
共産党　18
共産党（ソ連）　98, 109
共産党（中国）　22, 133, 138, 174
共産党（チリ）　54, 62
共産党（ベトナム）　22, 179-180, 182, 184
共産党（ロシア）　103-107
共棲　22, 165, 171-175
協定　14, 19, 29-30, 36, 79-80, 82, 84, 86-87, 174
共和人民党（トルコ）　117, 125-127
キリスト教民主党（PDC, パナマ）　81-82
キリスト教民主党（チリ）　64

事項索引――■　221

近代化論　49-51, 135
勤労人民の集団主人権　185
クーデタ　21, 50, 53-56, 59, 65-66, 75, 117, 126-127
クルディスタン労働者党　119
クワズールー・ナタール州（KZN）　19, 35-42
軍事政権　117, 119, 127
軍事予算　56, 59-60
権精英　160, 164
憲政改革　134
現地調査　1, 7, 66
憲法（チリ）
　1980年　55
憲法（トルコ）
　1876年　124
　1908年　124
　1924年　124
　1961年　117, 126-127
　1982年　127-128
憲法（ロシア）　98-100, 102-103, 105
憲法改正　80-83, 85, 88
憲法的法律　105, 107
行業協会　171
庚申改革案　158
公正党（トルコ）　127
公的異議申し立て　12
行動論革命　50
黒金政治　21-22, 133, 136-138, 142-150
国軍　119
黒道　137, 139-140, 145, 148
『国防白書』　60, 65
国民党（台湾）　21, 133-134, 137-143, 145-149
国民党（南ア）　28
国民統合政府　29
国民野党連合（UNO、ニカラグア）　79-81
国家安全保障会議　128
国家会議　100-106, 108
コペンハーゲン基準　21, 128

コンセルタシオン（チリ）　19, 55-58, 62, 64
コンセルタシオン（ニカラグア）　80
コントラ　79-80

サ　行

差異法　10
三権分立　99
サンディニスタ国民解放戦線（FSLN、ニカラグア）　74-75, 79-80, 83-86
シェイフ・サイドの乱　125
自警団　35-36
失学　167
死のキャラバン事件　62
市民社会　20-21, 32, 65, 76, 78, 85-87, 118-119, 128-129, 165, 173, 179
市民政治体制　208
社会主義（プロレタリア）民主　156
社会主義革命　98
社会主義的適法性　98, 184-185, 194
社会主義的法治国家　194
社会党（チリ）　54, 61-62, 64
社会民主民党（トルコ）　128
社団　21, 118-119, 124, 126, 129, 171
宗教改革　94
自由党（トルコ）　125
自由同盟（AL、ニカラグア）　81, 83-84
自由民主党（ロシア）　105
出発選挙　14, 18
主流派　144
小選挙区制　15, 149
ジョンズ・ホプキンス大学　15
親イスラム政党　119, 127
人権侵害　56, 61-64
真実和解委員会（チリ）　59
真実和解委員会（TRC、南ア）　29, 33-34, 41
新制度論　67
新専門職業主義　53
進歩共和党（トルコ）　125
人民の主人権　185-187, 194

スルタン支配型体制　20, 73-75, 77, 79
正教会　94
政治暴力　19, 27, 34-42
正道党（トルコ）　128
青年トルコ革命　124
政府不信任　102-104
世俗・民族主義　125
絶望革命　161, 166, 168
セルビア　95
前衛党　98
1978年恩赦法（チリ）　56, 62
選挙至上主義　52
銭精英　160, 164-166
全民大団結　187, 189-194
専門学問分野　3, 6
増加定員議員　143
増加定員選挙　139, 142
総辞職　102-103, 105, 107-108
双百運動　157
祖国党（トルコ）　128
村民委員会　22, 169

　　　　　タ　行

タイ・ビン事件　186-187
第三の波　13-14, 18, 134, 208
大統領教書　105
大統領制　15, 80, 99
代表民主制　194
対話のテーブル　63
台湾化　134
打工　167
脱スルタン型支配体制　20, 76-78, 87-88
単位　161
単独議席選挙区　100-101
知精英　160
地方派閥　22, 136-139, 142-149
中華民国　22, 133-134
中間層　22, 50, 163-165
中選挙区制　139, 149
中範囲　9, 51
直接民主制　12, 185, 187, 194

強い国家　21, 117
テイ・グエン事件　192-193
定住者寡頭体制　28
定着　14-15, 20, 27, 31, 38, 42, 52-53, 65-67, 73-76, 83, 88, 134, 136-137, 159
天安門事件　157-158
ドイ・モイ　180
党＝国家体制　22, 159, 161, 165, 169, 172-173
統一民主運動（UDM、南ア）　40
統一民主戦線（UDF、南ア）　37
党営事業　22, 137-138, 141, 146-148
党営事業管理委員会（党管会）　146
党建設・整党　188-189, 194
党資産　141, 149
党組　163
統治能力　207
独自性　10
トルコ労働党　127

　　　　　ナ　行

「内部フロンティアの征服・強化」　60, 65-66
二元代表制　99
二次資料　5
二重の移行　21, 133, 137-138, 142-147
ノメンクラトゥーラ制　98

　　　　　ハ　行

パラグアイ　64, 65
反主流派　144
半大統領制　1
反リプセット情況　22, 161, 166
比較多数制　126
批判・自己批判　188, 194
被抑圧民族解放統一戦線（FULRO、ベトナム）　190-191
比例代表制　31, 126
フィールドワーク　110
複数政党制　117-118, 125, 128, 184-185
ブラック・サッシュ　32

事項索引──■　223

フリーダムハウス 13, 95
プロテスタント 94, 190
　デカ・—— 191
分析単位 3-4
文民統制 55, 58, 60, 64, 66
文民野党民主同盟（ADOC, パナマ） 81
文民優位 19, 57, 59, 64-65
米州機構 66
北京の春 157
ベトナム共和国（南ベトナム） 181
ベトナム社会主義共和国 179
ベトナム祖国戦線 182
ベトナム戦争 179, 181, 190
ベトナム民主共和国（北ベトナム） 181
ペレストロイカ 98
変数 8-9, 65
包括性 12
包括政党 157
法治主義 58-59, 109
法の支配 19, 195
ホー・チ・ミン思想 180-181
保守党（ニカラグア） 85
ポスト・ポリアーキー 212
ポリアーキー 12, 18, 20, 22, 28, 93, 118, 202, 206, 208-209, 212
ボリシェヴィキ 97
本省人 133-135, 138, 140-142, 144

マ行

マルクス・レーニン主義 180, 183
万年議員 139, 142
万年国会 133-134
南アフリカの人権委員会（HRC） 35
民軍関係 19, 49, 55-58, 62, 64-67
民主化
　上からの—— 21, 117-118, 158, 174
　再—— 119
　下からの—— 158

分割払いの—— 135
民主化期待論 159, 169
民主集中原則 23, 184-185, 194
民主主義
　委任型—— 52, 58
　競合的エリート—— 205-207, 210
　後見—— 52
　参加—— 13, 206
　持続可能な—— 52
　実質的—— 13
　資本主義的—— 183, 185
　社会主義的—— 23, 182-185, 187, 194
　選択肢なき—— 27
　手続き的—— 13, 18, 117, 155
　ベトナム的社会主義的—— 181-182
『民主主義ジャーナル』 15
民主進歩党（民進党, 台湾） 22, 134-135, 142, 145, 147, 149
民主党（トルコ） 117, 125
民政移管 18-19, 51, 54-57, 61, 63
免責の文化 19, 41

ヤ・ラ・ワ行

ヤーブラコ 104-105, 107
陸軍戦略研究所 61
立憲君主制 97
立憲自由党（PLC, ニカラグア） 81, 85-86
立憲主義 20-21, 32, 97-98, 109
リプセット仮説 22, 161, 164
ルネッサンス 94
連邦会議 100-102
連邦制 15
連邦選挙区 100-101
連立政権 127-128
労働組合 21, 86, 118-119, 124, 126, 129
和平演変 182, 190-191, 193-194
我らが家—ロシア党 105

◆人名索引◆

ア 行

アジェンデ　Salvador Allende　54
アズマル　Kedar Asmal　33
アブデュエルハミト 2 世　129
アレマン　Arnold Alemán Lacayo
　81, 83-85, 88
アンダーソン　Charles W. Anderson
　51
アンダーソン　Lisa Anderson　93
イスメット・イノニュ　İsmet İnönü
　125
イスリエタ　Ricardo Izurieta　64
ウィーアルダ　Howard J. Wiarda　50-51
ウィナー　Myron Weiner　205
ヴィラ・ヴィセンシオ　Charles Villa-Vicencio　33
ウィルソン　Richard Wilson　33
ウェンツェル　Jill Wentzel　32
ヴォーゲル　Ezra F. Vogel　161
エイルウィン　Patricio Aylwin　55, 58-61, 63
エリス　Stepehn Ellis　34
エリツィン　Борис Николаевич Ельцин
　20-21, 101-109
エンゲルブレヒト　Bushie Engelbrecht
　38, 40
エンダラ　Guillermo Endara　74, 81-82
オッタウエイ　Marina Ottaway　30
オドーネル　Guillermo O'Donnell　15, 50-51, 209
オルテガ　Daniel Ortega　74, 79, 85

カ 行

ガストロウ　Peter Gastrow　34
魏京生　157
ギッテルマン　Zvi Gitelman　93
キリエンコ　Сергей Владиленович Кириенко
　105-108
クルッグ　Heinz Klug　32
グレイビル　Lyn S. Graybill　33
江沢民　156

サ 行

サウゾール　Roger Southall　31
ザドルノフ　Михаил Михайлович Задорнов
　104
サルトーリ　Giovanni Sartori　206
ジェームズ　Wilmot James　33
ジェフリー　Anthea Jeffery　33
シスク　Timothy Sisk　30
ジヤネ　Ziba Jiyane　38
ジュガーノフ　Геннадий Андреевич Зюганов
　106-107
シュミッター　Philippe C. Schmitter
　15, 51, 209
シュンペーター　Joseph A. Schumpeter
　202, 205-206, 211
蒋介石　133
蒋経国　133-135, 142, 144
ショー　Mark Shaw　34
ジョンソン　R. W. Johnson　30
ステパン　Alfred Stepan　15, 53, 74, 134
セレズニョーフ　Геннадий Николаевич Селезнев　106
宋楚瑜　147-148
ソモサ　Somoza　74-75, 79

ソロルサノ　Pedro Solórzano　85

タ 行

ダール　Robert A. Dahl　12, 15, 28, 93, 96, 155, 202, 206, 208-209
ダイアモンド　Larry Diamond　15, 93
チェイレ　Juan Emilio Cheyre　61-62, 64
チェルノムィルジン　Виктор Степанович Черномырдин　105, 107-108
チャモロ　Violeta Barrios de Chamorro　74, 79-81, 83-84
チャン・ド　Tran Do　188
チュバイス　Анатолий Борисович Чубайс　103-104
陳水扁　22, 147-150
ディーガン　Heather Deegan　30
丁磊　164
デクラーク　F. W. de Klerk　35
鄧小平　156-157
トリホス　Omar Torrijos　74

ナ 行

ネムツォフ　Борис Ефимович Немцов　104-105
ノリエガ　Manuel Antonio Noriega　74, 81

ハ 行

ハンチントン　Samuel P. Huntington　13, 15, 49, 52-53, 93, 135, 208
ピノチェト　Augusto Pinochet　19, 54-55, 57, 59, 62-64
ヒューセメイヤー　Libby Husemeyer　32
ヒリオメ　Herman Giliomee　31
ファイナー　Samuel E. Finer　53
ファン・ヴァン・カイ　Phan Van Khai　192
ファン・デ・ワール　Nicolas van de Walle　28
フィッシュ　M. Steven Fish　96
プーチン　Владимир Владимирович Путин　21, 109
プシェボルスキ　Adam Przeworski　52
ブテレジ　Mangosuthu Buthelezi　35
ブラットン　Michael Bratton　28
プリマコフ　Евгений Максимович Примаков　107-108
フレイ　Eduardo Frei Ruiz-Tagle　58, 60-61, 63
ペイトマン　Carole Pateman　206
ペレス・バジャダレス　Ernesto Pérez Balladares　82
ホー・チ・ミン　Ho Chi Minh　179-181, 188
ポーゼル　Deborah Posel　34
ホドルコフスキー　Mikhail Khodorkovsky　166
ボラーニョス　Enrique Bolaños　86
ボレーン　Alex Boraine　33
ホロミサ　Bantu Holomisa　40
ホワイトヘッド　Whitehead　15
ボンド　Patrick Bond　32

マ 行

マレーズ　Hein Marais　31
マンデラ　Nelson Mandela　27, 40
ミラー　David Miller　205
ムスタファ・ケマル（アタテュルク）　125
ムフマディ　Sidney Mufumadi　39
ムベキ　Thabo Mbeki　38
毛沢東　156-157
モスコソ　Mireya Moscoso de Gruber　83, 86-88

ヤ・ラ・ン行

ヤブリンスキー　Григорий Алексеевич Явлинский　107
ラゴス　Ricardo Lagos　61, 64

リー・クアンユー Lee Kuan Yew　17	廖蓋隆　158
李一哲　157	リンス　Juan Linz　15, 20, 74, 93, 134
李景鵬　171	ルキエ　Alain Rouquié　53
李登輝　21, 134-137, 142, 144, 146-147	ルソー　Jean-Jacque Rousseau　12
リプセット　Seymour M. Lipset　15, 93, 161	レイノルズ　Andrew Reynolds　30-31
	連戦　147-148
劉興善　143	ロッジ　Tom Lodge　30
劉泰英　146-147	ンカビンデ　Sifiso Nkabinde　39-40

執筆者略歴（執筆順）

遠藤　　貢（えんどう・みつぎ）
1962年生まれ．英・ヨーク大学大学院博士課程修了．D. Phil.（南部アフリカ研究）．
東京大学大学院総合文化研究科助教授（アフリカ政治）．
主な業績：『アフリカ比較研究：諸学の挑戦』（共著）アジア経済研究所，2001年，*Japan and South Africa in a Globalising World : A Distant Mirror*（共著），Ashgate, 2002.

浦部浩之（うらべ・ひろゆき）
1965年生まれ．筑波大学大学院博士課程単位取得退学．
愛国学園大学人間文化学部助教授（ラテンアメリカ地域研究・政治学）．
主な業績：『日本の政治地理学』（共著）古今書院，2002年，「ラテンアメリカにおける『民主主義の維持』を読み解くための一考察」『ラテン・アメリカ論集』第35号，2001年．

尾尻希和（おじり・きわ）
1969年生まれ．上智大学大学院博士後期課程満期退学．
東京女子大学現代文化学部非常勤講師（比較政治学・ラテンアメリカ地域研究）．
主な業績：「脱スルタン支配型体制：理念型と下位類型」『イベロアメリカ研究』第XXIII巻第1号，2001年，「コスタリカの政治発展：「民主体制崩壊」モデルによる1948年内戦の分析」上智大学イベロアメリカ研究所，1996年．

上野俊彦（うえの・としひこ）
1953年生まれ．慶應義塾大学大学院博士課程単位取得満期退学．
上智大学外国語学部ロシア語学科長・教授（ロシア政治）．
主な業績：『ポスト共産主義ロシアの政治—エリツィンからプーチンへ』日本国際問題研究所，2001年，『CIS［旧ソ連地域］』（共著）自由国民社，1995年．

間　　寧（はざま・やすし）
1961年生まれ．トルコ・ビルケント大学博士課程修了．Ph. D.（政治学）．
日本貿易振興機構アジア経済研究所地域研究センター中東研究グループ長．
主な業績：『現代中東の国家と地方（II）』（共著）日本国際問題研究所，2003年，"Social Cleavages and Electoral Support in Turkey : Toward Convergence ?" *The Developing Economies*, Vol. XLI, No. 3, September 2003.

松本充豊（まつもと・みつとよ）
1969年生まれ．神戸大学大学院博士後期課程修了．博士（政治学）．
長崎外国語大学助教授（比較政治学・政治経済論）．
主な業績：『中国国民党「党営事業」の研究』アジア政経学会，2002年，"Political Democratization and KMT Party-Owned Enterprises in Taiwan," *The Developing Economies*, Vol. XL, No. 3, September 2002.

菱田雅晴（ひしだ・まさはる）
1950年生まれ．東京大学文学部卒業．
静岡県立大学大学院国際関係学研究科長・教授（現代中国論）．
主な業績：『社会：国家との共棲関係』（編著）東京大学出版会，2001年，『経済発展と社会変動』（共著）名古屋大学出版会，2004年．

中野亜里（なかの・あり）
1960年生まれ．慶應義塾大学大学院博士課程単位取得退学．法学博士．
早稲田大学その他非常勤講師（国際関係論・アジア政治史・ベトナム語）．
主な業績：『ベトナム—「工業化・近代化」と人々の暮らし』三修社，1998年，『現代アジアの統治と共生』（共著）慶應義塾出版会，2002年．

編者略歴（執筆順）

岸川　毅（きしかわ・たけし）
1962年生まれ．上智大学大学院博士後期課程修了．
上智大学外国語学部助教授（比較政治学・民主化論）．
主な業績：『アクセス比較政治学』（共著），日本経済評論社，
　　　　　2002年，「メキシコ PRI 体制の「静かな移行」と政
　　　　　治社会の再編」『国際政治』第131号，2002年．

岩崎正洋（いわさき・まさひろ）
1965年生まれ．東海大学大学院博士課程後期修了．博士（政治学）．
杏林大学総合政策学部助教授（政治学・比較政治学）．
主な業績：『政党システムの理論』東海大学出版会，1999年，
　　　　　『アクセス比較政治学』（共編）日本経済評論社，
　　　　　2002年．

アクセス　地域研究 I　民主化の多様な姿

2004年6月15日　第1刷発行

定価（本体2800円＋税）

編　者　　岸　川　　　毅
　　　　　岩　崎　正　洋

発行者　　栗　原　哲　也

発行所　　株式会社　日本経済評論社
〒101-0051　東京都千代田区神田神保町3-2
電話 03-3230-1661　FAX 03-3265-2993
http://www.nikkeihyo.co.jp
振替 00130-3-157198
シナノ印刷・根本製本

落丁本・乱丁本はお取替えいたします　　Printed in Japan
© T. Kishikawa, M. Iwasaki, et al., 2004
ISBN4-8188-1589-6

R〈日本複写権センター委託出版物〉
本書の全部または一部を無断で複写複製（コピー）することは，著作権法上での例外を除き，禁じられています．本書からの複写を希望される場合は，日本複写権センター(03-3401-2382)にご連絡ください．

アクセス・シリーズ

天児・押村・河野編	国際関係論	本体 2500 円
河野勝・岩崎正洋編	比較政治学	本体 2500 円
河野勝・竹中治堅編	国際政治経済論	本体 2800 円
押村高・添谷育志編	政治哲学	本体 2500 円
平野浩・河野勝編	日本政治論	本体 2800 円
岸川毅・岩崎正洋編	地域研究 Ⅰ	本体 2800 円
小川有美・岩崎正洋編	地域研究 Ⅱ	本体 2800 円
山本吉宣・河野勝編	安全保障論	
河野勝著	政治過程論	
河野勝著	政治学	

A 5 判並製・各巻平均 250 頁

日本経済評論社